CSSCI 来源集刊

哲学评论

Wuda Philosophical Review

第18辑

武汉大学哲学学院 ● 编

中国社会科学出版社
CHINA SOCIAL SCIENCES PRESS

图书在版编目（CIP）数据

哲学评论. 第 18 辑 / 武汉大学哲学学院编. —北京：
中国社会科学出版社，2016.11
ISBN 978 - 7 - 5161 - 9107 - 1

Ⅰ.①哲…　Ⅱ.①武…　Ⅲ.①哲学—文集　Ⅳ.①B - 53

中国版本图书馆 CIP 数据核字（2016）第 252605 号

出 版 人	赵剑英	
责任编辑	凌金良　陈　彪	
特约编辑	杜淑英	
责任校对	郝阳洋	
责任印制	张雪娇	

出　　版	中国社会科学出版社
社　　址	北京鼓楼西大街甲 158 号
邮　　编	100720
网　　址	http://www.csspw.cn
发 行 部	010 - 84083685
门 市 部	010 - 84029450
经　　销	新华书店及其他书店

印　　刷	北京金瀑印刷有限公司
装　　订	廊坊市广阳区广增装订厂
版　　次	2016 年 11 月第 1 版
印　　次	2016 年 11 月第 1 次印刷

开　　本	710×1000　1/16
印　　张	21.5
插　　页	2
字　　数	327 千字
定　　价	79.00 元

凡购买中国社会科学出版社图书，如有质量问题请与本社营销中心联系调换
电话：010 - 84083683
版权所有　侵权必究

《哲学评论》第 18 辑编委会
（以姓氏拼音为序）

程　炼（武汉大学）　　储昭华（武汉大学）
丁四新（武汉大学）　　郭齐勇（武汉大学）
郝长墀（武汉大学）　　何　萍（武汉大学）
黄　勇（香港中文大学）　江　怡（北京师范大学）
彭富春（武汉大学）　　汪信砚（武汉大学）
温海明（中国人民大学）　吴根友（武汉大学）
徐向东（浙江大学）　　翟志宏（武汉大学）
张庆熊（复旦大学）　　赵　林（武汉大学）
朱志方（武汉大学）　　朱　菁（中山大学）

Franklin Perkins（DePaul University）

John Sallis（Boston College）

Eleonore Stump（Saint Louis University）

Robin Wang（Loyola Marymount University）

Merold Westphal（Fordham University）

Günter Zöller（University of Munich）

编 辑 部

主　　　编 郝长墀
执 行 主 编 杨云飞
副 主 编 杨云飞　陈江进　李　勇
编辑部主任 李　勇（兼）
书 评 编 辑 杨云飞
编　　　辑（以姓氏拼音为序）：

陈江进（武汉大学）　　杜姗姗（武汉大学）
杜战涛（许昌学院）　　黄　超（武汉大学）
李　勇（武汉大学）　　李　志（武汉大学）
李忠伟（华侨大学）　　刘乐恒（武汉大学）
潘　磊（武汉大学）　　桑靖宇（武汉大学）
苏德超（武汉大学）　　王成军（中南财经政法大学）
文碧芳（武汉大学）　　吴昕伟（武汉大学）
杨云飞（武汉大学）　　郑泽绵（武汉大学）

目 录

深度研究

康德对传统理性神学的系统性批判 ……………………… 赵 林(1)

经典实用主义的要义 ……………………………………… 朱志方(17)

康德哲学研究

对康德空间观的误解及诘难的澄清与辩护 ……………… 包向飞(41)

康德是相容论者吗？ ……………………………………… 胡 好(54)

伦理人格与人格权的结构性关联
　　——康德人格哲学的法学应用 ………………………… 周雪峰(66)

康德道德哲学中正当优先于善的三种形式
　　——一项以罗尔斯为参照的研究 ……………………… 杨云飞(88)

西方哲学史研究

对机械论世界观的超越
　　——略谈莱布尼茨单子论与怀特海
　　　过程思想 …………………………………… 桑靖宇　尚真洁(111)

论休谟"必然性"概念的道德理论后果 ………………… 钟焕林(123)

论黑格尔《法哲学原理》中的意志概念 ………………… 阮 媛(138)

青年施莱尔马赫的斯宾诺莎研究中的形而上学 ………… 张云涛(149)

分析哲学研究

自然主义是一种需要弱化的社会科学纲领 …………… 张离海(173)
罗素的亲知理论解析 …………………………………… 李高荣(183)
对称性论题成立吗？
　　——遵守规则悖论的一个解释 …………………… 苏德超(203)
哲学唯物主义不必拥抱量子力学的多世界解释 ……… 李宏芳(216)
理性和目的的选择 ……………………………………… 李　勇(233)
"皮浪问题"与可靠主义的回应 ………………………… 潘　磊(244)
疼痛与知觉的不对称性论证未推翻强表征主义 ……… 李　楠(261)

宗教哲学研究

托马斯·阿奎那的人类认知结构 ………………… 魏亚飞　翟志宏(274)
论托马斯·阿奎那情感伦理学的理性原则 ……… 黄　超　马少琳(292)
卡尔·拉纳的先验人学及其调和特征 …………… 李思凡　徐　弢(305)
奥古斯丁和尼布尔的人性论比较 ……………………… 李　艳(319)

深度研究

康德对传统理性神学的系统性批判

赵 林[*]

摘要：在《纯粹理性批判》中，康德对滥用理性权能的各种形而上学独断论进行了全面清算，其中尤以对理性神学的批判至为深刻。康德把传统理性神学关于上帝存在的各种论证区分为本体论证明、宇宙论证明和自然神学证明三种，并且通过深入细致的分析，从逻辑上将后两者都归结为本体论证明。因此，康德重点对本体论证明进行了深刻批判，指出该证明的要害就在于将纯粹理性的先验理想偷换为客观实在的对象。正是因为从根本上对传统理性神学进行了颠覆，康德才踏上了建构道德神学之路。

关键词：理性神学；本体论证明；宇宙论证明；自然神学证明；思辨理性

康德《纯粹理性批判》一书的基本宗旨就是要批判地考察理性的根源、范围和界限，防止无限滥用理性的权能而导致的形而上学独断

---

[*] 赵林，武汉大学哲学学院教授、博士生导师，主要研究领域为西方哲学史、宗教哲学和文化哲学，Email: zhaolin1954@163.com。

论①，简言之，即理性地（批判性地）对待理性本身。这种批判的具体内涵就在于严格限制纯粹理性的运用范围，坚持理性的经验运用而限制它的先验运用，坚持纯粹理性对于经验知识的调节功能而限制它对于超验知识的建构功能；对于一切超出经验范围之外的东西保持沉默，承认我们对它们一无所知，至多也只能付诸信仰。

在康德看来，一切形而上学独断论的要害恰恰就在于忽略了纯粹理性的这种批判工作，不加限制地扩展纯粹理性的思辨运用，将那些超验对象也纳入知识的范围之内。纯粹思辨理性的这种独断论倾向，不仅表现在那些主张上帝存在和灵魂不朽的唯心主义有神论观点中，而且也表现在那些否定上帝存在和灵魂不朽的唯物主义无神论观点中。双方尽管在具体立场上是针锋相对的，但是它们同样是仅仅凭着纯粹的逻辑思辨、依据知性的各种范畴来对超验对象进行肯定或否定的独断。因此，当纯粹理性把只能适用于经验对象的知性范畴思辨地运用到灵魂、宇宙、上帝等超验对象上时，它就不可避免地要发生矛盾，陷入一种自相背反的辩证困境中。

一 康德对本体论证明的批判

在严格确定知识的界限，防止纯粹理性脱离经验的思辨运用这一主旨思想的指导之下，康德对传统形而上学的理性心理学、理性宇宙论和理性神学进行了深入细致的批判。其中，康德对理性神学的批判极为深刻，可以说是从根本上终结了传统神学关于上帝存在的各种理性证明，尤其是本体论证明。

按照康德在《纯粹理性批判》中的划分，人类知识具有三个先天的要素，即感性的直观、知性的概念和理性的理念。其中感性的直观

---

① 康德关于独断论的定义是："独断论就是纯粹理性没有预先批判它自己的能力的独断处理方式。"参见《纯粹理性批判》第二版序，邓晓芒译，杨祖陶校，人民出版社2014年版，第25页。

（空间和时间）总是与经验质料联系在一起的，知性的概念（范畴）也总是通过对经验杂多的综合统一而形成科学知识，只有理性的理念是远离经验的，它们作为经验知识所追求的无条件的最高统一体，永远都是经验的东西可望而不可求的目标。但是最远离经验的却是先验的理想，它甚至比理念更加远离客观实在性。一个理想就是一个具体的和个体化的理念，例如"最高实在者"或"原始存在者"就是一个理性的理想。这个理想被理性规定为一切存在物的可能性的最高而完全的质料条件，它本身却无须任何前提和原因，也就是说，它是通过自身被确定的，即自因的。理想作为一个先验的理念，它本身并没有任何客观实在性，它只是一个先验的原型，而非一个实在的东西。但是这个先验的理想却被理性从主观的表象转化为客观的对象，再进一步实体化，并且把唯一性、单纯性、完全充足性、永恒性等属性加到它之上，从而就把一个作为先验理想的"最高实在者"或"原始存在者"转变成为一个先验神学的对象，即"上帝"的概念了。一方面，思辨理性使得一个纯粹的理想——"最高实在者"——通过对象化、实体化、人格化和智能化的途径，转变为一个全知全能的实在的上帝；另一方面，人类理性的本性又使得人们通常从最直接的经验出发，溯寻出某种无条件的、绝对必然的东西，而这个绝对必然的东西又进一步被确定为最实在的东西，从而在绝对必然性与最高实在性之间建立起一种先验的同一性。

在《纯粹理性批判》的"先验辩证论"中，康德把理性神学关于上帝存在的所有证明概括为三种可能的方式："要么是从确定的经验及由这经验所认识到的我们感官世界的特殊性状开始，并由此按照因果律一直上升到世界之外的最高原因；要么只是以不定的经验、即经验性地以任何某个存有为基础；要么最后抽掉一切经验，并完全先天地从单纯概念中推出一个最高原因的存有。第一种证明是自然神学的证明，第二种证明是宇宙论的证明，第三种证明是本体论的证明。"[1] 康德认为，在这三种可能的证明中，宇宙论证明和自然神学证明就其根本理据而言，都是基于本体论证明的，它们都可以从逻辑上还原为本体论证明。

---

[1] 康德：《纯粹理性批判》，邓晓芒译，杨祖陶校，人民出版社2004年版，第471页。

因此只要驳倒了本体论证明,关于上帝存在的各种其他理性证明也就失去了理论根基。正因为如此,康德首先对本体论证明的逻辑根据进行了深入细致的分析和批驳。

以安瑟伦和笛卡尔为代表的本体论证明,其实质在于把上帝定义为一个"最完美的东西"和"绝对必然的存在者",从而把存在当作一种属性或者一个(分析判断的)谓词从主词里推演出来。康德的批判正是针对这两个基本论据展开的。在康德看来,这两个论据是内在同一的,本体论证明的实质就是把一个"最高实在者"(或"最完美的东西")等同于一个"绝对必然的存在者",然后再从"绝对必然的存在者"推论出其存在来。因此康德首先对"绝对必然的存在者"这个概念进行了分析。

康德指出,一个"绝对必然的存在者"的概念是一个纯粹理性的概念、一个单纯的理念,它的客观实在性是不能仅凭着理性从概念中分析出来的。康德承认,如果我们事先预设了一个所谓的"绝对必然的存在者",那么我们当然可以说它已经包含着存在;正如我们如果事先给予了一个三角形,那么它必然包含着三个角。承认一个三角形而否定三个角,固然是矛盾的,但是如果把三角形与三个角一同加以否定,却不包含任何矛盾。同样,承认一个"绝对必然的存在者"而否定他的存在,这是矛盾的;但是如果将这个概念连同其存在一起取消掉,却并没有任何矛盾。由此可见,如果根本就没有一个"绝对必然的存在者",当然就不能从这个主词中必然地分析出存在这个谓词了。本体论证明本来是要证明一个"绝对必然的存在者"(上帝)的存在,但是它却预先设定了一个"绝对必然的存在者",然后再从这个"绝对必然的存在者"中把存在作为一个谓词分析出来,这种做法恰恰是倒果为因,把有待证明的东西当作了证明的前提。

康德接着进一步指出,事物的存在作为一个经验事实,是不能从一个概念——即使是一个"绝对必然的存在者"的概念——中分析得出的,它不像三个角之于"三角形"那样,先天地被包含在主词之中。康德缜密地分析了"存在"一词作为"逻辑的谓词"和作为"实在的谓词"之间的根本区别。当我们说某物存在时,这到底是一个分析判断还是一个综合判断呢？如果是一个分析判断，那么作为谓词的"存在"与主词（该事物）之间的联系固然是必然的，但是它只是一个"逻辑的谓词"，即一个判断的系词"是"①，它并没有给主词增加任何东西，只是对主词自身的一个肯定，因此不过是一种同义反复而已。在这种情况下，说"上帝存在"（或"上帝是"），并没有使我们对"上帝"概念的理解超出这个概念本身所具有的含义，也就是说，并没有使上帝超出一个纯粹的理念而成为一个实在的东西。反之，如果该判断是一个综合判断，那么作为谓词的"存在"就与主词（该事物）之间没有什么必然的联系，它只是一个通过经验才能够被确定的"实在的谓词"，因此否定该事物的存在并不会导致逻辑上的矛盾。在这种情况下，"上帝存在"就是一个只有通过经验才能确定其真伪的判断，然而上帝不属于现象界，因此根本就无法用经验来验证他的存在与否。总之，如果"存在"是一个"逻辑的谓词"，它就不过是主词的同义反复；如果"存在"是一个"实在的谓词"，它就不能必然地从主词中分析出来。无论是哪一种情况，都不能支持本体论证明从概念到实存、从思维到存在的必然跳跃②。康德一针见血地指出，本体论证明的要害就在于"混淆逻辑的谓词和实在的谓词"，即把分析判断与综合判断、概念的逻辑可能性与事物的实在可能性不加区分地加以运用。他写道："如果概念不自相矛盾，它就总是可能的。这就是可能性的逻辑标志……只是这个概念一点也不能免于是一个空洞的概念，如果这个概念由以产生的综合的客观实在性没有被特别阐明出来的话；但这种阐明任何时候都是（如前所述）基于可能经验的原则之上，而不是基于分析的原理（矛盾律）上的。这是一个警告，即不要从概念的（逻辑的）可能性马上推出事物的（实在的）可能性。"③

在康德之前，休谟就已经指出，事物的存在这个经验事实是不能通

---

① 德文为 Sein，既表示"是"，也表示"存在"或"有"。
② 罗素后来在他的摹状词理论中对"存在"（或"有"）一词的含义进行了更加细致的分析，参见罗素《数理哲学导论》第 16 章，晏成书译，商务印书馆 1982 年版。
③ 康德：《纯粹理性批判》，邓晓芒译，杨祖陶校，人民出版社 2004 年版，第 474 页注释①。

过先天的论证来加以证明的，任何存在物的不存在都并不蕴含着矛盾，所谓"必然的存在"本身就是一个毫无意义的词语①。康德进一步阐发了休谟的这个观点，他指出，实际存在的对象并非分析地包含在概念之中，而是综合地添加到概念之上的。判断一个事物是否存在，是不能仅仅通过逻辑推理来实现的，只能通过经验来确定。一个事物的存在并没有增加该事物的逻辑内涵，而只是使该事物现实化了。一百个现实的塔勒（Taler，德国钱币）并不比一百个可能的塔勒多一分一毫，然而后者只是一个单纯的概念，前者却是实在的对象，它们对于一个人的财产状况具有完全不同的意义，没有人会因为头脑中有一百个塔勒的概念就认为自己兜里真有一百个现实的塔勒。即使是一个"至上完满的存在体"，也不能把现实的存在当作一种属性包含在自身之中，我们仍然可以追问"它是否实存着"这个问题。因为存在并非一种属性，它并不能使一个概念更加完善，而只是使一个概念具体化了。康德最后总结道：

> 所以，在对一个最高存在者的存有从概念来进行的这个如此有名的（笛卡尔派的）本体论证明那里，一切力气和劳动都白费了，而一个人想要从单纯理念中丰富自己的见解，这正如一个商人为了改善他的境况而想给他的库存现金添上几个零以增加他的财产一样不可能。②

康德对本体论证明的批判无疑是极其深刻的，他彻底摧毁了该证明的理论根据。自康德以后，本体论证明就很少再被人们援引来论证上帝的存在了，它的意义仅限于加深基督徒对其所信上帝的理解。然而，从思维与存在的关系的角度来看，康德的批判也走向了另一个极端。如果说安瑟伦和笛卡尔的本体论证明把思维与存在抽象地同一起来，从上帝的概念中直接推出了上帝的存在，那么康德对该证明的批判则把思维与

---

① 参见休谟《自然宗教对话录》，陈修斋、曹棉之译，商务印书馆1962年版，第59页。
② 康德：《纯粹理性批判》，邓晓芒译，杨祖陶校，人民出版社2004年版，第478页。

存在截然地对立起来，在"概念的逻辑可能性"与"事物的实在可能性"之间划下了一条不可逾越的鸿沟。康德在批驳本体论证明的逻辑形式时，把该证明所包含的思维与存在相同一的思想内容也一起抛弃了。在康德哲学中，上帝、宇宙等本体作为绝对的存在和真理，始终处于思维的彼岸。康德所理解的存在仅仅只是现象意义上的存在，而本质意义上的存在（自在之物）则被排除在思维的视野之外。当康德认为我们要以存在为对象则必须超出概念之外时，他无疑是正确的；但是他却因此把概念与存在完全对立起来，强调从概念或思维是不可能达到存在的，反之亦然。这样就彻底否定了思维与存在之间的同一性，从而使康德哲学陷入了不可知论的困境。虽然思维与存在的同一性问题在康德那里第一次以自觉的形式表述出来，但是康德哲学的最后结果却是割裂了思维与存在的同一性。

二　康德对宇宙论证明的批判

本体论证明典型地表现了经院哲学和形而上学的特点，即仅仅从纯粹概念出发来推论某物（上帝）的存在。这种思辨的做法引起了一些哲学家的不满，他们声称要通过经验的途径而不是完全先验地推论出上帝的存在，于是他们提出了一种关于上帝存在的宇宙论证明。在康德看来，这种宇宙论证明仍然保留了最高实在性与绝对必然性之间的联结，但是它至少在表面上与本体论证明不同，它不是从一个"最高实在者"或"最完善的东西"中推出它的必然存在，而是从任何一个有条件的经验事物出发，推出一个无条件的绝对必然者，再从这个绝对必然者中推出它的无限制的实在性（最高实在性）。宇宙论证明的推理过程可以分为两个步骤，第一个步骤表述为下面这个三段论式：

大前提：如果有某物实存，那么也必定有一个绝对必然的存在者实存；

小前提：现在至少我自己实存；

结论：所以一个绝对必然的存在者实存。

第二个步骤则是通过对一个"绝对必然的存在者"的概念分析，推出一个"最高实在者"：

> 这个必然的存在者只能以惟一的一种方式、也就是在一切可能的对立谓词方面只通过其中一个谓词而得到规定，所以它必须通过自己的概念而被通盘规定。现在只有惟一的一个有关一物的概念是有可能对该物作先天的通盘规定的，这就是 entis realissimi（拉丁文：最实在的存在物——译者）这个概念：所以最实在的存在者的概念就是某个必然的存在者能借以被思维的惟一的概念，就是说，有一个最高存在者以必然的方式实存着。①

这个以绝对必然的方式实存着的最高存在者，当然就是上帝！

在上述这两个推理过程中，第一个步骤即那个三段论式推理的大前提是一条先验的规则，这条规则貌似来自经验，但是实际上却是纯粹理性将只适用于自然界的知性的因果性范畴非法地运用于经验世界之外的结果。正是由于预先设定了这样一条先验的前提，所以宇宙论证明从任何一个实存着的经验事物（小前提），都可以顺理成章地推出一个绝对必然的存在者。康德在关于这个大前提的注释中写道："它基于原因性的这条被以为是先验的自然律：一切偶然之物都有其原因，这个原因如果又是偶然的，同样也必须有一个原因，直到相互隶属的原因序列不得不在一个绝对必然的原因那里终结为止，没有这个绝对必然的原因，该序列就不会有任何完备性。"② 然而，这条建立在"没有首项的级数是不可能的"（罗素语）这一先验信念之上的大前提，其本身就是有待于证明的。将这条有待于证明的规则作为宇宙论证明的大前提，已经内在

---

① 康德：《纯粹理性批判》，邓晓芒译，杨祖陶校，人民出版社 2004 年版，第 480—481 页。
② 同上书，第 480 页注释②。

地蕴含着该证明的失败结局了。康德明确地表示，我们从偶然事物中溯寻原因的这条先验原理，只能适用于感性世界中，决不能推广到经验世界之外，但是宇宙论证明的要害之一恰恰是把这条先验原理运用到经验世界之外。其次，从感性世界的因果序列中，我们决不可能推论出一个最初的原因来，因此我们就更没有理由在经验世界之外推出一个第一因了。宇宙论证明将整个自然因果序列终止于某个超验的第一原因的做法，实际上只是表现了理性的一种"虚假的自满自足"。

上述三段论式的小前提虽然是一个经验事实，但是宇宙论证明在这个经验事实上只是虚晃一枪，马上就跳到了纯粹思辨的真空中。所以宇宙论证明尽管在表面上穿着经验的外衣，但是其实质与本体论证明一样，仍然是从纯粹理性出发的先验证明。经验对于宇宙论证明来说只是一块垫脚石，以便使该证明能够迅速地跳到"绝对必然的存在者"这个经验的彼岸，从而开始纯粹思辨的演绎。宇宙论证明从"绝对必然的存在者"到"最高实在者"的推理过程与经验完全无关，纯粹是通过先验的概念分析来完成的。就此而言，宇宙论证明具有一种伪装性，它不过是本体论证明的改头换面而已。它依据一条先验的大前提，从任何一个经验事实推出一个必然存在者，由于经验本身并不能告诉我们这个必然存在者具有什么属性，于是理性就彻底抛弃了经验，试图从单纯的概念分析中发现这个必然存在者所具有的属性。理性追问道，在一切可能的东西之中，哪一个在它自身里面包含着绝对必然性所必须具备的条件呢？理性最终发现，这些条件除了在一个"最高存在者"的概念之外，是无处可寻的。因此，这个"最高存在者"就是一个绝对必然的存在者[①]。康德对于理性的这个推理过程描述道：

---

① 从一个"绝对必然的存在者"推出一个"最高实在者"，这种宇宙论证明所使用的手法同样也是康德早年在《证明上帝存在惟一可能的证据》一文所使用过的，在这篇文章中，康德正是从"必然的存在者"中引出了"最高的实在性"。参见《证明上帝存在惟一可能的证据》第一章"考察三"中的"六、必然的存在者包含着最高的实在性"一节，载伊曼努尔·康德著，李秋零编译：《康德论上帝与宗教》，中国人民大学出版社2004年版，第46—48页。由此可见，康德在《纯粹理性批判》中对宇宙论证明的批判，同样也是对自己早年宗教哲学思想的一种自我批判。

人类理性的自然进程就具有这样的性质。首先，它相信某一个必然的存在者是存有的。它从这个存在者中看出某种无条件的实存。于是它就去寻求那不依赖于一切条件者的概念，并在那个本身是一切其他事物的充分条件的东西中，亦即在那个包含着一切实在性的东西中，找到了这一概念。但这个没有限制的大全就是绝对的统一性，它具有一个惟一的存在者、也就是最高存在者的概念，于是理性就推论：最高存在者作为一切事物的原始根据，是绝对必然地存有的。①

康德精辟地分析了宇宙论证明是如何通过主谓词之间的逻辑换位，从"每个绝对必然的存在者都同时又是最实在的存在者"推出了"每个最实在的存在者都是一个必然的存在者"这一命题。这样一来，宇宙论证明与本体论证明一样，在最高实在性与绝对必然性之间建立起一种先验的同一性。宇宙论证明曾经声称，要与本体论证明的先验模式分道扬镳，另觅一条后天的证明道路。但是它仅仅只是在经验上矫饰了一下，又悄悄地潜回到本体论证明的基础之上，仍然从一个"最高实在者"的概念中推论出它的存在。"它答应把我们引上一条新的路径，但在兜了一小圈之后又把我们带回到为了这条新路我们曾离弃了的那条老路上去了。"②

在揭露了宇宙论证明的欺骗性和虚伪性之后，康德对本体论证明和宇宙论证明这两种先验证明所共同依据的"必然性"概念进行了说明。在康德看来，这两种证明的共同之处在于：第一，把必然性概念与最高实在性概念连接起来；第二，把"必然性"这种只能是理念的东西实在化和实体化。关于第一点，我们在上面已经做了分析，这两种证明都是先验地在绝对必然性与最高实在性之间建立起一种同一性。关于第二点，康德指出，正如"最实在的东西"只是一个理性的理想一样，所谓的"必然性"也只是一种唯有在思想中才能被发现的原理，在任何

---

① 康德：《纯粹理性批判》，邓晓芒译，杨祖陶校，人民出版社2004年版，第468页。
② 同上书，第483页。

客观的实存事物中我们都不可能找到它。换言之,"必然性"的概念只是作为思想的一种形式条件,而非存在的一种质料条件。然而,本体论证明和宇宙论证明却一方面把绝对必然性与最高实在性相联结,另一方面把这种主观的形式条件先验地偷换为客观的质料条件,由此就导致了种种辩证幻象的产生:

> 最高存在者的理想无非是理性的一个**调节性的原则**,即把世界上的一切联结都看作仿佛是从某种最充分的必然原因中产生出来的,以便在这上面建立起解释这些联结的某种系统的和按照普遍法则是必然的统一性的规则,而并不是主张一种自在的必然的实存。但同时不可避免的是,借助于某种先验的偷换来把这条形式的原则想象为构成性的,并把这个统一性作物化的设想……于是这个理念就被设想为一个现实的对象,而这个现实的对象又由于是至上的条件,就被设想为必然的,因而一条调节性的原则就被转变成了一条**构成性的原则**。①

这就是关于上帝存在的一切先验证明的奥秘所在!揭穿了这个奥秘,一切先验证明的欺骗性也就一目了然了。说到底,这些证明并不能有效地论证上帝的存在,它们充其量只是表明了理性自身的僭妄,即把纯粹理性的先验理想当作了客观实在的对象。

三 康德对自然神学证明的批判

如果说宇宙论证明表面上是从一般存在的经验出发的(事实上它仍然与本体论证明一样是一种先验的证明),那么自然神学的证明则是从**确定的经验**出发的,即从感性世界的特殊性状和秩序出发来论证上帝的存在,因此它是一种真正意义上的后天证明。

---

① 康德:《纯粹理性批判》,邓晓芒译,杨祖陶校,人民出版社2004年版,第490页。

我们所在的自然世界是一个纷繁复杂而又秩序井然的世界，在这个世界中，我们可以看到结果与原因、目的与手段之间的无穷尽的连锁关系。当人类理性面对着这个充满了因果联系和目的性征象的自然世界时，必定会假定一个原始的起源。因为自然世界中的万物都是偶然的（它们存在的原因都不在自身之内），如果我们不在这个无限的偶然事物系列之外假定某种自身必然或自因的东西作为原始的开端，那么"整个宇宙就必定会沦没在虚无的无底深渊里"。因此，自然神学从一个偶然事物系列推出某个终极的智慧创造者，以此来说明整个和谐有序的自然世界的目的和意图，这样一种尝试既符合理性的节约原则，又不与经验相违背。所以，关于上帝存在的自然神学证明是最古老、最明晰，同时也是最适合于普通人类理性的证明方式，它根据人类自身活动的合目的性原则而要求我们把整个世界看成一个合目的的、有意图的有序系统，并且从中推出了一个智慧创造者的存在。相比思辨理性那些晦涩而烦琐的先验证明，自然神学证明无疑具有一种振奋人心的简洁性。

康德认为，自然神学证明虽然具有上述优越性，但是它仍然存在一个自身无法克服的致命缺陷，这个缺陷只能通过本体论证明来加以弥补。自然神学证明是建立在类比推理之上的，它通过把自然的产物与人类的产物相类比的方式，从人类的合目的性活动中推出一个按照一定目的创造自然的上帝。在《纯粹理性批判》中，康德把自然神学证明的要点概括为如下几点：

第一，自然界的秩序性显示出一个伟大智慧的安排意图；

第二，这个外在于世界的伟大智慧是根据一定的理念有计划地安排了自然世界的秩序；

第三，这个伟大智慧并非自发地、而是自由地安排了这个世界；

第四，从世界各部分彼此相关的统一性中依据类比原理推出世界原因的统一性。

然而，类比推理除了要求类比条件的完全相似之外，还有一个致命的缺陷，那就是它只能推出上帝是世界形式的设计者，不能推出上帝是世界质料的创造者。自然神学证明从一个钟表匠与他所创造的钟表的关系，类比地推论出上帝与他所创造的世界的关系。但是正如一个钟表匠只能利用已有的材料来创造他的产品一样，根据类比推理原理而推出的上帝也不能凭空创造出自然世界来。"所以这个证明最多能够说明一个永远被自己所加工的材料的适应性大大限制着的世界建筑师，但却不是一个所有的东西都服从其理念的世界创造者，而这对于我们所怀有的那个伟大抱负即证明一个最充分的原始存在者来说是远远不够的。"① 此外，自然神学证明对于最高存在者（上帝）的说明也只能停留在一些同样基于类比推理的赞美词上，如"全能""全智"等，这些赞美词并不能为我们提供关于最高存在者的确定概念，它们充其量只是抽象地赞美了最高存在者的大能，却没有说明他的具体属性。知道了上帝具有全知、全能、全善等卓越属性，我们仍然不知道上帝究竟是什么。

正因为存在这样一个致命的缺陷，所以自然神学证明虽然似乎令人信服地证明了一个世界建筑师的存在，但是它在证明一个世界创造者这个目标上却是失败的，而这个目标正是神学本身所追求的。因此，自然神学证明作为一种关于上帝存在的证明，实际上是无效的。要想证明一个既是世界形式也是世界质料的创造者（上帝）的存在，还必须退回到宇宙论证明，即从偶然性的经验事物中推出一个绝对必然的存在者，然后再从这个绝对必然的存在者推出一个最高实在性的概念。而由于宇宙论证明本身就是本体论证明的一种改头换面的伪装形式，所以自然神学证明要想弥补无法证明世界创造者的那个致命缺陷，只能最终到本体论证明中去寻找救命稻草。

由此可见，在传统理性神学关于上帝存在的所有可能的三种证明中，一切最终的证据说到底都只存在于本体论证明中，因此只有本体论证明才是真正唯一可能的证明。康德总结道：

> 所以自然神学关于一个原始的或最高的存在者的存在的证明，

---

① 康德：《纯粹理性批判》，邓晓芒译，杨祖陶校，人民出版社 2004 年版，第 495 页。

是依据宇宙论的证明的，而宇宙论的证明又是依据本体论的证明的。既然除了这三种证明以外，再没有给思辨理性留下其他的途径，那么，如果对于这么高出于知性的一切经验使用之上的命题的证明有其可能的话，从理性的纯粹概念而推演的本体论证明，就是唯一可能的证明了。①

正因为如此，康德才把批判的矛头重点对准了本体论证明。既然一切其他证明都依据或者最终归结于本体论证明，那么只要批驳了本体论证明，一切其他证明也就不攻自破了。通过对这三种可能的证明的细致考察，康德明确指出，关于上帝存在这个命题，我们不可能从经验中获得任何有效的证据，只能从理性的纯粹概念中得到证明。但是这种情况恰恰说明，上帝只是一个纯粹理性的理想，而非客观实在的对象。本体论证明的根本奥秘，无非是把一个纯粹理性的理想偷换成一个客观实在的对象，这种先验的偷换就是一切理性神学的辩证幻象由以产生的根源。既然本体论证明这个唯一可能的证明本身就是对理性理念的一种非法运用的结果，而其他证明又都是建立在本体论证明的基础之上的，那么，思辨理性关于上帝存在的一切证明事实上都是无效的。这就是康德关于思辨理性神学的基本态度，他也正是从这里开始转向实践理性神学即道德神学的。

在这里，有一点必须加以说明，那就是康德虽然对思辨理性关于上帝存在的各种可能证明进行了有力的批驳，但是他并不想通过这种批判而得出一种无神论的结论。在这一点上，康德与休谟是灵犀相通的。休谟在《自然宗教对话录》中批判了传统理性神学关于上帝存在的各种证明之后，明确表示，对上帝存在的各种理性证明的质疑并非是对上帝存在本身的质疑，相反，"做一个哲学上的怀疑主义者是做一个健全的、虔诚的基督教徒的第一步和最重要的一步"②。康德也是如此，他虽然不同意理性神学关于上帝存在的各种证明，但是他同样也不会同意

---

① 康德：《纯粹理性批判》，邓晓芒译，杨祖陶校，人民出版社2004年版，第551页。
② 休谟：《自然宗教对话录》，陈修斋、曹棉之译，商务印书馆1962年版，第97页。

无神论者关于上帝不存在的各种理性证据。正是因为思辨理性既无法证实也无法证伪上帝的存在，所以才使实践理性或者道德的信仰成为可能。柯普斯登评价道："对自然神学之批评有一双重的功能。它一方面剖视上帝存在之理论证明之谬误，并且显示出上帝之存在是无由证明的。而另一方面，批判的根本性格也同时显示出上帝之不存在也是不可能证明的。凭藉理性之能力，我们既不可以证明亦不可以否定上帝之存在。因此，对自然神学之批评为实践的或道德的信仰留了出路。"①

正是在完成了对传统理性神学的深刻批判之后，康德才走向了道德神学的建构；在证伪了一切先验的神学（本体论证明和宇宙论证明）以及试图从"自然秩序与完善的原理"来论证上帝存在的自然神学之后，一种从"道德秩序和完善的原理"来推论上帝存在的道德神学才成为可能的②。

Kant's Systematic Critique of the Traditional Rational Theology

(Zhao Lin, Wuhan University, 430072)

Abstract: In *Critique of Pure Reason*, Kant systematically criticizes all kinds of dogmatist metaphysics which abused the authority of reason and his profound criticism of rational theology is the most impressive one. All arguments for the existence of God in rational theology are divided by Kant into three types, namely the ontological argument, the cosmological argument and the teleological argument. Through detailed and careful analysis, Kant deduces the validity of the latter two arguments into the ontological one. The mistake in the ontological argument, according to Kant,

---

① 柯普斯登：《西洋哲学史》第六卷《卢梭到康德》，陈洁明、关子尹译，台湾黎明文化事业股份有限公司1993年版，第397页。

② 关于康德道德神学的内涵，参见赵林《康德的道德神学及其意义》，《武汉大学学报》2012年第2期。

is a disguised replacement of the concept of the transcendental ideal of pure speculative reason into an object in reality. It is the radical subversion of the traditional rational theology that paves the way of moral theology for Kant.

Keywords: rational theology; ontological argument; cosmological argument; teleological argument; speculative reason

经典实用主义的要义

朱志方[*]

摘要：在中国和西方的哲学界，实用主义哲学都受到诸多的曲解和不恰当的批判。要澄清这些曲解，就必须从源头上理解古典实用主义哲学的实质。古典实用主义创始于皮尔士，其核心的哲学思想得到詹姆斯和杜威的发展和扩充。古典实用主义哲学的核心论题是皮尔士的实用主义法则，抑或语用法则，是一个意义理论的原则。以这个原则为核心，实用主义的基本立场逐次建立起来，其中有自然主义的世界观、语用学的意义理论、可误论的科学方法论、反笛卡尔主义的认识论、自然主义的经验论，其认识者共同体概念开辟的社会知识论方向。实用主义哲学对现代学科发展做出了诸多贡献，皮尔士首创符号学并独立创立了现象学，詹姆斯对心理学、杜威对教育哲学和政治哲学都做出了卓越的贡献。

关键词：实用主义法则；自然主义；可误论；反笛卡尔主义的认识论；符号学；现象学

经典实用主义或古典实用主义，是指皮尔士、詹姆斯、杜威、

---

[*] 朱志方，武汉大学哲学学院教授、博士生导师，主要研究语言哲学、科学哲学与实用主义，Email: zfzhu61@whu.edu.cn。

F. C. S. 席勒、胡克、米德等人的实用主义哲学，尤其是皮尔士、詹姆斯、杜威三位古典实用主义哲学家的哲学。实用主义哲学自产生时起就遭遇各种误解、诋毁和争议。首先，"实用主义"作为一个日常用语，常常与急功近利、唯利是图联系在一起，而这种日常用语的含义往往被注入哲学实用主义的含义之中。而在实用主义哲学内部，各家学说存在诸多差异，以至于形形色色的哲学都打着实用主义的旗号或被贴上"实用主义"的标签。本文旨在对经典实用主义的基本观点和主要特征做一个论述，以澄清部分误解。

一 实用主义的核心论题

实用主义的核心论题是皮尔士陈述的实用主义法则（pragmatic maxim）。虽然詹姆斯在1898年首次使用"实用主义"（pragmatism）一词，但詹姆斯承认，皮尔士才是实用主义的创立者。1877—1888年皮尔士在"科学逻辑解说"（Illustrations of the Logic of Science）系列论文中系统地提出和阐述了实用主义哲学的基本思想，包括自然主义的本体论（自然受概率和定律支配并且是一个从概率到定律的发展过程），反笛卡尔主义认识论，可误论的科学方法论，由演绎、归纳和假说构成的科学逻辑，行为主义的信念理论等哲学创见，而其核心思想是"如何使我们的观念清晰"（1878）中提出的实用主义法则："考虑我们观念的对象具有什么后果，可以设想这些后果都具有实践关联。于是，我们关于这些后果的观念就是我们关于对象的全部观念。"（Consider what effects, which might conceivably have practical bearings, we conceive the object of our conception to have. Then, our conception of these effects is the whole of our conception of the object）[1] 在1903年哈佛讲座第一讲"实用主义的法则"（The Maxim of Pragmatism）中，皮尔士明确指出，以上法

---

[1] *The Essential Peirce*, Vol. I, Nathan Houser and Christian J. W. Kloesel, eds., Bloomington and Indianapolis, Indiana University Press, 1992, I: 132.

则就是实用主义法则,① 并且是他的多数思想的指南。② 在 1905 年的论文"实用主义是什么"(What Pragmaticism Is)中,他用实验科学理解概念的方法来解释实用主义法则:"一个观念(conception),即一个词语或其他表达式的理性意旨(rational purport),完全在于它与生活行为的可设想的牵连;很显然,由于凡是不能从实验中产生的东西,都不可能与行为有直接的牵连,所以,如果你能准确地划定一个概念的肯定或否定所有蕴含的所有可设想的实验现象,那么你就拥有了那个概念的完全定义,其中绝对没有更多的东西。"③

皮尔士提出,实用主义法则的目的是达到思想、观念、理解的清晰性,但如何理解这个法则的表述,却不是一件很容易的事。第一,我们要理解的是关于对象的观念(conception),因此,我们的观念的意义是我们关于对象的观念,而这个观念可以是一个概念,也可以是一个陈述或一个命题。第二,实用主义法则所针对的是笛卡尔主义(罗蒂所说的柏拉图—笛卡尔—康德传统,其实是西方哲学主流传统)和旧逻辑。笛卡尔主义主张,我们坐在椅子上凭借纯"理性"的思维就可以达到清晰性,其实只不过是词语或概念之间的转换,并不能真正达到清晰性。而旧逻辑的"外延"似乎指向世界,但对于抽象的或理性的观念,如"原子""地球与月球之间的引力",它只能说,"原子的外延是所有原子的集合""'引力'的外延就是引力",这并没有把我们引向可以把握的清晰性。第三,尽管任何思想或观念都必须始于已经形成的大量的认知,但相对来说抽象观念才是更需要去澄清的。在后期,皮尔士建立了他关于第一性、第二性、第三性的形而上学,这三个范畴大致相对于个体(个别)、事实和定律。第三性范畴或概念与实在的定律和共性相对应(因此他是一个关于定律的唯实论者,却不同于柏拉图主义)。第三性概念的意义就是它的"理性的意旨",我们如何澄清或理解这样的概念(比如原子、引力)呢?第四,用行动来解释信念。假定思想的

---

① *The Essential Peirce*, Vol. Ⅱ, Peirce Edition Project, eds., Bloomington and Indianapolis, Indiana University Press, 1998, Ⅱ: 135.

② *The Essential Peirce*, Ⅱ: 133.

③ *The Essential Peirce*, Ⅱ: 332.

目的是追求真理，即追求真信念，抽象概念是我们的信念的一部分，当我们有一个含有抽象概念的信念时，这个信念到底是什么？我们可以说，我们的信念是由一个陈述句来表达的，而那个陈述句的意义就是它表达的信念，这是一个循环，信念和陈述句的意义都仍然是不清晰的。问题在于，信念是一个内在的东西，就像莱布尼兹的单子一样，没有可以由外面进入的窗户。皮尔士试图打开一扇窗户，这就是把信念定义为行动的方式或倾向，即在某种情况下采取某种行动的趋向，这是 1878 年的论证。在 1903 年他又进而说："实用主义就是这样一个原则：每一个可以用直陈语气的语句表达的理论判断都是一种混杂的思想形式，如果它有意义，那么它的唯一的意义就在于它趋于规定一个相应的实践法则，可以表达为一个条件句，其后件采取命令语气。"① 逻辑实证主义者在解释趋向词（dispositions）时遇到了困难：x 是易碎的 $=_{df}$ 如果用力击打 x，那么 x 破碎。在一块橡皮没有被击打的情况下，"如果这块橡皮被击打了那么它破碎了"是真的。但实用主义法则适合于用来解释这样的词语，因为它表达一种趋向，一种实在的规律性的东西。说某个人相信"x 是易碎的"，意思是说，如果情景 s 出现时，那么你用力击打 x（祈使语气），可设想的后果是 x 破碎了。其中的实践牵连是，如果你的行动要求 x 破碎，那么在一定的实践情景下，你就会用力击打 x。如果你在一辆起火的公共汽车上，如果你想逃生，如果你相信玻璃是易碎的，那么你就会去用力击打玻璃窗；如果你相信车身是易碎的，那么你就会用力击打车身。逻辑实证主义的解释只有逻辑的因素而没有行动的因素，它把含有趋向词的语句解释为虚拟条件句。而实用主义准则把信念、语句、意义、行动、后果联系起来，认为陈述句隐含着行动指令，因此并不存在虚拟条件句的解释难题。第五，"每一个命题的理性意义在于未来"②，一个命题表达某种实验产生与人类事物有关的某种后果或现象，不只是这些或那些现象，而是所有可能的现象，而更多的现象在未来产生，因此一个定律表达现象中的定律性的东西，这是它

---

① *The Essential Peirce*, Ⅱ: 134.
② *The Essential Peirce*, Ⅱ: 340.

的理性意旨。这种意义理论反对把意义局限于过去的和当下的经验。实用主义原则应用到"引力"这样的理论概念，就可以采取如下方式。"物体之间有引力"：设想我们测量地球的质量，刘翔的质量，我们通过实验知道的引力常数，我们测量了刘翔的起跳力量，那么我们可以计算出他的跳跃高度，并且可以测量他到底跳了多高。同样，我们可以计算要把一吨重的物体运送到 100 千米的高度需要多大的推力。当我们说某个命题是什么意思时，等于说，如果你相信那个命题是真的，那么你将有什么行动（包括实验），你的行动将会产生什么后果。这些可设想的后果的总和就是那个命题的全部意义。

皮尔士最终将他的全部哲学基本上用实用主义法则统一起来。他后期用这个法则来说明第一性、第二性、第三性三个基本范畴之间的关系。他的宇宙论主张宇宙处在向定律的演化之中，概率是定律的一种表现方式，是实在的东西，而实用主义法则正是阐明我们的定律观念的方法。在实用主义法则的指导下，皮尔士试图建立一个最普遍的学问，即符号学。由于我们没有笛卡尔主义的直观的和内省的能力，我们只能通过符号来思维，而符号总是处于一个过程之中，因此我们的认识活动没有不可错的开端，而是从实际的处境开始，普遍怀疑是不可能的。但具体的怀疑是认识活动的一个不可逃避的因素，因此我们的知识总是可误的（fallible），求知（inquiry）活动就是通过不断改正错误而走向符合实在的真理，即理想的认识者共同体的最后共识。实在、真理、意义等都预设了共同体概念，知识是求知者共同体的集体成果，而不是孤独的理性思考者闭门造车的产物。实在隐含在过去、现在、未来的经验序列之中，而不是直接经验本身，因此，科学方法的核心就是通过假说推理（abduction，或译成溯因推理，回溯推理，一种得出最佳说明的推理）建立说明性的理论，通过演绎推理揭示理论的后承，通过行动或实验确定理论的实际后果，再通过归纳推理确定理论的真实性。而实用主义就是"假说推理的逻辑"。为了进一步论证其实用主义法则，皮尔士建立了现象学，"我们关于实用主义的最后结论必定主要依赖于对现象学问题的回答"。① 皮尔士还把逻辑、伦理学和美学这三门"规范科学"与实用主义结合起来：逻辑推理是一种行动，因此受伦理规则约束，逻辑上好（logically good）从属于伦理上好，而伦理之好又从属于审美之好，于是与实用主义融合起来，因为实用主义的要点是有目的的行动观念。这样，形而上学、现象学和规范科学都成为实用主义的基础。

古典实用主义的发展是实用主义的法则的应用和扩充。20世纪初出现了多种实用主义，对此，皮尔士一方面受到鼓舞，另一方面也不甚满意，他感到"他的宝贝'pragmatism'备受宠爱，当此之时，他该吻别他的孩子，听凭他的孩子走上更广阔的道路；而为了表达原有定义这个目的得以达到，他请求宣告'pragmaticism'一词的诞生。"② 因为"icism"标志着更严格地接受原来的实用主义学说。③ 因此，对于后期皮尔士的"pragmaticism"一词，不宜译作"实效主义"，"实效"往往与"讲求实效"联系在一起，很容易让人产生急功近利的联想，而皮尔士学说与此毫无关系。根据皮尔士本人的说法，译作"原实用主义"更好一些，虽然这个译法有点丑陋，但皮尔士本人也说"pragmaticism"是一个丑陋的词。当然"实用主义"一说也容易引起误会，在英语和汉语里都引起了误会。

实用主义的发展，并不一定归于"实用主义"概念的滥用，而是因为其他实用主义者各有其理论主张，其中有些主张独立于实用主义，却也能够与实用主义结合起来。一般来说，一种学说的含义并不是单一的，而是容许多种可能的发展。在总体精神上，詹姆斯和杜威的实用主义基本上忠实地贯彻了实用主义法则。

皮尔士用实用主义法则来解释许多概念的意义，如"概率"的意义是什么？而詹姆斯则用实用主义法则来解释一个核心的哲学概念的意义——真理。詹姆斯不断地追问，当我们说某某信念是真理时，我们的意思是什么，如果我们相信它是真的，我们会有什么行动？詹姆斯说，

---

① *The Essential Peirce*, II：147.
② *The Essential Peirce*, II：334-335.
③ *The Essential Peirce*, II：334.

他同唯理智论者一样认为，真理就是符合实在，但不赞成把符合当作摹写。说摹写，说照相是不够的。摹写说只适合于经验观念，而不适用于理论概念。那么，说真理是符合实在是什么意思呢？皮尔士说，"每一个观念都是关于可设想的实践后果的观念"。① 如果我们把一个语句当作真理，我们从它的真会设想什么样的行动以及后果呢？"在最广的意义上，'符合'一个实在只能意味着它引导我们直接到达那个实在或实在的环境。……任何观念，只要有助于我们在实践上或观念上处理那个实在或它的成分，只要不致使我们的进步陷入困难，只要它在事实上使我们的生活适合和适应那个实在的整个处境，那就充分地满足了这个要求。它就是对于那个实在为真。"② "毫无疑问，要理解真理一词应用到一个陈述上时表示什么意思，不可避免地要说到功效（Workings）。毫无疑问，如果我们把功效丢在一边，认识关系的主体和对象就是飘浮的。"③ 在这个意义上，真理也是一种有效的工具，"理论就变成了工具，而不是让我们可以停下来休息的对疑难问题的解答。我们不是躺在上面睡大觉，而是要向前走，有时要凭借它们再次制造自然。"④

杜威对民主、自由、教育、道德的关心远远超过了皮尔士和詹姆斯，但杜威哲学思想的基础仍然是实用主义的意义理论和由此引申出来科学方法论。杜威强调并发展了实用主义法则的一个方面，即行为主义的意义理论。他的核心主张是：意义是行为的一个属性。"其实意义并不是一种心理存在。意义首先是行为的一个属性，其次是对象的一个属性。"⑤ 意义是语言与对象相联系的方式，这种方式要由人的行动建立起来，这正是实用主义法则的核心。杜威基于人的交流行为来考察意义的本质。语言是一个奇迹，而话语主要有两种，公共话语就是语言，而初始话语（preliminary discourse）就是思想。皮尔士提出实用主义法则

---

① *The Essential Peirce*, Ⅱ：235.
② *Pragmatism* 1981, p. 102.
③ James, W.［1909］, *The Meaning of Truth: A Sequel to "Pragmatism"*, Cambridge, Mass, Harvard University Press, 1975, p. 118.
④ *Pragmatism*, p. 28.
⑤ *The Essential Dewey*, Edited by Larry Hickman and Thomas Alexander, Indiana University Press, 1998, Ⅱ：55.

时，主要关注描述性概念和命题的意义，而杜威则扩充到全部人类交流活动上。他指出，交流就是一种交换，以此获得人所需的东西；交流包括断定、求助、命令、指向、请求等。交流使个人获得别人的合作和帮助，从而以更少的代价实现其需要。在人类行为的大背景下，语言与人类其他行动方式（如知识、制品、艺术）一样，成为实现更大目的的工具，这个更大目的就是好生活。对于皮尔士，实用主义就是假说推理的逻辑，也是他的科学方法的核心：提出和检验假说。杜威的关于求知（或探究）的方法与这种逻辑是完全一致的。

二 实用主义哲学的主要立场

（1）自然主义的世界观

按照当前的解释，自然主义的世界观有本体论和方法论两个部分。自然主义的本体论主张凡是存在的都存在于自然界，反对一切超自然的存在，如上帝和理念。自然主义的方法论主张科学方法是获得知识的最好的方法，虽然它不能保证真理，却能够通过自我改正逐步走向真理。关于自然和人类社会的知识都应该得到科学方法论的辩护。

实用主义的创始人皮尔士是一位实验科学家，其主要活动是通过有控制的实验来确立事物之间的规律性的联系，或者确立经验事件背后的定律。自然主义的路径就是接受当前最好的科学知识，这些科学知识的描述就是我们可以接受的世界描述，获得这些知识的方法就是普遍有效的方法。皮尔士没有使用自然主义一词，当说到"naturalist"时（如 The doctrine of chances），他是在古典意义上使用这个词的，即自然分类学家。但是，皮尔士哲学实际上是一种自然主义哲学，他用科学方法来论证世界必然进化到受定律支配的状态，因此定律和共性是实在的（自然主义的唯实论）；他用19世纪能够得到的物理知识和化学知识来说明心灵的本质，[①] 他把原生质的主要物理属性与三种主要的心理活动

---

① *Man's Glassy Essence*, 1892。

联系起来，并认为物质是衰竭的心灵，而物理定律与心灵的规律性一样，只不过是获得习惯。他劝慰唯心论者不要对机械论的生命理论感到恐惧。早在1869年，皮尔士就试图通过自然和心灵的法则来论证逻辑推理的有效性，这种论证方式几乎被皮尔士推广到一切领域和所有最根本的问题上。

在古典实用主义者中，詹姆斯似乎离自然主义最遥远，因为他更多地强调意志、情感和信仰。虽然詹姆士哲学中有一些非自然主义的成分，但他同样对自然主义哲学做出了重要贡献。詹姆斯所说的上帝，并非基督教的上帝，而是每个人自己的上帝。上帝的存在没有任何先验的论证，而只是用来说明个人经验的一个假说。而在自然知识上，詹姆斯走了皮尔士的路线，即真理在于证实。更重要的是，詹姆斯把理性和情感统一起来，向着自然主义迈出了一大步。在《信仰的意志》（*The Will to Believe*）一书中，詹姆斯把可能成为信念对象的东西都叫作假说，假说之间的取舍叫作选择。詹姆斯论证，在假说的选择中，情感和意志与理性一样重要。他对帕斯卡赌局论证进行了分析。这表面上是一个纯理性论证，是一种简单的决策推理。但是，决策本身包含着意志的作用。我们为什么要信上帝，因为我们追求永远的幸福，决策推理中有着不可摆脱的价值取向。詹姆斯认为，只要不是死的假说，我们的意志本性都可以使之复活。什么是意志本性（willing nature）？"我指的是这样的信念因素，如惧怕和希望、偏见和激情、模仿和忠义、我们的地位和处境等环境压力。"①"我们要（want）有真理；我们愿意相信实验、研究和讨论将不断使我们在获得真理方面处于越来越好的地位。……但是，如果皮浪主义者问我们如何知道这些，我们的逻辑能够回答吗？不能，肯定不能！这只是一种意志反对另一种意志。"因此，我们的非理智的本性影响着我们的信念。在我们形成信念之前和之后，都有激情和意志在起作用。不论纯粹的洞察力和逻辑在理想的状态下能够做什么，它们不是产生我们信念的唯一的因素。詹姆斯提出的核心论点是："对

---

① James, W. [1896], *The Will to Believe and Other Essays in Popular Philosophy*, New York: Longmans, Green and Co., 1937, p.9.

于命题之间的选择,只要是真正的选择而单凭理智的根据不能做出判定,那么,我们的情感本性做出选择不仅是合法的、而且是必须的。"①将求知活动看作一个理性与情感共同起作用的过程,将理性和情感确立为心理学事实,再将心理学建立在生理学之上,就达到了自然主义的结论。

皮尔士的科学方法是从现有的知识状态开始,通过假说推理得出用以说明经验事实的假说,再通过演绎和归纳对假说进行检验。皮尔士独立地建立了关系逻辑,并对概率论做了深入的研究。杜威把科学方法叫作智力方法(method of intelligence),并具体地阐述了符合皮尔士精神的所谓"五步法",因此他的哲学也叫作"实验主义"。杜威的自然主义哲学立场非常明确,不仅把他的哲学叫作"经验论的自然主义",而且论证科学方法适合于一切人类活动的领域。"科学是一个社会转变为另一个社会的标志,也是实现这种转变的武器;前一社会的目的是重复它自己的过去——忠实于或效忠于既定的东西——后一社会的目的是,它的未来将是对过去的改变,它的兴趣是培育和谋求创新。"② 更进一步,社会创新的目的是每个人和全人类的幸福。杜威高度关注社会和政治问题,而解决社会政治难题或困境的方法就是科学方法。杜威明确指出,逻辑也是自然主义的理论。③ 一方面,求知活动与生物物理运动之间是连续的;另一方面,求知活动具有可观察性,直观或其他神秘的东西无法得到公共的审查和证实,因此应该被排除。

(2) 实用主义的意义理论

实用主义的意义理论前面已经作了论述。皮尔士与当代分析哲学的相似性是得到公认的。莫里斯(Charles Morris)试图把逻辑实证主义、行为主义和实用主义融合起来,提出符号学主要研究符号与对象、与人、与其他符号的关系,于是有了语义学、语用学和句法的三分法。语义学研究词语与对象、语句与事件的关系,并没有超出传统意义理论;

---

① James, W. [1896], *The Will to Believe and Other Essays in Popular Philosophy*, New York: Longmans, Green and Co., 1937, p. 10.
② *The Essential Dewey*, II: 123.
③ *The Essential Dewey*, II: 166.

语用学的核心是意义在于用法，最后导致不可捉摸的语境主义。对于皮尔士，每一个概念都有一个理性的意旨或意义，它对应着实在的东西，通过无限多的实验后果表现出来。他没有所谓"观察名词"与"理论名词"的区分。可以这样来理解皮尔士：观察语句如"蓝色"并不是当下的直接感觉报告。我们说"x是蓝色的"，意味着一种行动方式或实验方式以及由此产生的所有可设想的结果。例如，对于光源或颜料，红＋蓝就得到紫色，黄＋蓝就得到绿色；这涉及绘画、印染、摄影等大量的实践活动中颜色的混合比例和由此产生的颜色视觉。"红＋蓝＝紫""黄＋蓝＝绿"等表达定律，是实在的东西。"蓝色"的意义就在这些定律之中，并通过实验揭示出来。与实用主义准则更接近的立场是布里奇曼的操作主义，但它不限于物理学实验室的实验操作，而是包括了一切人类行动。因此，实用主义的意义理论是独特的，是它对哲学的特殊贡献。

（3）可误论的科学方法论

皮尔士宣称："我不承认我们知道任何具有绝对确实性的东西。"①《信念的确定》（1877）一开头，皮尔士就采取了一种达尔文主义的立场：人是动物界的一员；人的行动是一种生理操作，指向有机体对环境的最佳适应关系。科学研究是人的一种活动，因此是一种适应形式。研究就是为结束怀疑、获得信念而斗争。② 获得信念，怀疑就结束了，研究也就告一段落。这种研究活动也可以用大脑和中枢神经系统的生理状态来定义。信念（相信）是我们的行为受稳定的习惯支配时所处的状态，是"我们在一定场合将采取一定行动方式的状态"。③ 怀疑是一种不安定状态，习惯破坏了，实践活动受阻碍。但这种状态又刺激我们采取行动以消除不安，由于信念是人们准备依照着行动的东西，是潜在的实践活动，与环境发生相互作用，所以信念服从自然选择。如果把研究

---

① Peirce, C. S., *Collected Papers*, Vols. 7 – 8, Arthur W. Burks, ed., Harvard University Press, Cambridge, MA, 1958, 7: 108.

② Peirce, C. S. *Collected Papers*, Vols. 1 – 6, Charles Hartshorne and Paul Weiss, ed., Harvard University Press, Cambridge, MA, 1931 – 1935, 5: 374.

③ *Collected Papers*, 5: 373.

活动看作有机体的适应过程，那么评判各种研究方法的依据就是它们在消除怀疑、建立信念方面的实际效力，最好的方法就是最适应的方法。最适应的方法在同其他方法的长期竞争中能促进研究者适应环境，因此能生存下来。

皮尔士把现有的研究方法或确定信念的方法归纳为四种。并对它们的进化适应性进行了逐一分析。固守成见的方法、权威的方法、理性的方法（先验的方法）都缺乏进化的适应性。只有科学方法是唯一能导致真信念或真理的方法。前三种方法的一个共同缺陷是，它们导致的信念不是由事实本身决定的，而是由生命短暂的个人、集体偏见决定的。稳定的信念必须由稳定的东西来决定，这种稳定的东西只能是外部实在。皮尔士对科学方法作了如下描述："它的根本假定是……这样：存在实在的事物，其特性完全独立于我们的意见；那些实在按照有规则的规律引起我们的感觉。虽然我们的感觉与我们同客体的关系一样各不相同，但是利用知觉的规律，我们能通过推理确定事物实际上是怎么回事。任何人，如果有足够的经验，作了充分的推理，都会走向那唯一的真结论。"[1] 前三种方法只能使我们获得短期的稳定信念，而科学方法从长远的观点看将把我们逐渐引向真理。虽然在开始的时候，科学方法不一定使我们得到真理，但它将改正起初产生的一切错误结论。他在谈到用炮火和利剑保卫某种意见时说："随着文明和启蒙的进步，这种思想风格会减弱，因为自然选择反对它，它就破产了。"[2]

杜威的实验主义哲学与皮尔士的科学方法是一脉相承的。杜威同样采取了进化论的视点，从人适应环境的角度来解释求知活动。人以习惯的方式对环境做出反应，当环境中出现与既定习惯不协调的因素时，就出现了不安定的状态，探究的目的就是恢复安定状态。因此不确定或不安定的情境是探究的前提条件。但这种前提还不是认识活动。探究的第一步是认识到不安定的环境需要研究，于是变成一个问题。然后对问题情景的成分进行分析，提出可能的解决方案。可能的解决方案以符号、

---

[1] *Collected Papers*, 5: 384.
[2] *Collected Papers*, 2: 149.

概念和命题的形式表达出来，它们是功能性的，因此再下一步就是将它们付诸行动，从而对可能的解决方案进行检验。如果解决方案是起作用的，不确定的环境就转变成确定的统一的环境。①

其实，波普的证伪主义的科学方法论只是用科学哲学熟悉的语言重新表达了皮尔士和杜威的科学方法。杜威指出，科学就是预测。② 所有的科学理论都是行动的指南，当预测失败时，行动就遇到障碍。于是科学家构想新的理论来解决理论与事实的不协调。新理论导出新预测，如果新预测与环境事实一致，新理论通过了检验，新的习惯建立起来。但任何理论和习惯都是暂时的，总是有可能出现更新环境事实，从而对理论提出挑战。

（4）反笛卡尔主义的认识论

早在 1868 年（Some Consequences of Four Incapacities），皮尔士即指出了笛卡尔主义哲学的四大根本缺陷：①科学知识始于怀疑一切；②确实性的最终检验处于个人意识之中；③其主要方法是依赖于隐蔽前提的单线推理。④使一些事实成为不可说明不可解释的。对此，皮尔士针锋相对，首先，普遍的怀疑或怀疑一切不仅是无效的，而且是不可能的。我们不可能将人类全部知识成果清除掉再从零开始，从所谓无误的起点或基础开始。求知的起点是人所处的现实的知识状态；有效的怀疑是具体的、有根据的怀疑，而不是整体的怀疑。其次，任何个人都不可能拥有确实性，所有的知识都是可误的。知识的可靠性不来源于个人，也不来源于个人遵守某种方法，而是来源于共同体或群体。再次，单线推量是软弱无力的，只有许多推理链结合在一起才能产生强大的力量。这就好比绳子一样，每根丝都很容易断裂，而许多丝拧在一起则是强韧有力的。最后，所谓的公理，第一原理是神秘的。所有的认识都预设了另外的认识，没有符号我们就没有思维的能力，而符号的使用预设了求知共同体的存在，也预设了一个符号过程。维特根斯坦表达了同样的思路。"'这样就没有客观真理了吗？某人曾上过月球这一点就没有真假

---

① *The Essential Dewey*, 2：178.
② *The Essential Dewey*, 2：173.

了吗?'如果我们在我们的系统内思考,那么确实的是没有人上过月球。不只是从来没有理性的人认真地向我们做过这样的报告,而且我们的整体物理系统禁止我们有这样的信念。因为这要求我们回答以下问题:'他如何克服引力?''没有空气他怎能活下来?'还有数千个不能回答的其他问题。假设有人不顾这一切而这样回答我们:'我不知道他怎样上月球,但那些到达月球的人立即知道他们到了月球;即使你不能做出任何说明。'我们会感到我们在心智上离说这种话的人非常遥远。"① 笛卡尔求助于人的先天的能力来支撑第一原理,如直观的能力和内省的能力,不通过符号进行思考的能力。胡塞尔有所谓本质的直观。但是,是否所有的人都有相同的直观?为什么人类关于本质的知识处在不断的修改之中?一种直观是否有通过检验而被抛弃或修改的可能?某个人的直观是否要由别人的直观来佐证?所谓直观,不只是神秘而不可说明,实际上只不过是有些哲学家的编造而已。

　　抛弃第一原理,从现有的知识开始,当现有知识遇到困难时,我们尝试改变其中某个或某几个因素,这就是知识进步的方式。知识的检验是点滴的(piecemeal),而不是全局的。这种学说在詹姆斯和杜威那里都得到维护和发扬。詹姆斯告诫我们抛弃所有关于起源、开端、起点的幻想,而注视过程、注视结果。在杜威的进化模式中,人是按习惯对环境做出反应的,当人活动遇到障碍时,人才停下来进行思考,用智力方法寻求解决问题的方案。这里不存在什么不可怀疑的第一原理。在驳斥罗素的批评时,杜威说:"我采取的立场是,所有的知识或有根据的断定(Warranted assertion)都是针对有问题的东西所做的探究。这个立场包含着一个怀疑论因素,即皮尔士所说的'可误论'。但是,它也提供概率,提供确定概率度的方法,拒绝一切内含着教条的陈述,这里'教条的'适用于一切被断定具有内在自明真理性的陈述。舍弃把自我充分、自我拥有、自我明证的真理性赋予某些命题的做法,取而代之的唯一途径是这样一个理论:它发现真理

---

① Wittgenstein, L., 1972, *On Certainty*, Harper and Row, p. 108.

的检验和标志在于某类后果。"①

（5）自然主义的经验主义

实用主义是一种经验主义，但明显不同于以往的经验主义，如英国近代经验主义和逻辑经验主义。这两种经验主义都把经验看作"与料"（the given），又叫感觉材料，它们是被动接受的、原子性的、确定的、单纯的。经验的内容是独立的，不受理论、概念、实践需要、历史、文化和其他非感觉事物的影响。由于经验是我们关于外部世界的知识的唯一来源，由于我们不能证明外部世界就是我们的经验所显示的样子，结果就是怀疑论。

皮尔士认为，知觉经验具有连续性，我们直接知觉到外部事物是外部的，我们能够知觉到事物之间的必然联系，经验本身包含着一般性的因素。经验是一种认知，所有的认知都纳入了以前的认知，没有作为绝对起点的经验，一切都是可说明的。皮尔士为此建立了他的现象学。而詹姆斯的经验概念则建立在心理学之上。作为彻底的经验主义者，詹姆斯主张，只有一种事情是哲学家可以争论的，那就是可以由经验来定义的东西。但是，他所说的经验，比传统经验主义要丰富得多。首先，事物的关系，联结和分离，与直接经验一样重要，比事物本身既不多也不少。其次，关系把经验的部分一个一个地联结在一起，这种关系本身是经验的一部分。简短地说，直接理解的宇宙不需要外来的超经验联系来支持，它本身即拥有一个联结的、连续的结构。詹姆斯的直接经验不是一个一个分离的感觉元素或观念，而是一个连续变化的流体，进入我们认识活动的经验不是某种单纯的东西，而是融入了以前的经验和认识的东西。杜威与皮尔士一样，认为经验中充满了推理。经验是人类有机体与环境相互作用的过程，我们通过经验获得我们所需要的信息。我们经验到什么，受到我们的预期习惯的极大影响。杜威分析说，关于经验的分类，我们有直接性质即感觉，还有知觉，下面还有更多子类，如听觉、视觉、触觉等。分类总是带有一种解释，而解释是处于直接观察之外的。视觉总是与光学机制相联系，而光学机制又依赖于眼睛的观察和

---

① *The Essential Dewey*, 2：203.

身体器官的解剖结构。感觉和知觉的区分还涉及大量其他的分析性的解释。杜威区分了经验（experience）和经验活动（experiencing）。"当知觉到一棵树时，那棵树以某种方式被经验到；当我们回忆它、反观它、欣赏它的美丽时，它是以另一种方式被经验到。我们可以用比喻的办法称之为经验，意思是它被经验到。但是我们不论用什么比喻都不能把它叫作经验活动。不过，经验到的树除了适合于作为植物学对象来分析外，还可以有多种不同的分析。我们可以先区分出关于它的各种经验活动方式，即知觉、反观、情感、实践——伐木工也是这样看它——等方式，然后尝试对有关活动的结构和机制做科学分析。"①

（6）共同体——知识不是个人单独思考的结果，而是共同体的共识

实用主义之前的所有哲学，都把确实性建立在个人意识之上：从个人心中纯理性观念或纯感觉经验出发，依照演绎或归纳等求知的方法，个人可以达到确实的或高概率的知识。古典实用主义者论证，知识本质上是社会的、集体的事业，科学家或求知者共同体的共同经验、相互佐证、交叉检验才能提供高概率的知识。皮尔士反对怀疑一切，主张从已有的知识开始，即必须从成见（prejudices）开始，"当我们进入哲学研究时，我们必须从我们实际是拥有的一切成见开始"。② 而成见不是个人的意识，而是集体认识活动的结果，知识的客观性和可靠性依赖于认识者共同体的共识（consensus）。知识不在于任何个人的主观确实性感觉，而在于研究者共同体的共识，要根据它承受公共批判的能力来判断。"一个理论提出之后要经过试用（检验），直到达成一致。……个人没有理由指望获得我们所追求的终极哲学，我们只能作为哲学家共同体追求它。"③

此外，不使用符号，我们就没有思维的能力，而符号以共同体的存在为前提。同时，我们的"实在"概念本质上含有公共研究过程的概

---

① *The Essential Dewey*, 2：75.
② *Collected Papers*, 5：256.
③ *Collected Papers*, 5：65.

念，而公共研究过程是由一个研究者共同体进行的。我们需要有"实在"这个概念来区分真实与错觉。错觉的标志是：它是纯私人的，不能由其他观察者证实。皮尔士后来又说："实在就是信息或推理或迟或早定要得出的东西，因此不依赖于我们的异想天开。所以实在观念的缘起表明，这个观念本质上牵连共同体概念，它没有确定的边限，又能保证知识的增长。"①

杜威自然主义哲学的一个因素是他把逻辑和求知活动看作一种社会活动，人是一种自然的存在物，他与其他人相联系，"生活在拥有语言的共同体中"，因此总是属于某个传承下来的文化群体。"语言是文化得以存在和传播的媒体。未经记录的现象是无法讨论的。语言就是这种记录，它使事件得到保存并得到公共的考虑。另一方面，不可交流的、仅仅存在于符号中的观念或意义是无法想象的妄想。自然主义的逻辑观……就是文化自然主义。"②

库恩在论述科学共同体的结构时，侧重于共同体的社会文化政治机制。但这些机制并不排斥科学共同体根本的认识结构：实验必须是可以由别人来重复的；推理必须经由别人核查；假说必须导出可公共观察的实验事实。

三 实用主义的学科贡献

（1）符号学

皮尔士是符号学的创立者，力图把他的诸多学说统一在一个框架之下，其中有进化宇宙论（机遇论、连续论和情爱论）、范畴论（第一性、第二性、第三性）、现象学、实用主义的意义理论、证伪主义的科学方法论、科学研究的逻辑。他提出，所有的意识都是符号意识，符号研究"就是在讨论任何可以成为哲学关注和深究的主题"。

---

① *Collected Papers*, 5: 311.
② *The Essential Dewey*, 2: 166-167.

皮尔士符号理论可以这样概括：符号是针对某物代表某物的任何东西。符号所代表的是它的对象，它所针对的是它的解释项。因此，从根本上说符号关系是一个三元组，简单地说，符号通过解释而指向对象。

每个符号都有两个对象，一个是直接对象；另一个是动力对象（dynamic object），它真实而有效力，却不直接呈现。每个符号都有三个解释项，一个是直接解释项：符号再现或指示对象的方式；另一个是动力解释项，即符号"实际上对心灵产生的效果"；第三个是最终的（逻辑的）解释项，它是"在充分的思想发展之后符号对心灵产生的效果"①。每一个符号只是部分地揭示它的动力对象，这种部分揭示就构成它的直接对象。而一个符号的最终解释项是通过一个长期的解释过程达到的结果。

按照以上符号结构的分析，符号可以有多种分类方式。如果我们考虑某个符号的自然本性（那个符号的基础），从其内在本性上说，就会有性质［性质符号（qualisign）］、存在的事物或事件［事物符号（sinsign）］、定律或习惯［法则符号（legsign）］。如果我们考虑符号与它的动力对象的关系，我们就有以下几种情况，符号与它的对象相似（图象）、它与对象有着实际的、存在的联系（标识），或者它与对象的联系是由于约定或习惯［记号（symbol）］。如果我们考虑符号与它的最终解释项的关系——符号如何解释，它就会是一个可能性的符号［一个格式（a rheme）］，一个表示实际存在的符号［一个话语（a dicent）］或一个定律的符号（一个推理）。例如，我们可以把一片油漆（作为一个颜色符号）确定为一个格式—图像—性质符号，把一个风向标确定为一个话语—标识—事物符号，把一个专名确定为一个格式—标识—法则符号。皮尔士进而基于十种三元划分，建立了一个更加复杂的分类体系。在这种更完整的分析中，皮尔士认为，这种三重分类是直接对象的本性［描述项或不定项；指称项或单称项；连接项或通称项（descriptives, or indefinites; designatives, or singulars, and copulatives, or generals）］，也是解释者获得的确信度的本性［假说项（abducents），

---

① *Collected Papers*, 8: 343.

或由本能确信；归纳项（inducents），或由经验确信；演绎项（deducents），或由形式或习惯确信]。有了这十种划分，皮尔士就能够分离出六十六种不同符号类别，从而消除他的简化分类表中的多数含混性。

以上是皮尔士符号理论中的思辨语法。思辨语法考虑的是"在什么意义上、以什么方式能够有真命题和假命题，思想或任何类别的符号必须满足什么一般条件才能断定任何事情"①。专注于这一符号学分支的哲学家研究再现关系（符号），努力为再现找出充分必要条件，并对不同的可能符号类别进行分类。

符号学的第二分支是批判论，它是"关于获得真理的必要条件的科学"②。它是"逻辑的一部分……它的出发点是假定每一个断定要么真要么假，而不能既真又假，有些命题可以认作真，进而研究推理的构成并得出推论的分类"③。通过这个分类，"坏推理归入一类，好推理归入另一类，这些分类是由可识别的标志来定义的，即使我们不知道那些推理是好还是坏"。为了完成这个任务，批判论"必须用可识别的标志把好推理划分为具有不同有效性层次的推理，还必须提供一些用来测量推理强度的手段"④。因此，除了一般的真假条件之外，批判论还包括推理的划分，即假说、归纳和演绎。

符号学的第三个分支是思辨修辞学，它"研究意义通过符号从一个心灵传递到另一个心灵、从一个心灵状态传递到另一个心灵状态的必要条件"⑤。更简便地说，它研究思想发展和增长的条件。皮尔士常常强调，推理方法的研究是思辨修辞学的主要任务，他有时建议，这个逻辑分支的更好的名称是"方法论"（methodeutic）。意义和解释问题是这个分支的主要内容，实用主义作为意义或求知的理论，属于这个分支。当代解释学研究也可以归入这个分支，皮尔士本人曾有这样的建

---

① *Collected Papers*, 2：206.
② *Collected Papers*, 1：445.
③ *Collected Papers*, 2：205.
④ *Collected Papers*, 2：203.
⑤ *Collected Papers*, 1：445.

议，不过他参照的是亚里士多德的解释学。

皮尔士把解释项看作根本的东西，纳入符号关系之中，这表明所有的思想在某种程度上都是一个解释问题。所有高级思想都使用这种或那种记号，因此依赖于约定。因此，在皮尔士看来，所有的高级思维都依赖于你参与一个语言或符号共同体。皮尔士强调共同体的重要性，这是他的一个贯彻始终的共同主题。

莫里斯（Charles Morris）在《符号理论基础》（*Foundations of the Theory of Signs*）（1938）中，把符号学分为三大领域：语义学、语用学和句法。索绪尔的《普通语言学教程》出版（1916）后在欧洲产生了持续的影响。这两种符号学传统结合在一起，形成一股强大的符号学研究势力。国际符号学会（International Association for Semiotic Studies，IASS）1969年成立，出版学会期刊，并且每五年举行一次世界符号学大会。

（2）现象学（phenomenology）

皮尔士说："哲学有三大分支。首先是现象学。"[①] 现象学"确立和研究现象中普遍呈现的因素的种类；现象意指在任何时候以任何方式呈现给心灵的任何东西"[②]。而他所说的普遍因素，就是第一性、第二性和第三性，这其实是他的三个最基本的范畴，因此他说逻辑依赖于现象学。皮尔士还有一个更基本的现象学概念，即phaneroscopy，它是先于逻辑的，是对phaneron的描述。什么是phaneron？它是"以任何方式、在任何感官中呈现给心灵的东西的集合总体"[③]，这里不考虑它们是否与实在的东西相符合，也不考虑它们在何时呈现给哪个心灵。因为它们如果在我的心灵中呈现那么它们也在所有的时候呈现给所有的心灵。phaneron的形式因素是其中的普遍、永久的因素，这里所有的心灵不只是人类的心灵，而是所有可能的心灵。

Phaneroscopy的主要内容，是对phanerons进行直接观察，对这些

---

① *Collected Papers*, 5：121.
② *Collected Papers*, 2：186.
③ *Collected Papers*, 1：284.

观察进行概括，列出几个大类，描述每一大类的特征，阐明这些特征虽然混合在一起而不可分离，但其特性显示出区别，然后证明存在几类最大的 phaneron 的范畴，进而列举每个范畴的子类。① 这种研究并不是心理学，虽然整个意识在每一瞬间都是一种感觉，但对于这种感觉的本质，心理学毫无帮助。内省也一样毫无帮助，因为它是我们的直接意识，无须内省。② 这样的研究之所以是客观的，是因为皮尔士相信，"我们的理性同宇宙的理性相似；我们必须这样认定，否则我们就没有发现任何事情的希望"③。

皮尔士强调，这种现象学研究所揭示的是现象的形式或结构，而不是质料。他用化学价来作类比，在元素周期表中，竖列比横行更重要，用现代物理来解，不同的原子因为外层电子数相同而有相同的化学属性，它的重量对于化学来说并不重要。于是皮尔士说："与不可分解概念的三级价相对的是三类特性或谓词。首先是'第一性'或即自在主体（即现象对象）的正面的内在特性；其次是'第二性'，或一个主体或实体对另一主体的 brute 作用，与定律或任何第三主体无关；其三是'第三性'，或一个主体对另一主体相对于第三主体而有心灵或类似心灵的影响。"④ 用心理学的方式来描述，把一切现象都看作我们的经验，这三个范畴就是三种经验范畴。"第一，一元经验，或简单物，这种因素中每一个都有这样的本性：它……是它之所是，即使所有的经验中没有任何别的东西；第二，二元经验，或再现（recurrence），即对于二个对立的对象的经验；第三，三元经验或理解（comprehension），即把其他可能经验联系起来的直接经验。"⑤ 以谓词为例。"是蓝的"是一价的（一元的），"杀死"是二价的，而"交给"是三价的：A 把 B 交给 C。⑥

皮尔士的基本范畴有多种表述，贯穿其哲学的始终，既是其哲学创

---

① *Collected Papers*, 1: 286.
② *Collected Papers*, 1: 310.
③ *The Essential Perice*, 2: 502.
④ *Collected Papers*, 5: 469.
⑤ *Collected Papers*, 7: 528.
⑥ *Collected Papers*, 5: 469.

造，也是其中最难解释的部分之一。简单地说，第一性是简单性质，是自身独立存在的东西；第二性是相互作用；第三性是规律性和对规律性的认识。皮尔士论证，所有的四元及四元以上的多元关系都可以化归为多重三元关系，例如，货主 S 以价钱 M 将物品 T 卖给买主 B，这是四个对象 S、M、T、B 之间的四元关系，皮尔士把它分解为六重三元关系。① 当皮尔士讲第三性时，他意指定律或思想，假设定律即思想，那么这种三元关系显然不同于 A 将 B 给予 C 这三元关系。因此，皮尔士的所有多元关系都可以还原为三元关系的论证并不能证明这三个范畴是足够的。

詹姆斯和杜威并不重视皮尔士的现象学，但詹姆斯的彻底的经验主义和心理学研究、杜威的自然主义的经验主义，在一定程度上都可以纳入皮尔士的现象学路线。

经典实用主义者对于学术和学科的贡献还有很多，例如，皮尔士独立地建立了关系逻辑、创立了证伪主义的科学方法论，他试图用他的宇宙论和现象学来论证逻辑推理的有效性，他写下了大量的心灵哲学著作，《文集》前六卷中有很多，第七卷的编纂者从手稿中整理出更多的有关著作编为一篇，命名为《心灵哲学》（7：362 - 682）。詹姆斯的《心理学原理》是心理学史上的经典之作，他的宗教哲学独具特色。杜威是现代教育哲学的创立者，他的自由主义的政治哲学建立在他的自然主义之上，具有不可替代的独特性。

四　结论

经典实用主义的学术贡献超出历史上任何一个学派，它所受到的非学术攻击和曲解也超出历史上任何一个学派。新实用主义者，如 C.I. 刘易斯、蒯因、戴维森、普特南直到布兰顿，虽然都有众多的学术论敌，但他们的学说受到充分的尊重。而古典实用主义者曾被指责为

---

① *Collected Papers*, 7：527.

商业主义、主观唯心主义、庸俗哲学、帝国主义哲学、市侩哲学。这些攻击今天仍然存在。虽然学界都知道"实用主义"作为一个日常用语和作为一条哲学路线有根本的区别，不幸的是，日常用语中的"实用主义"的急功近利的含义，恰恰来自对实用主义哲学的误解和故意贬低，因为"实用主义"这个词正是出自实用主义哲学家的首创。我们从前面的论述中已经清楚地看到，实用主义哲学不是商业主义，不是主观唯心主义，不是帝国主义哲学。甚至对工具主义的一般批评，也并不适用于杜威的工具主义。实用主义哲学家并不否认外部世界的客观性，也不否认我们的思想和理论与实在的内在联系。当詹姆斯说"有用就是真理时"，他明确指出，这只是用通俗的说法在解释"真理是一个证实过程"，他是在讲解我们关于真理的实践判定程序，而不是在给真理下定义。杜威是在更广阔的背景下谈工具性的：从人与环境的适应关系的角度、从人类生活的最终目的的角度，逻辑和科学真理都是工具。这种工具主义与真理的客观性并不矛盾。杜威所说的"有根据的断定"与证实一样，同样是真理的判定方法。这是一种实践哲学：当我们判定一个陈述、命题或信念的真理性时，关键在于它得到多少证据的支持，而不是脱离人类生活的"我思"问题。

Core Issues of Classic Pragmatism

（Zhu Zhifang, Wuhan University, 430072）

Abstract：Pragmatist philosophy is widely misunderstood and unjustly criticized both in Chinese and western philosophical circles. To clarify these misunderstandings, it is necessary to comprehend the essence of pragmatism from the beginning. Classic pragmatism is founded by C. S. Peirce and its main ideas are developed and expanded by W. James and J. Dewey. Peirce's max of pragmatism, which is a principle of meaning theory, is the core issue and touchstone of classic pragmatism. The basic positions of classic pragmatism, which include the naturalist worldview, the pragmatist meaning theory, the scientific methods of fallibilism, anti – Cartesian epistemology and naturalist empiricism, are constructed gradually on the basis of the max of pragmatism. Pragmatist philosophy contributes a lot to modern sciences, given the facts that semeiology and phenomenology own their origins to Peirce, while James and Dewey are responsible for many important achievements in psychology, philosophy of education and political philosophy.

Keywords: maxim of pragmatism; naturalism; fallibilism; anti – Cartesian epistemology; semeiology; phenomenology

康德哲学研究

对康德空间观的误解及诘难的澄清与辩护

包向飞[*]

摘要：对康德的空间观一直存在很多误解和诘难。这些误解和诘难一方面源于对康德"经验"的不同解读，以及对先验的观念性和经验的实在性这一重要区分的忽视。另一方面，由于康德本人把纯直观空间在形式上等同于欧几里得空间，以及纯直观空间常被误解为视觉空间，康德的空间观近代以来遭受到了更为严重的批驳。康德的纯直观空间其实只是外部经验的可能性条件，从数学上看，它只保有连续性和无界性，因此它并不等同于任何几何学空间，虽然它和几何学空间之间并不存在矛盾。

关键词：外部经验；纯直观空间；欧几里得空间；视觉空间

一 引言

对于康德的空间观一直存在很多误解和诘难，从其诞生之日起就已

---

[*] 包向飞，武汉大学外语学院德语系教授，研究领域为德国哲学与文化、数学哲学，Email：baoxiangfei163@163.com。

经如此。① 而近代的学者在非欧几何和相对论的启发下，对康德的空间观又提出了更为严重的批评。② 现在，在分析哲学的影响下，有些学者试图通过分析哲学的方法阐明康德关于空间的论证结构，并以此展现康德空间观的疏漏之处。③ 毋庸置疑，这些诘难为人们理解和评判康德的空间观提供了很多有益的帮助，然而由于时代潮流（偏见）的影响，这些诘难也导致了许多对康德哲学的误解。

二　康德的空间与外部经验

康德的空间和外部经验之间的关系是一个十分值得花力气思考的问题，因为从逻辑实证主义以来，对康德的误解和诘难，扼要地说，主要集中在对"经验"的理解上。搞清楚康德的空间和外部经验之间的关系也就示例性地澄清了康德所理解的"经验"，以及时空、范畴在"经验"形成中所扮演的角色。

康德在《纯粹理性批判》中有这样一段论述："空间不是什么从外部经验中抽引出来的经验性概念。因为要使某些感觉与外在于我的某物发生关系（也就是与在空间中不同于我所在的另一地点中的某物发生关系），并且要使我能够把它们表象为相互外在，相互并列，因而不只是各不相同，而且是在不同的地点，这就必须已经有空间表象作基础了。因此空间表象不能从外部现象的关系中由经验借来，相反，这种外部经验本身只有通过上述表象才是可能的。"④

按照分析哲学的方法，康德以上的论述可以改写成如下的更加符合标准模式的论证：如果要使某些感觉与外在于我的某物发生关系，并且

---

① 参见 H. Vaihinger, *Kommentar zu Kants Kritik der Reinen Vernunft*（II）, Stuttgart: Union Deutsche Verlagsgesellschaft, 1922. s. 134 – 143。

② 参见 Michael Friedman, *Kant and the Exact Sciences*, Massachusetts and London: Harvard University Press, 1992; 以及赖欣巴哈《科学哲学的兴起》，伯尼译，商务印书馆2004年版。

③ 参见 Georges Dicker, *Kant's Theory of Knowledge*, Cambridge University Press, 1987。

④ 康德：《纯粹理性批判》，邓晓芒译，杨祖陶校，人民出版社2004年版，B38。

要使我能够把它们表象为相互外在、相互并列,因而不只是各不相同,而且是在不同的地点,那么必须已经有空间表象作基础。

根据这一论证结构,某些分析哲学的学者认为,康德这里的论证是循环论证,因为在前件中,康德已经使用了"外在于""相互外在""在不同地点"等"空间性"的词语,也就是说,前件已经预设了空间。①

笔者认为,这样理解康德,很容易导致对康德的误解,因为从一开始他们就在对"外部经验"的理解上没有能和康德达成一致。对康德来说,外部经验里从一开始就包含有先天的、理想化的成分(比方说空间表象),这并不是十分尴尬且需要避免的情况,况且根据康德的先验哲学,这种情况也根本无法避免。按照康德的一贯思想,人类(或者类似生物)无法拥有赤裸裸的经验,任何人类经验一开始就是被人类加工、整理过的经验。这些加工、整理不仅可以包括那些有意识的加工、整理,更重要的是这些加工整理还包括那些人类根本无法弃绝和避免的加工、整理。这些人类根本无法弃绝避免的加工、整理,用康德的术语来说就是"经验的可能性条件",并且这些"可能性条件"是先天的。

著名的逻辑学家哥德尔曾对逻辑实证主义有过中肯的批评,笔者认为,这些批评对某些分析哲学的学者来说同样是恰当的。哥德尔认为,逻辑实证主义的不足主要表现在三个方面:①拒绝承认人们具有先天知识;②把一切都还原为感官知觉,或者至少在假定物理客体的前提下,将一切都联系到感官知觉;③不把内省看作经验。② 哥德尔批评说:"在论到内省时,他们便陷入自相矛盾。他们的经验观念太过狭隘,他们的哲学基础也太随意。罗素犯了更严重的错误,好像感官经验是我们

---

① 参见 Paul Guyer, *Kant and the Claims of Knowledge*, Cambridge University Press, 1987, p.346。

② 参见王浩《逻辑之旅:从哥德尔到哲学》,邢滔滔等译,浙江大学出版社2009年版,第218页。

能够从内省得到的唯一的经验。"① 要想同情地理解康德的空间观,太过狭隘的经验观念肯定是误导性的。

就上述的那一段引言而言,扼要地说,康德的意思无非就是:因为人类具有空间表象的能力(这是人类的一种先天能力),所以人类才能够拥有外部经验,所以人类才能够使用"外在于""相互外在""在不同地点"等空间性的词语,因此更简单地说就是:空间表象是外部经验的先天条件,外部经验里从一开始就包含理想化的空间表象的成分。这就好比说:因为人类的眼睛有感光的能力,所以人类才能够看到东西,因此我们可以简单地说,光是人类"看到东西"的可能性条件,"看到东西"这一行为本身就蕴含着光的参与。

人类使用自己先天的空间表象能力整理来自物自体的刺激,于是我们拥有了外部经验。借此,虽然康德强调说:"空间不是什么从外部经验中抽引出来的经验性概念",但是,从反思的角度上讲,人们完全可以说:空间是外部经验中的先天部分——先天性直观,人们甚至可以孤立地思考外部经验的这一先天部分(空间),在这个意义上,"先天的"和"经验的"并不是一对反义词,因为经验总包含有先天的成分。然而无论如何,我们无法从外部经验中抽引出来纯粹的、没经空间表象加工整理过的"物自体",所以康德说:"空间是一个作为一切外部直观之基础的必然的先天表象。对于空间不存在,我们永远不能形成一个表象,虽然我们完全可以设想在空间中找不到任何对象。"②

因此,考虑到康德的哲学预设,康德的论证本身并没有什么问题。问题也许是:康德断言,我们之所以拥有外部经验,那是因为我们有一种先天能力。这种论断的优势与合理性何在?毕竟,单就空间而言,除了康德的方案外,在康德之前,还有牛顿的方案、莱布尼茨的方案;在康德之后,人们还有爱因斯坦的方案及其他方案,而这些方案并不事先假设人类拥有先天的空间表象能力。尼采曾不无讽刺地说,无论是康德

---

① 转引自王浩《逻辑之旅:从哥德尔到哲学》,邢滔滔等译,浙江大学出版社2009年版,第218页。

② 康德:《纯粹理性批判》,邓晓芒译,杨祖陶校,人民出版社2004年版,A24/B39。

的理论哲学还是康德的道德哲学都可以用三个词来概括 vermöge、eines、Vermögens（根据一种能力）。① 这个概括是极其有趣的，因为在这三个词中，有两个词几乎是一样的，只是首字母的大小写以及词尾不同，而另外一个词只是一个不定冠词。当然，这样的评价对康德哲学来说太简单了，因而是有失公正的，但确实从一个极其简明的角度上了说出了康德哲学的人类学本质。

三　经验的实在性和先验的实在性

康德把空间看成是经验上真实的（empirisch real）和先验上理想的（transzendental ideal），但康德并不认为空间是先验上真实的（transzendental real）。用简明的话说就是：空间并不是物自体的可认识的部分，因此，它并不具有绝对的实在性。

区分"经验上实在"和"先验上实在"对于理解康德的空间观来说是十分重要的。在空间的本性方面，很多对康德的误解都源于对这个区分的忽视。康德本人对此也有深刻的意识，这也可以看作他对自己时空观后来命运的预言，康德说："对于这个承认时间（空间也是如此）的经验性的实在性、但否认绝对的和先验的实在性的理论，我从行家们那里已听到一直的反对意见，以至于我由此而相信，在不习惯于这些考察的每个学者那里，这些反对意见都必定会自然而然地产生出来。"②

从这一段引文我们可以看出，在康德生活的年代就已经有很多人对康德的时空观表现出了不理解和反对。在相对论出现以后，很多人由于受到相对论的启发（莱辛巴赫是这种观点的一个重要代表）甚至都认为康德的时空观是彻底错了。在这一部分的论述里，我们把时空放在一起说，以便和相对论进行比较，进而给康德的时空观提供合理性辩护。

---

① 参见尼采《善恶的彼岸》，朱泱译，团结出版社2001年版，第10—11页。
② 康德：《纯粹理性批判》，邓晓芒译，杨祖陶校，人民出版社2004年版，B53。

根据相对论，时空是物质的特性，时空和物质密不可分，没有物质就没有时空，物质告诉时空如何弯曲而时空告诉物质如何运动。这一切由场方程精练地表达：$R_{uv} - 1/2 g_{uv} R = kT_{uv}$（$R_{uv}$是曲率张量，$R$是曲率标量，$g_{uv}$是度规张量，$T_{uv}$是能量—动量张量，$k$为常数系数）。①

人们一般倾向于这样来理解爱因斯坦的场方程：即使没有人（或者类似的生物）的存在，时空也是存在的，因为时空存在的前提只是物质存在，人与类似生物的存在并不重要，进一步的推论是：时空是先验地真实的（transzendental real），它们具有绝对的实在性。虽然，按照相对论，分立的时间和空间都没有绝对的真实性，因为它们都是坐标依赖量，但是时空连续统具有绝对的实在性。而在康德那里，时空连续统也不可能具有绝对的实在性，因此，有些学者认为，根据相对论，康德的时空观是错误的。②

清楚的是，"时空是先验地真实的"这一结论基于这样一个前提，即场方程是"先验地真实的"。然而，任何物理学方程都是"人"为的方程，因此，我们虽然可以说某些物理学方程是"先验上理想的"（爱因斯坦场方程的美正是由于它先验上的理想性），但我们仍无法说它们是"先验上真实的"。也许有人会辩解说，现在的"一切"实验都证明爱因斯坦的场方程是正确的，因此相对论时空是先验地实在的。但是，实验（包括未来的各种可能的实验和经验）只能证明相对论时空是经验地实在（真实）的。经验永远无法证明物理定律的先验实在性。如果说相对论时空只是经验地真实的，那么它对康德的时空观并不构成本质性的威胁，如前所述，康德也认为时空具有经验的真实性，虽然在细节上康德和爱因斯坦有着很多的不同。另外考虑到量子力学给相对论带来的其他疑难，相对论时空的经验真实性本身也并不是毫无疑问的。这就像欧几里得空间在相对论的冲击下其经验真实性也受到了质疑，虽然其先验理想性仍如前地得到保留。

---

① 参见赵峥、刘文彪《广义相对论基础》，清华大学出版社 2010 年版，第 44—66 页。
② 参见 Michael Friedman, *Kant and the Exact Sciences*, Massachusetts and London：Harvard University Press, 1992, p. 55。

虽然爱因斯坦的场方程建立起了物质（能量）和时空的联系，但是相对论时空本身仍然是理想化的（ideal），比方说，相对论时空是连续且光滑的（用数学的术语来说就是"可导的"）。我们知道，"连续"和"光滑"并不能靠实验（或者经验）来验证，相反我们需要"连续"和"光滑"这样的先验观念来加工、整理实验数据。事实上爱因斯坦正是选择了（也包括一些创造）一种连续且光滑的时空几何来更好地整理、加工和协调我们的既有经验（比方说光速不变、力和加速度这样的经验）。如果说我们有了不同的经验，我们也许会选择和创造不同的时空几何（这样的事情在物理学史上已经发生过，并且还在发生着），因此相信相对论时空是"绝对真实的时空"是没有任何根据的。时空就像康德所阐发的那样，它不仅具有经验的真实性，更重要的是它也具有先验的观念（理想）性。我们总是在用先验的观念（理想）性的东西去加工、整理和协调我们的既有经验和可能经验。诚如康德所论述，从根本上讲，如果完全没有了任何先验的理想性的东西，我们根本就不会有经验。

四 康德的空间和欧几里得空间

我们认为，康德的不足并不在于他对空间的论述不符合真实的物理空间（先验实在的空间），因为如前所述，所谓真实的物理空间并不先验地存在，相反，在物理学上，我们是用理想的几何空间来整理、协调我们的既有经验和可能经验。既然并不存在先验真实的空间，康德对空间的论述也无所谓是否符合"真相"。笔者认为，康德的不足在于：他认为我们的空间只是三维的、平直的欧几里得空间。如果说康德所理解的空间在形式上等同于欧几里得空间，那么康德所言的"空间在经验上的真实性"就会遭到质疑。

然而通过阅读康德的文本我们会发现，康德所理解的空间其实和欧几里得空间有着很大的差别。但是康德自己却犯了思维跳跃的错误，完全忽略了这种差别。其实，康德所论述的空间并不等于欧几里得空间。

对此，德国的康德专家奥特弗里德·赫费在他的著作《康德：生平、著作与影响》中也清楚地指出了康德的这一思维跳跃，他说："数学家通过想象和设定把单纯的直观形式表象为一个具有某些结构的独特的对象，并且在纯粹几何学范围内独立于经验地对这些结构进行探索。在作为先验条件的空间和作为几何学对象的空间之间存在着不可消除的差别。"①

现在我们来较为具体地考察欧几里得空间和康德的作为先验条件的空间的差别。

欧几里得空间在数学上已经有完好的定义，因此我们就不再进行论述性的解说。在这里我们直接采用彭加勒对欧式空间的表述，按照他的总结，数学上欧几里得几何学的空间特征是：①它是连续的；②它是无限的；③它有三个维度；④它是均匀的（homogeneous），也就是说，它的所有点都相互等价；⑤它是各向同性的（isotrapic），也就是说，通过同一点的所有直线相互等价。② 把④和⑤合起来，我们可以用更简单的话来表述：它是平直的。更进一步，③、④和⑤合起来可以被看成是一个对度量规定的表达：$ds = (dx^2 + dy^2 + dz^2)^{1/2}$。

现在，我们就来一一检视康德的纯直观空间③是否符合欧几里得空间的各项条件：

康德的纯直观空间是连续的吗？这个回答是肯定的，因为按照康德的意思，我们根本无法设想不存在空间，虽然我们可以设想在空间中无物，换句话说，"空间表象"是没有空隙的，因为那些空隙只能还是空间。此外，空间表象不能从外部现象的关系中由经验借来，所以外部的离散现象对空间的连续性也没有任何影响，空间总是那个唯一的空间，"空间本质上是唯一的"。④ 对于空间的连续性，康德自己也有清楚的表

---

① 奥特弗里德·赫费：《康德：生平、著作与影响》，郑伊倩译，人民出版社2007年版，第69页。
② 参见昂利·彭加勒《科学与假设》，李醒民译，商务印书馆2006年版，第49页。
③ 康德说："空间决不是关于一般事物的关系的推论的概念，或如人们所说，普遍的概念，而是一个纯直观。"按此，为了论述的方便，我们把康德所说的空间称为"纯直观空间"。
④ 康德：《纯粹理性批判》，邓晓芒译，杨祖陶校，人民出版社2004年版，A25。

达："空间和时间都是 quanta continua（拉丁文，连续的量）。"①

纯直观空间是无限的吗？康德认为，空间本质上是唯一的，并且它无所不包。② 人们似乎可以从空间的"唯一性"和"无所不包性"中推导出空间的"无限性"，因为从"唯一性"和"无所不包性"中可以得到"空间外面仍是空间"这一结论。康德本人也清楚地表述过"空间被表象为一个无限的给予的量。"③ 但是，康德在这里的论证是不充分的，因为我们可以想象一个二维的、封闭的球面空间，该空间是"唯一的"和"无所不包的"，进而也满足"空间外面仍是空间"，但是该空间并不是无限的。就像希尔伯特在《论无限》中所指出的那样，人们应当区分"无界"和"无限"。④ "空间外面仍是空间"只意味着空间是无界的，但并不意味着它是无限的。因此，人们只能说康德的纯直观空间是"无界的"，它可能是无限的，也可能不是。

康德的纯直观空间是三维的吗？虽然康德本人清楚地表达过空间只有三个量度⑤，但是我们不应忘记的是，按照康德自己的哲学，空间是外部经验的可能性条件，也就是说，如果没有了空间表象，人们根本无法形成外部经验。如果说人们能有外部经验，并且该经验并不必然地依赖"三维"空间，那么空间必然具有"三维"的说法就是不恰当的。其实人们完全可以把注意力集中在二维平面上，形成"二维的"外部经验，另外为了协调特定的实验数据（经验），人也可以假定空间有多于"三维"的维度，这种情况在物理学中时有发生。因此，笔者认为，"特定的维数"本身是一个属于"计算数学"的概念，外部经验的形成需要空间的"维数"，但并不需要某个特定的"维数"，比方说"三"。

康德的纯直观空间是平直的吗？和讨论"三维"时的理由类似，"平直"是属于"计算数学"的概念，它对于外部经验来说并不是必须

---

① 康德:《纯粹理性批判》，邓晓芒译，杨祖陶校，人民出版社 2004 年版，A170/B212。
② 参见康德《纯粹理性批判》，邓晓芒译，杨祖陶校，人民出版社 2004 年版，A25。
③ 康德:《纯粹理性批判》，邓晓芒译，杨祖陶校，人民出版社 2004 年版，B40。
④ 参见希尔伯特《论无限》，载贝纳塞拉夫、普特南编《数学哲学》，朱水林等译，商务印书馆 2003 年版，第 211—231 页。
⑤ 参见康德《纯粹理性批判》，邓晓芒译，杨祖陶校，人民出版社 2004 年版，B41。

的。人类完全可以拥有"非平直的"有关距离的外部经验，只要我们采取其他的度量规定。

从以上的比较中我们可以看出，康德的纯直观空间和欧几里得空间相差很大，除了"连续性"外，纯直观空间几乎和欧几里得空间处处不同，或者确切地说，处处都可以不同。只满足"连续"和"无界"的空间有很多，欧几里得空间只是其中的一种。康德的纯直观空间（作为先验条件的空间）只是一个很基础性的东西，它并不具有具体的理想化的规定（像度量规定、维度规定等）。正因为康德纯直观空间的基础性，所以所有的几何学空间都可以看成往康德的纯直观空间里添加一些其他的理想化的规定而得到的。这些理想化的规定虽然不是外部经验的可能性条件，但它们也都是先验上理想的，并且在一定程度上，任何几何学空间都可以看成经验上真实的，因为我们可以把经验上的真实性看成是一个处在发展变化中的东西，欧几里得空间曾经具有经验的真实性，并且至今，在某种程度上（或者说在某些领域）仍有着经验的真实性；而相对论时空在某些微观的量子领域也将失去自己的经验真实性。但是，如前所述，任何几何空间，它们都具有先验的观念（理想）性。

也许我们应该做出这样的区分：康德的纯直观空间和为了整理和协调我们的经验由人类所创建的其他的几何学空间（比方说三维的欧几里得空间、相对论时空等）。但是我们不要忘记的是，有些几何是数学家的自由创造，这些数学家当时并没有加工整理和协调经验的初衷（比方说，希尔伯特的无穷维空间）。所有的几何学都是纯粹的，都具有先验的理想性，虽然有些有着加工、整理和协调经验的功能，有的人类暂时还没有发现它们有这样的功能。区分纯粹几何学和应用几何学并没有什么意义。[1]

---

[1] 对此，我们可以参见 Friedman 的综述，他说："对康德的标准的现代抱怨如下：康德没有能够作出纯粹几何学和应用几何学的重要的区分。纯粹几何学研究的是：在一个特殊的公理系统里，命题之间形式的或者逻辑的关系……作为这样的几何学，它确实是先天的和确定的，但是它并不包含对空间直观或者其他种类经验的诉求。另一方面，应用几何学关心的是：在一个真实的世界里，一个公理系统在一个特殊的解释下的真或者假。"（Michael Friedman, *Kant and the Exact Sciences*, Massachusetts and London: Harvard University Press, 1992, pp. 55 – 56）

五　康德的纯直观空间和视觉化空间

康德的"直观"在德文原文中的写法是"Anschauung","schauen"在德文中的意思是"看","Anschauung"在英美哲学界被翻译成"intuition","intuition"可以溯源到拉丁语的动词"in‐tueri",其基本含义仍是"看"。① 由于康德自己的表达方式和他人翻译的原因,康德的纯直观空间经常被误解为视觉空间。

什么是视觉空间呢?关于视觉空间有很多种表述,在这里由于论文的目的,我们就不详细地展开对视觉空间的讨论,而只是援引彭加勒对视觉空间的刻画,并借此和康德的纯直观空间加以比较,最终消除把康德的纯直观空间当成视觉空间的误解。

根据彭加勒的分析刻画,视觉空间就是视觉的印象,它来自在视网膜末端形成的映像,这个映像是连续的,但是只有二维(但是更深刻的分析表明,连续和二维也只是一种幻觉)。这种视觉空间不是均匀的,主要是因为视网膜上的点并不起相同的作用。视觉空间的第三维以两种不同的方式向我们揭示出来:调节的努力和双眼的会聚——这两种感觉都是肌肉感觉,所以第三维并不起其他两维相同的作用,据此,三维的视觉空间并不是各向同性的。②

现在我们扼要地总结一下彭加勒所刻画的视觉空间:①它只是在幻觉上连续的;②它不是无限的;③勉强有三维;④它不是各向同性的;⑤它不是均匀的。

根据上文的引述和分析,我们可以清楚地看到,视觉空间和欧几里得空间几乎处处不同。在最根本的方面,彭加勒所描绘的视觉空间也不同于康德的纯直观空间。因为按照彭加勒的描述,视觉空间只是幻觉上

---

① 参见 *Der Grosse Duden*（Band 7）, Mannheim: Bibliographisches Institut AG, 1963, s. 291。

② 参见昂利·彭加勒《科学与假设》,李醒民译,商务印书馆2006年版,第49—50页。

连续的；而纯直观空间本身就是连续的。康德的纯直观空间具有先验上的理想性，而视觉空间只是一个经验性的空间。用康德的术语表达就是：纯直观空间是视觉空间的可能性条件，也就是说，视觉空间里包含有纯直观空间的成分。（生理学意义上的）视觉本身并不能给出"连续"，"连续"来源于纯直观，"连续"本身是先验上理想的。也许，这也是为什么彭加勒说，视觉空间只是幻觉上连续的。

此外，那些试图援引彭加勒的视觉空间来表明康德的纯直观空间并不等同于欧几里得空间的做法是毫无根据的，尽管他们的结论是对的，因为如前所述，康德的纯直观空间确实不等同于欧几里得空间。

六 结论

通过我们上文的论述，我想可以得出如下的结论：康德的纯直观空间是先验上理想的，如果避免康德本人的思维跳跃，不把康德的纯直观空间处理成欧几里得空间，那么纯直观空间和其他的各种几何学空间都没有本质上的矛盾，并且它也是经验上真实的，因为康德的纯直观空间只是一个十分基础和朴素的东西，凭它自身还不能构成任何几何学意义上的空间，它还缺少如度量规定这样的理想化的规定。其实，作为外部经验的可能性条件（先验条件），它必然排斥其他的人为的理想化的规定，而只保留那些普遍且必然的特性——连续性和无界性。

Clarification and Defense of Misunderstandings and Criticisms of Kant's Space

(Bao Xiangfei, Wuhan University, 430072)

Abstract: On Kant's view of space there exist many misunderstandings and criticisms. These misunderstandings and criticisms are based on the different interpretations of Kant's "experience" and the overlooking of the important distinction between the transcendental ideality and the empirical reality. On the other hand, because Kant himself regarded his pure visual space as the Euclidean space, as well as the pure visual space is often misinterpreted as the visual space, Kant's concept of space suffers more serious criticisms since the modern times. The pure visual space of Kant is actually only the transcendental condition of external experience. From the mathematical point of view, it is only continuous and unbounded. Therefore the pure visual space is not equivalent to any geometric spaces, although there is no contradiction between them.

Keywords: external experience; pure visual space; Euclidean space; visual space

康德是相容论者吗？

胡 好[*]

摘要：第三个二律背反给康德相容论的判定造成了困境。正题不足以自行表明康德是相容论者，因为尽管有许多文本指出自由和自然因果性能够在同一个行动上共存，但二者还有许多冲突的地方。此外，康德说正题和反题都对，这进一步加大了判定的难度。本文在尽量弱化先验观念论的情况下，以自由和自然因果性在概念上是否矛盾为标准，依据二者在概念上的不矛盾，将康德判定为相容论者。但基于康德伦理学的目的，最终主张康德是相容论者，但是个独特的相容论者。

关键词：康德；相容论；自由；自然因果性；共存；矛盾

相容论（compatibilism）是指自由和决定论可以相容，不相容论（incompatibilism）是指二者不可以相容，要么只有自由，没有决定论，要么只有决定论，没有自由。康德是不是相容论者，它问的是康德是否

---

[*] 胡好，西北师范大学哲学系副教授，主要研究康德哲学，Email：huhao_83@nwnu.edu.cn。本文受教育部人文社会科学重点研究基地重大项目"康德道义论重大理论与实践问题研究"（13JJD720007）、博士后科学基金二等资助项目"康德的第二类比"（2015M572160）的资助。

主张自由和自然因果性能够相容。① 学界对此众说纷纭，莫衷一是。伍德（Wood）和哈德森（Hudson）认为，康德是相容论者，② 阿利森（Allison）认为不是，③ 谢胜建持第三种观点，他认为，康德既不是相容论者，也不是不相容论者。④ 大家的分歧如此之大，这跟康德的先验观念论有密切关系。本文试图在尽量弱化先验观念论的情况下，首先指出判定工作的困境，然后提出标准并据此将康德判定为相容论者，最后指出康德相容论的独特之处。

一　困境

康德相容论的判定由于第三个二律背反而陷入困境。第三个二律背反的正题是：除了自然因果性，还有自由；反题是：没有自由，只有自然因果性。康德说，在区分现象和物自身的情况下，正题和反题都是对的。这就给判定工作造成了两个困境：第一，正题是否足以表明康德是相容论者？第二，正题是相容论立场，反题是不相容论立场，既然正题和反题都对，那么他究竟主张相容论，还是不相容论？

对于第一个困境，伍德认为，正题足以表明康德是相容论者，因为"康德公开宣称的目的是'统一自然和自由'，是'消除自然机械作用和自由的表面冲突'，是表明'自由因果性至少与自然不相冲突'"⑤。

---

① 决定论有因果决定论、神学决定论、心理决定论、历史决定论、环境决定论等形式，康德未曾使用决定论一词，但他所说的自然因果性可以被理解为因果决定论，故本文采用自然因果性的说法。

② Allen W. Wood, "Kant's Compatibilism", in *Self and Nature in Kant's Philosophy*, ed. by Allen W. Wood, Ithaca: Cornell University Press, 1984, p. 74; Hud Hudson, *Kant's Compatibilism*, Ithaca and London: Cornell University Press, 1994, p. 5.

③ Henry E. Allison, *Kant's theory of freedom*, Cambridge: Cambridge University Press, 1990, p. 28.

④ Xie Shengjian, "What Is Kant: A Compatibilist Or An Incompatibilist?", in *Kant-Studien*, Walter de Gruyter, 100 (2009), p. 68.

⑤ Allen W. Wood, "Kant's Compatibilism", in *Self and Nature in Kant's Philosophy*, ed. by Allen W. Wood, pp. 73-74.

实际上，还有很多文本可以支持这一点，例如，（1）"这个结果就其理知的原因而言可以被看作自由的，但同时就诸现象而言可以被看作按照自然必然性而来自现象的后果"①；（2）"如果自然必然性仅仅与现象相关，而自由仅仅与物自身相关，那么，当人们同时假定或者承认两种因果性时，就不产生任何矛盾"②；（3）"同一个行动，作为属于感官世界的行动，任何时候都是以感性为条件的，也就是机械必然的，但同时也作为属于行动着的存在者之原因性的行动，就这存在者属于理知世界而言，有一个感性上无条件的原因性做根据，因而能够被思考为自由的"③。

这些文本都在强调自由和自然因果性在同一个行动上共存，以此论证康德是相容论者。但是，谢胜建认为，共存不一定相容，如果两物只是不和谐的共存，那就不相容。④ 更重要的是，上述文本必须诉诸先验观念论，伍德是通过现象和物自身相统一的一面来判定的，但反对者也可以强调二者冲突的一面。自由和自然因果性的冲突至少表现在三个方面：（1）自由意味着行动者是行动的第一因，但按照自然因果性，行动没有第一因；（2）自由作为一种属性，依附于我们的意志，而意志作为行动的主体，"按照其理知的品格就不会从属于任何时间条件"⑤，但按照自然因果性，行动的主体必然从属于时间条件；（3）一个自由的行动是不可解释和预测的，但按照自然因果性，行动却可以得到解释和预测。既然正题和相关文本只表明自由和自然因果性的共存，没有解释二者的冲突，那么它们不足以表明康德是相容论者。我们还需要提出判定标准。

阿利森和谢胜建提出了判定标准——概念上是否矛盾。阿利森提出

---

① 康德：《纯粹理性批判》，邓晓芒译，杨祖陶校，人民出版社2004年版，第436页。
② 康德：《未来形而上学导论》，载《康德著作全集》第4卷，李秋零译，中国人民大学出版社2005年版，第348页。
③ 康德：《实践理性批判》，邓晓芒译，杨祖陶校，人民出版社2003年版，第143页。
④ Xie Shengjian, "What Is Kant: A Compatibilist Or An Incompatibilist?", in *Kant-Studien*, 100 (2009), p.71.
⑤ 康德：《纯粹理性批判》，邓晓芒译，杨祖陶校，人民出版社2004年版，第437页。

了"不相容论的自由概念",① 他认为,康德的自由与决定论在概念上不相容,因而康德是不相容论者。如果说阿利森只是隐蔽地使用了这一标准,那么谢胜建则明确提出来。谢胜建将自由和自然因果性是否相容的标准确定为两个,一是它们在概念上是否矛盾,二是能否共存。共存分为和谐的共存和不和谐的共存,和谐共存的两物可以相容,不和谐共存的两物不相容。既然共存的两物既能被判定为相容,又能被判定为不相容,那么能否共存不能成为判定两物是否相容的标准。因此,概念上是否矛盾成为相容论的判据。② 由于自由和自然因果性在概念上矛盾,因此谢胜建认为,康德充其量是个不相容论者,二者的矛盾体现为:"决定论字面上意味着(自然的)强制或者被诸先行原因所规定,而自由字面上意味着独立于强制或者先行原因"③。

谢胜建的论述是值得借鉴的,他的论文有两个任务:一是康德是不是相容论者;二是康德对自由意志问题的解决是否成功,④ 第一个任务正是本文的主题。然而,他仍然存在某些不足。首先,尽管他提出了相容论的判定标准,却没有对其进行辩护。其次,概念相互矛盾具有非常强的要求,它要求矛盾的双方在逻辑上非此即彼。既然两物能够共存,那就表明共存的双方并非概念上矛盾,因此,两物概念上矛盾与它们能否共存是无法区分的。最后,自由和自然因果性在概念上并不矛盾,下文会有详细论述。

对于第二个困境,伍德提出了大综合论,他认为康德是相容论者,不仅是自由和自然因果性的相容,而且是相容论与不相容论的相容。⑤ 他的观点似乎和康德的相符,毕竟康德说过正题和反题都对,这就表明康德既主张正题,也主张反题,即相容论和不相容论的相容。但这里边

---

① Henry E. Allison, *Kant's Theory of Freedom*, Cambridge: Cambridge University Press, 1990, p. 28.

② Xie Shengjian, "What Is Kant: A Compatibilist Or An Incompatibilist?" in *Kant – Studien*, 100 (2009), pp. 57, 67.

③ Ibid., pp. 67 – 68.

④ Ibid., p. 53.

⑤ Allen W. Wood, "Kant's Compatibilism", in *Self and Nature in Kant's Philosophy*, ed. by Allen W. Wood, p. 74.

有个问题，就是评判两物是否相容必须在同一个前提下进行，例如，评判某物是否存在必须在同一时刻下进行，它在那个时刻要么存在，要么不存在，不可能同时存在又不存在，但如果去掉这个前提，那某物的存在和不存在可以相容（例如此时存在，彼时不存在）。由于正题只有在物自身的视角下才是正确的，反题只有在现象的视角下才正确，二者的前提不一样，因此，我们没有理由认为正题和反题相容。

谢胜建则依据正题和反题都对的观点，提出相容论和不相容论都不适合评判康德，他认为，康德既不是相容论者，也不是不相容论者，因为相容论和不相容论的术语都来自经验主义者的传统，是以决定论为基础的（determinism-based），而康德的自由理论出自理性主义者的传统，是以自由为基础的（freedom-based），所以它们都不适合评价康德。① 或许相容论和不相容论的术语来自经验主义者的传统，并且用它们评价康德的理论比较困难，但这并不表示它们不能被用来进行评价，我们总是可以说康德的自由和自然因果性是相容的，还是不相容的，如果相容，是什么意义上的相容。其实，谢胜建也承认，可以用相容论和不相容论的术语进行评价，他自己就有所保留地将康德评价为不相容论者。②

二 判定

要评判康德是不是相容论者，最好确立一个标准。上文已述，这个标准不能是直接的文本，也不能是先验观念论，因为它们得不出确定的结论。那么，相容论的概念和表达式能不能充当标准呢？相容论是：自由与决定论是相容的，它的表达式是：即便决定论为真，也存在自由。不相容论是：自由与决定论是不相容的，它的表达式是：如果决定论为

---

① Xie Shengjian, "What Is Kant: A Compatibilist Or An Incompatibilist?" in *Kant-Studien*, 100 (2009), p.68.

② Ibid., pp.53, 68-71.

真，则不存在自由。不相容论之中还可进一步分为刚性决定论（hard determinism）和自由意志论（liberalism），前者指的是决定论为真，自由不存在，后者指自由存在，决定论为假。康德语境中的不相容论其实是一种刚性决定论，因为他在"第二类比"中已经确立了自然因果性的正确性。

相容论的概念无法确定康德究竟是不是相容论者，因为"相容的"和"不相容的"这两个概念很模糊。如果说自由和自然因果性是相容的，那么会有不相容的反证，因为自由与自然因果性之间有矛盾之处；如果说它们不相容，那又会有相容的反证，因为自由与自然因果性能够在同一个行动上共存。

相容论的表达式同样不能进行判定。如果单看表达式，似乎可以说康德是相容论者，因为在他的理论中，决定论为真，并且存在自由。可是它会遭到如下两点质疑：第一，我们既然可以说相容论成立，也可以说不相容论成立，因为康德的理论同样符合不相容论的表达式：决定论为真，没有自由。这是由先验观念论决定的。第三个二律背反，正题持物自身的视角，反题持现象的视角，二者都对，如何评判？第二，符合相容论表达式的未必就是相容论。由于自由和自然因果性必须在不同视角下各自为政，因而不能排除它们在同一视角下相互矛盾的可能性。

因此，我们不能通过相容论的概念和表达式进行判定，先验观念论使得这个标准失效了。那么，什么样的标准是可行的呢？

在笔者看来，阿利森和谢胜建提出的标准可行。如果自由和自然因果性在概念上矛盾，则康德是不相容论者，反之，如果它们在概念上不矛盾，则康德是相容论者。选这个标准有两个理由：第一，这个标准承认先验观念论，但不局限于先验观念论。概念上的相互矛盾比先验观念论下的矛盾要求更多，后者只要求分处两个领域的双方是矛盾的，前者却在此基础上，还要求同一个领域的双方也是矛盾的。如果自由和自然因果性在概念上矛盾，那么它们不仅由于分处实践领域和认识领域而成为矛盾的，而且在同一个实践领域也是矛盾的。这样一来，这个标准就能摆脱先验观念论的局限，将自由和自然因果性是否相容的关系确定下来。第二，概念上是否矛盾的标准使相容论的界定更为具体。在相容论的界定中，自由和自然因果性是相容的，然而怎样才算相容，界定没有说清楚，而这个标准做了进一步说明，只有在概念上不矛盾的双方才算得上相容。因此，概念上是否矛盾可以用作判定标准。

根据这个标准，我们可以表明，康德是相容论者。首先，任意（Willkür）的绝对自发性使得自由和自然因果性在概念上不矛盾。任意具有绝对自发性，它可以是一种选择能力。由于自律和他律的行动都出自任意的选择，因而它们都是自由的。① 自律行动从准则到行动的过程必须借助于自然因果性，他律行动是任意挑选自然法则的结果，二者遵循自然因果性。由于自律和他律行动既遵循自然因果性，又是自由的，因此，自由和自然因果性在概念上不矛盾。

其次，如果自由和自然因果性在概念上矛盾，那么自然因果性和不自由是充要条件关系，因为自由和不自由在概念上矛盾。这就意味着出自自然因果性的行动必定是不自由的，而不自由的行动都出自自然因果性。但是，一方面，出自自然因果性的行动未必都不自由，比如某个行动是任意挑选感性动机的结果，它遵循了自然法则，但同时又是自由的，因为任意本来可以选择理性法则。一个从小没有受到良好教育，很早就显露出顽劣本性的恶棍，即便被看作无可救药的，他所做的恶行也是自由的，不能逃避责任，因为他总是可以不这么做。另一方面，不自由的行动未必都出自自然因果性，有可能是失去控制的结果，比如情绪失控者或失去行为能力的精神病患者，他们的行为通常被看作不自由的。因此，自然因果性和自由并不在概念上矛盾。所以，虽然第三个二律背反的正题不能自行得出结论，但借助于上述标准，我们可以认为康德是相容论者。

既然如此，我们该如何解释下列冲突：（1）自由意味着存在第一因，自然因果性意味着不存在第一因；（2）自由意味着行动者处于时间之外，自然因果性意味着行动者只能处于时间之中；（3）自由意味着行动得不到解释和预测，自然因果性意味着行动能够得到解释和预

---

① 关于他律行动为何是自由的详细论述，请参见胡好《康德哲学中的抉意自由》，《道德与文明》2013 年第 6 期。

测？这个问题可以通过案例分析解决。假设在狂风暴雨的裹挟下，一个瘦弱的小孩马上要掉进井里，千钧一发之际，从旁经过的路人救了他，救他的是一名杀人如麻的杀手。如果以科学的态度审视，杀手救人有原因吗？有，因为小孩快要掉进井里了。能够解释吗？能，小孩身上的光线反射到他的视网膜，信号传到大脑，刺激到主管同情的某个区域，大脑发出指令，通过神经系统和肌肉的协同作用，完成救人行动。但是，对于这个救人行动，我们认为救人的原因要终止于杀手，救人所导致的后果（如褒奖）应由杀手承担，并且，杀手虽然以前做过许多坏事，但这一次他行善了，他的行善是一念之间的抉择。这个案例表明，对于同一个行动，从认识的视角看，行动必有原因，它处于时间之中，可以得到解释和预测，但从实践的视角看，行动的原因要终止于做出该行动的行为者，不能无限追溯下去，每一个行动都必须在时间归零的情况下进行判断，因为无论是好人还是坏人，在这一次行动中，都有可能违背之前的处事原则，行动只是一念之间的抉择引发的。所以，上述冲突貌似导致了概念上的矛盾，实则可以通过不同视角的区分在同一个行动上得到调和，它们并非真正的矛盾。

对于第二个困境，我们可以根据正题将康德判定为相容论者。虽然康德说在现象和物自身相区分的情况下，正题和反题都对，但他实际上主张的是正题，因为反题恰恰是单纯的现象视角，如果引入物自身的话，反题是不能成立的。只有正题采用了现象和物自身相区分的观点，从现象的视角看，自然因果性为真，从物自身的视角看，有可能存在自由。这才是康德所主张的。康德之所以不主张反题却将反题列出来，是因为他要展示出理性的二律背反，然后通过先验观念论加以解决。

三　特征

人们对形而上学领域的自由有不同理解。一种理解是可供取舍的可能性，它强调候选项的存在，如果在实际所做行动的同时，本来可以不这么做，那么该行动是自由的；另一种理解是自主能力，它强调行为者是行动的最终来源，不在于有没有候选项，只关心这个行动是不是自我做出的。自从法兰克福的思想实验后，这两种理解的侧重点不太一样。由此，相容论发展成两个版本，一是选择版本，二是来源版本，它们依自由的差异而划分。但是，康德的相容论与他们都不同。下面通过与莱布尼茨相容论、选择版本相容论的比较，揭示出康德相容论的独特之处。

莱布尼茨的相容论，是意志自由与因果关系的相容。莱布尼茨主张的自由是这样的："意志的自由可以从两种不同的意义来看。一种意义是当我们把它和心灵的不完善或受奴役相对立时所说的，那是一种强制或束缚……另一种意义是当我们把自由和必然相对立时所说的。"① 第二种意义的自由与必然相对，而必然性与偶然性是相对的。严格的必然性，是指这样一种性质，其反面是不可能的，包含矛盾；偶然性指其反面是可能的，不包含矛盾；前者意味着单一的世界图景，后者则意味着可供取舍的可能性，二者根本对立。不过，严格的必然性和偶然性是宽泛必然性的两个层次，前者被称为数学的或形而上学的必然性，后者被称为假定的或道德的必然性，两者都具有确定性。这样一来，因果关系就是一种偶然关系，而非严格必然的，因为在某个可能世界，作为原因的事件完全可以不被作为结果的事件所跟随。

不过，莱布尼茨相容论主要涉及第一种意义的自由。这种自由是"自发性加上理智"，它与心灵的强制相对，后者是由感性欲望压倒理性造成的。在莱布尼茨看来，意志自由和因果关系可以相容，因为尽管行动是由原因所规定的，但由于这个原因是出自内部的，因而它同时也是自由的。实际上，莱布尼茨主张来源版本的相容论，他针对某个候选项由谁来选，提出只要某个行动是我做出的，它就是自由的。这一点遭到了康德的批评。

康德把莱布尼茨主张的自由称为"心理学的自由"，他认为，把出自自我的行动看作自由的，不过是一种"可怜的借口"，因为"在追问一切道德律及与之相应的责任追究必须当作根据的那个自由时，问题根

---

① 莱布尼茨：《人类理智新论》，陈修斋译，商务印书馆1982年版，第163页。

本不取决于那依照一条自然法则来规定的因果性是由于处在主体之中的规定根据还是由于处在主体之外的规定根据而是必然的，在处于主体之中时又是由于本能还是由于借理性来思考过的规定根据而是必然的"①，意即为道德责任奠基的自由，既不取决于出自内部的还是出自外部的原因，也不取决于出自内部的本能原因还是理性原因，它跟行动来源无关。如果从行动来源的角度思考自由，那"丝毫不比一个旋转烤肉叉的自由好到哪里去，后者一旦上紧了发条，也会自行完成它的运动"②。旋转烤肉叉是不能被看作自由的，因为它尽管能自行完成运动，但终须事先上紧发条，也就是说，虽然从较近的原因看，它能自行完成运动，但终究被较远的原因所规定。心理学的自由也是如此，尽管行动出自内部的原因，但终究被外部原因所规定，归根结底，它只是自然的机械作用，而非真正的自由。真正的自由是先验自由。先验自由与心理学的自由的区别在于，它是一种可供取舍的可能性，在做出实际行动的同时，行为者本来可以不这么做。只有先验自由是道德归责的基础，因为"没有这种惟一是先天实践性的（在最后这种真正意义上的）自由，任何道德律、任何根据道德律的责任追究都是不可能的"③。

不难看出，康德的相容论不同于来源版本的相容论，因为在康德看来，后者可以被归结为决定论。那么，康德的相容论和选择版本的相容论是不是相同呢？

选择版本的相容论是：即便决定论为真，行动者也具有本来可以做其他事情的能力。在当代，这种相容论有许多拥护者。他们的任务是：确保两个或两个以上的候选项存在。按照决定论，任何候选项都只是头脑中的幻觉，每个行动在某个特定时刻都已经被许多因素决定，人只能按照实际行动的方式而行动，没有别的可能，所谓选择，不是真的选择，而是在表演选择。但按照可供取舍的可能性，人本来还可以做其他事情，每个行动在做出之前，行动者都面临两个或两个以上的候选项，

---

① 康德：《实践理性批判》，邓晓芒译，杨祖陶校，人民出版社2003年版，第131—132页。
② 同上书，第133页。
③ 同上书，第132页。

他只是将其中一个候选项变成现实而已。因此，这种相容论会通过条件分析或倾向分析等方式，来为"本来能够做其他事情"辩护。

但是，康德没有花很多精力来论证候选项的存在，因为先验观念论可以轻松地做到这一点。两可的自由固然可以为道德归责提供基础，但康德伦理学的目的是将人性中的动物性提升为神性，仅靠两可的自由还不足以引导人过善的生活，因为它既可以选择从善，也可以选择作恶，所以，他需要提出一种更高层次的自由来约束和规范，这就是理性的自由。于是，康德的任务是论证理性的自由的实在性。他首先证明在决定论的前提下，有可能存在自由，然后证明确实存在自由，这样就达到相容论的结论。因此，康德的相容论不同于选择版本的相容论，他的任务不在于论证候选项的存在，而是在承认候选项存在的前提下，论证只有选理性法则的那种选项才算得上自由，简言之，它不在乎选项的多少，而在乎选项的内容。

徐向东评价，虽然康德批评相容论，但"他实际上提出了一种高度复杂的相容论的观点"①，这种复杂性源自第三个二律背反。正题不足以自行表明康德是相容论者。在先验观念论下，我们既可以说自由和自然因果性相容，也可以说它们不相容。此外，康德说正题和反题都对，这进一步加大了判定的难度。本文指出，任意的绝对自发性确保了自由和自然因果性在概念上不矛盾，并且，由于出自自然因果性的行动未必不自由，不自由的行动也未必出自自然因果性，它再次证明自由和自然因果性在概念上不矛盾。基于此，康德可以被看作相容论者。但由于康德的伦理学要将人性中的动物性提升为神性，因而他的相容论不在乎候选项谁来选，也不在乎选项的多少，只在乎选项内容。在这个意义上，康德的相容论既不同于来源版本的相容论，也不同于选择版本的相容论，而是走出了第三条道路。总之，对于康德是不是相容论者，本文给出一个平凡的回答：康德是相容论者，但是个独特的相容论者。

---

① 徐向东：《人类自由问题》，载徐向东编《自由意志与道德责任》，江苏人民出版社2006年版，第10页。

Is Kant A Compatibilist?

(Hu Hao, Northwest Normal University, 730070)

Abstract: There are dilemmas for judging whether Kant is a compatibilist or not due to the third antinomy. The thesis does not indicate that Kant is a compatibilist sufficiently, because despite there are many texts to show that freedom and natural causality can coexist on the same action, they are conflict. Besides, that Kant said both the thesis and the antithesis are right increases the difficulty for the judgment. In the case of trying to weaken the transcendental idealism, this paper puts a standard that whether freedom and natural causality are contradictory terms and judges that Kant is a compatibilist in accordance to no contradiction. Finally, based on the purpose of Kant's ethics, this paper claims that Kant is a compatibilist, but a special compatibilist.

Keywords: Kant; compatibilism; freedom; natural causality; coexist; contradiction

伦理人格与人格权的结构性关联

——康德人格哲学的法学应用

周雪峰[*]

摘要： 学者们从不同层面对人格权概念展开激烈而持久的论辩，但仍有诸多疑难问题未达成统一意见。重要原因在于伦理人格与人格权概念的内在关联被忽视。目前学界对人格权的界定有两大方法：主体界定法和客体界定法。人格概念作为一个基石性哲学范畴成为研究的切入点。人格具有主客体同一的结构，使呈现同样结构的人格权成为一种新型的权利，其权利结构为：主体——人格（作为应然权利）或法律人格（作为法定权利）；客体——人格及其诸要素。"主客体同构"决定了作为主体的人格可作为权利载体而存在，使主体呈现客体性。反之，作为权利载体的客体——人格及其诸要素，作为权利内容除具有客体性，还呈现出主体性（精神性）。

关键词： 人格权；法律人格；伦理人格；权利结构

---

[*] 周雪峰，武汉纺织大学法学系讲师，华中科技大学哲学系博士后、法学博士。主要研究方向：法理学、法哲学。Email：lilysnow7478@163.com。本文为教育部人文社会科学研究青年基金项目"人格权的概念辨析及其法理探源——以主客体同构的权利结构为中心"（13YJC820116）的阶段性成果。

廓清法律领域的人格概念非常重要。正如德国学者汉斯·哈腾鲍尔所说:"人格应该在法律中是最高级的概念,具有法律上最独特的权利性质,其法律上的价值甚至超过了人所属于的小小的家庭和人民。……在法律发展史上,人'只服从于自己的人格'这一原则具有非常伟大的意义。"① 我们应该用人格这一概念为"即将到来的新世纪的市民政治提供根据地"②。只不过在法律领域,"法学家们想把'人格'这个时髦名词确定为法学概念的努力还是没有成功"③。人格概念已引起学者们的高度关注,但关于人格的定义众说纷纭,尚未达成一致的观点。"法律人格(legal personality)的概念难以界定并且已经成为知识界激烈论战的中心,很多这样的问题已经转移到了法律领域。"④ 可以说,人格概念带来的复杂性和困惑程度与人格概念的重要性成正比。

一 伦理人格的理论溯源

值得注意的是,学术界对近现代法史发展趋势的断言,出现了"人格被人取代"⑤和"人格取代了人"⑥两种截然相反的观点。大多数学者认为,"人格"概念是法律的基础前提,应得到实在法的规定。但有些学者的观点完全相反,他们建议在实在法中排除"人格"概念,他们或主张用"权利主体""权利义务的主体""权利的持有者"等具

---

① [德]汉斯·哈腾鲍尔:《民法上的人》,孙宪忠译,《环球法律评论》2001年冬季号,第394—398页。
② 同上书,第398页。
③ 同上。
④ Paton, Jurisprudence (1946) 250 (2ed. 1951) 314 – 315,转引自[美]罗斯科·庞德(Roscoe Pound)《法理学》(第四卷),王保民、王玉译,法律出版社2007年版,第152页。
⑤ 参见付翠英《人格·权利能力·民事主体辩思——我国民法典的选择》,《法学》2006年第8期。
⑥ 德国学者汉斯·哈腾鲍尔宣布:"在法律发展史上,'人之服从于自己的人格'这一原则具有非常伟大的意义。"[德]汉斯·哈腾鲍尔:《民法上的人》,孙宪忠译,《环球法律评论》2001年冬季号,第398页。

备确定含义的术语取代含义模糊不清的"人格"概念；或认为"人"就是"人格人"，即人格的概念与人的概念在法律上是同一个意思，人格概念实属多余。① 但从学理上看，经受自然法理论洗礼并逐渐陶冶而成的实在法能否完全弃这个极具伦理意义的人格概念而不顾呢？显然不行。首先，自然人与人格的内涵有重大区别；其次，通过人格概念对"现实中的人的存在"的类型化，形成"具体人格"，从而使得抽象的人格尊严通过外化的权利保障而达到现实性和丰富性。

从历史发展的角度看，对人格概念的起源，具有两种完全不同的观点：第一种观点认为，"人格"概念由罗马法创制，第二种观点则认为，"人格"概念是近代的伦理概念。就前一种观点而言，学者们对人格的界定又不尽相同，譬如：有学者认为，"人格"是主体资格的意思，有学者认为，是身份、角色的意思，有学者认为，是权利能力的意思。② 后一种观点则认为，我们只是从罗马法中引入了"人"的概念，"人格"概念却是"18世纪末创造出来的"，并且人格概念首先不是法律概念而是伦理概念，是康德将此概念引入哲学。③ 日本学者星野英一也认为，给予人格确定含义的是康德及其之后的哲学，人格概念是人文主义思想的表现。他还借用萨巴提尔（Rene Sabatier）的观点："人（Homme）就其与近代法的关联而言，就是法律人格（personne）。"④ 因此，持此观点的学者们认为，关于人格和人格权，罗马法并没有告诉我们很多。法国学者布律格耶尔甚至说："在罗马法和古代法律中，我

---

① 详细论证参见胡玉鸿《围绕"人格"问题的法理论辩》，《中国法学》2008年第5期。

② 关于人格与罗马法的关系及学者的相关争论详见王森波的博士论文《人格——源流、涵义及功能》，《甘肃政法学院学报》2010年第5期。

③ ［德］汉斯·哈腾鲍尔：《民法上的人》，孙宪忠译，《环球法律评论》2001年冬季号，第394—400页。

④ Rene Sabatier, "Metamorpnoses economiques et sociales du drioit pribe daujourd'hui", Ⅲ serie, 1995, n 336; Alex Well et Francois Terre, Droit civil, Les personnes, La famille, Les incapacites, 3. ed., 1980, n2, 转引自［日］星野英一《私法中的人——以民法财产法为中心》，载梁慧星《为权利而斗争——梁慧星先生主编之现代世界法学名著集》，中国法制出版社2000年版，第332页。

们找不到任何关于人格权的痕迹。"① 显然,此观点与"人格概念由罗马法创制"的观点截然对立。

笔者认为,现代意义的人格以及人格权概念确实来自近代。尤其是康德及其以后的哲学关于人格的界定和研究对法学上的人格、人格权的出现产生了深远的影响。如奥地利民法典,德国民法典、法国民法典、阿根廷民法典草案等都深受康德哲学的伦理人格概念的影响。② 德国学者卡尔·拉伦茨明确地说:"《德国民法典》认为,每一个人(Mensch)都生而为'人'(Person),对这一基本观念的内涵及其产生的全部后果,我们只有从伦理学上的人的概念出发才能理解。……这一伦理学的人的概念,系统地反映在康德创立的伦理人格主义哲学(ethischer Personalismus)中。康德的学说对《德国民法典》制定者的精神世界产生了深刻的影响。"拉伦茨甚至将《德国民法典》的精神基础归之于"伦理学意义上的人格主义"。③ 我国学者徐国栋教授在对人身关系的考察中也发现:"康德的影响是如此巨大,以至于他的时代的其他法典如法国民法典和阿根廷民法典,乃至于现代的阿根廷民法典草案都或暗或明地把债处理成对人的关系。"④ 因此,"人格概念由罗马法创制的",这仅仅意味着:首先,从词源上,是罗马法首次创制了它;其次,从内涵上,人格概念从创制之初就有主体资格的含义。但真正对其进行系统研究并赋予其现代意义,而且对现代法典产生深远影响的,则是康德哲学的伦理主义的人格概念。

---

① [法]让·米歇尔·布律格耶尔:《人格权与民法典——人格权的概念和范围》,肖芳译,王轶点评,《法学杂志》2011年第2期,第138页。
② 如以深受康德影响的蔡勒(Zeiller)为起草人之一的奥地利民法典第16条规定:"任何人生来就因理性而获得明确的天赋权利,故得作为(法的)人格(Person)而被看待。"深受康德影响的萨维尼也认为,所有的权利,皆因伦理性内在于个人的自由而存在。因此,人格、法主体这种根源性概念必须与人的概念相契合。参见[日]星野英一《私法中的人——以民法财产法为中心》,载梁慧星《为权利而斗争——梁慧星先生主编之现代世界法学名著集》,中国法制出版社2000年版,第341页。
③ [德]卡尔·拉伦茨:《德国民法通论》(上册),王晓晔、邵建东、程建英、徐国建、谢怀栻等译,法律出版社2009年版,第45—46页。
④ 参见徐国栋《人身关系流变考》(上、下),《法学》2002年第6、7期。

二 康德伦理人格的内涵及结构

康德的伦理主义的人格概念到底如何影响法学的人格概念？这是弄清现代意义人格权概念的一个关键问题。因此，有必要仔细考察人格和人格权概念的界定及其与法律人格、主体资格、权利能力等概念的关联。在法学领域人们在探讨"人格"概念时通常容易将"人格"概念等同于"法律人格"。但是法律人格与人格概念应该是两个相互区别的概念。

首先必须弄清楚"人格"概念的内涵与本质。目前法学界一般认为，法学上"人格"一词有主体、人格利益、权利能力三种含义。罗马法关于人的概念有三种表达：homo，caput，persona。Homo 是指生物意义和物理意义上的人。Caput 一词原意指头颅。古罗马将具备法律资格的人登记在一种称为 caput 的登记簿上。① 布莱克法律大词典将 persona 在罗马法上的意思解释为"个体的人"，该词在古罗马还有面具的意思，引申为角色、身份之意。② 这里还需特别提到"corpus"（有躯体、身体之意）一词。在古罗马法中，"法人"被称为 corpus，当今法人（corporation）术语来源于此③。通过罗马法对人的概念的不同用

---

① 有学者认为，caput 因此引申为法律主体资格的意思。但是 caput 本身所内涵的主体性意思，到底是因为这一事件（将具备法律资格的人登记在一种称为 caput 的登记簿上）被赋予了，还是 caput 的主体性内涵通过这一事件而展示出来。也就是说，caput 的"主体资格"内涵是这一事件的原因还是结果，不得而知。

② 关于这三个词的详细论证参见王森波《人格—源流、涵义及功能》，《甘肃政法学院学报》2010 年第 5 期。

③ 参见［美］罗斯科·庞德（Roscoe Pound）《法理学》（第四卷），王保民、王玉译，法律出版社 2007 年版，第 187 页。这里特别提到此术语，因为这一辞源似乎暗示了法人概念之性质：如果人格相当于"头颅"，则法人相当于"躯体"。也就是说，法人虽然没有人格概念那样的独立意志，但法人不外乎是具有独立意志的人格概念的特定延伸。就像"躯体"的各项活动受控于大脑，法人的设立、行为、消灭均取决于隐藏在其背后的意志，只是该意志并不是某一个体单独的整体意志，而是对"法人"有决定权的共同意志。该共同意志的性质决定了法人的性质，如果共同意志的目的为财产，则法人为公司法人或财团法人，如果共同意志的目的为公益，则为公益法人等。如同躯体各有其特定功能一样，法人的主要功能是实现共同意志的目的，如公司法人背后的共同意志是"财产"，或者说公司法人不过是诸多"财产"意志的聚合。

词，我们可以发现，罗马法中已经潜在地包含有现代意义上的"人格"内涵，只不过其内在结构尚未深入细致地呈现出来，这个内涵由康德正式提出。康德认为人有三大要素："1. 作为一种有生命的存在者，人具有动物性的禀赋；2. 作为一种生命同时又是理性的存在者，人具有人性的禀赋；3. 作为一种有理性同时又能够负责任的存在者，人具有人格性的禀赋。"Homo 与现代德语词 Mensch（自然人）的含义相近，它意指基于自然出生并受自然律规范的生命体。康德称之为动物性的秉性，这种秉性受病理学（pathologische）刺激并被自然律所规范。① 用黑格尔的话说，这种自然意义上的生命体是一种"直接的或自然的意志"，是受制于本性、需要、欲望和冲动的直接定在（Dasein）。② 可以说，自然人（Mensch）与人格（personne）是有本质区别的两个概念。正是该本质的差异性成为了区分自然法学派和理性法学派的根基。自然法学派立基于自然人理论，认为自然权利的本质源于人的自然冲动和欲望，满足个体基于自然产生的独特利益是个体的天赋权利。因此，人的基本权利是一种自然权利。但理性法学派对此提出批判："自然权利理论的人是被自己的自然冲动和欲望规定的人。"③ 基于人格与自然人概念的本质差异，康德对古典自然权利论进行了颠倒式重构，即将立足于自然权利、自然状态、自然人的"自然论"颠倒为立足于人的理性、公民状态（Status civilis）、人格人的"理性论"。在康德看来，"自然论"将人困囿于受病理学刺激的自然冲动和欲望，从而完全受自然法则规范（规制）或奴役，丧失了人格的尊严和高贵。只有立足于人的实践理性，将法权建立在道德之上，最终建立在人格性之上，法权才能获得正当性。正如德国哲学教授曼弗雷德·鲍姆（Manfred Baum）所言，康德"重建了法权论，炸毁了传统的自然法"，在西方法学史和伦

---

① ［德］康德：《康德著作全集》（第6卷），李秋零主编，中国人民大学出版社2007年版，第24—25页。
② 该直接定在最初显得自己是被自然所规定的。参见［德］黑格尔《法哲学原理》，范杨、张企泰译，商务印书馆1961年版，第13—22页。
③ 丁三东：《论黑格尔的自由谱系——对〈法哲学原理〉的一种解读》，武汉大学博士学位论文，2005年，第29页。

理思想史上来了一个"哥白尼似的革命"。①

康德将人格定义为："凡是在不同的时间中意识到它自己的号数上的同一性的东西，就此而言它就是一个人格。"② 该定义揭示人格的内在结构包含了"自我意识"（就理论理性而言）、"自我决定"（就实践理性而言）之内容要素和"同一性"之形式要素。康德认为，人格具有跨两界（感官世界和理知世界）的特点。康德将处于理知世界的人格称为人格性，以区别于处于感官世界或经验世界中的"人格"概念。人格性是人格的本质，用来提升人格。而人格是指处于现象界的人在时间上表现出的持续性。也就是说，就形式要素而言，今天的我、昨天的我、明天的我都是同一个"我"。人格的同一性使得特定行为归于特定主体在形式上（符合不矛盾律）成为可能。因此，法律不能要求患有人格障碍（如多重人格病患者）的人对其行为负责。但人格概念不仅仅有形式要素，还必须有内容要素。正如"指责一个石头落在你的头上可能不是自相矛盾，但是很明显，这完全是不恰当和没有意义的。……只有针对自由行动者，道德评判才有意义"。③ 康德认为，人格的内容要素为"人格性"，即意指"摆脱了整个自然的机械作用的自由和独立"④。换句话说，是"人独立于感性冲动的强迫而自行规定自己的能力"。⑤ 也就是说，人不是那个仅仅受自然律规范的自然人，更重要的是一个独立于自然律的强迫而自行规定自己，从而服从由自己立法的自由法则的主体——这正是人的高贵之处。因此就内容要素而言，康德认为，人格是其行为能够归责的主体，而该主体之所以能够被归责，就是因为他的行为是他的自主选择，而不是完全被自然律决定。⑥

回头再看康德关于人的三要素：第一个要素是指自然人或感性人，

---

① 转引自邓晓芒《康德论道德与法的关系》，《哲学研究》2009年第4期，第6—7页。
② [德]康德：《三大批判合集》（上），邓晓芒译，人民出版社2009年版，第278页。
③ [美]杰费里·墨菲：《康德：权利哲学》，吴彦译，中国法制出版社2010年版，第36页。
④ [德]康德：《三大批判合集》（下），邓晓芒译，人民出版社2009年版，第100页。
⑤ 同上书，第278页。
⑥ [德]康德：《康德著作全集》（第6卷），李秋零主编，中国人民大学出版社2007年版，第231页。

它受自然律规范（完全他律），第二要素是指有限的理性人（感性与理性的混合体），它同时受自然律和自由律（道德律）约束。人的第二要素主要体现为一种法权人格，它由法律进行规范。自由律在这里体现为一种"命令"的形式（不完全他律，即形式上表现为他律，内容则来源于自律）。第三要素体现了人格性的人，即道德性的人。它由自由法则进行规范（完全自律）。在康德这里，人格概念包含了"同一性"（形式要素）和"人格性"（内容要素——黑格尔将其界定为主体性）双重结构。没有"人格"这一终极价值作为正当性根基，不但法将丧失正义，就连道德也将连根拔起。人格一词内在地包含有自主性或主体性。可以说，从"自然人"到"人格人"，人类文明走过了漫长的道路。

黑格尔在康德的基础上对"人格"概念作进一步的推进。在康德那里自然人与理性人存在断裂，分属于经验世界和理知世界。而在黑格尔这里，自然人和理性人是辩证统一的关系。因为人格是一个包含着无限性和有限性、抽象和具体的矛盾体。[①] 具体而言，"人格的要义在于我作为这个人，在一切方面（在内部任性、冲动和情欲方面，以及在直接外部的定在方面）都完全是被规定了的和有限的，毕竟我全然是纯自我相关系；因此我是在有限性中知道自己是某种无限的、普遍的、自由的东西"。[②] 因此，黑格尔宣称，人（Mensch）最高贵的事是成为人格（Person）。所以，"法的命令是：成为一个人格（Person），并尊重他人为人格（Person）"。[③] 一方面人格是有限的、具体的，表现为性别、年龄、冲动、需求、倾向、欲望等自然意志，法律就是要将这些自然意志纯洁化和体系化；但另一方面人格是无限的、抽象的，即我能摆脱一切自然的规定，并从中抽象出来、自己规定自己。

笔者认为，人格首先是一个哲学概念，它具有"主客体同一"的

[①] 黑格尔高赞这一矛盾体："人的高贵处就在于能保持这种矛盾，而这种矛盾是任何自然东西在自身中所没有的也不是它所能忍受的。"［德］黑格尔：《法哲学原理》，范扬、张企泰译，商务印书馆1961年版，第46页。

[②] ［德］黑格尔：《法哲学原理》，范扬、张企泰译，商务印书馆1961年版，第45页。

[③] 同上书，第46页。译文有改动。

辩证结构,其特征:统一性和差异性并存。统一性,即主客体的同构性;差异性,即同一个人格范畴具有主体和客体两个不同的维度。作为主体的人格是意识到自身之主体性的主体,从而"一般地包含有权利能力"。① 它根源于人的自由意志。作为客体的人格是主体自身的一个对象,该对象包含了一切被规定的自然意志。这些自然意志一方面受自然律规范,因而与要摆脱自然律的主体相矛盾;另一方面它是有限的、偶然的,因而不同主体的自然意志之间以及同一个主体的自然意志之间相互冲突。解决这些矛盾与冲突的最理想途径当然是每个个体都能达到康德所说的道德人状态或黑格尔所说的绝对自由的状态。但这毕竟只是完美之理念而非残酷之现实。因此,法律人格便有必要登上人类或者说人性的舞台。作为有限的理性人(感性与理性的混合体),它同时受自然律和自由律(道德律)约束。这一点很关键,因为它使法权的存在具有了必要性和可能性:第一,受自然律约束的感性人使得法权的存在具备必要性,而对无限理性的存在者如上帝或天使则无法权之存在必要;第二,受自由律约束的理性人使得法权的存在具备可能性,否则丛林法则将成为人类唯一的法则。

因此,内涵着"自由、主体、意志"的理性人格论,深深地影响了法学领域中的法律人格概念的形成。伦理人格在本体论上为法律人格提供了存在的理论渊源,在价值论上为其提供了正当性。

三 法律人格的历史变迁及内涵

法律人格则是人格理念的技术化、规范化和具体化。首先就功能而言,法律人格是符合规范要求的理性行为的"当为"形式,一种客观的构造。就社会效果而言,它的建构"统一了人的行为模式与特性,不仅使法律政策的控制变得容易,而且使每个人的行为具有可预测

---

① [德] 黑格尔:《法哲学原理》,范扬、张企泰译,商务印书馆1961年版,第46页。

性"。① 在建构的过程中，法律人格需要洗涤各种自然的本质或情感：激情、愤怒、傲慢、欲望、吝啬、贪婪、背信弃义、脆弱、狡诈、轻率等。康德将这些自然本质称为来自病理性刺激的感性，黑格尔将之称为自然意志的内容。表述虽然不同，但都是将自然的本性归于人格本质结构中的第一层次（最低层）。总而言之，法律人格则是将这些冲动的自然意志纯洁化以便将之从偶然性和完全的主观性（任意性）中解放出来，因而法学的内容只不过是"使得冲动成为意志规定的合理体系"。② 在某种程度上正如哲学家胡塞尔所言："在法律实践中并不涉及去创造人格人的本质，而是经由法律使得在法律之外被创造的人适格。"③ 也可以说，法律人格是沟通伦理人格与作为动物性的自然人的一个桥梁或中介。它必须同时接受自然律和自由法则两方面的规范，在这个意义上，它体现为一门极其高超的技艺，争取着两大法则的平衡。

其次，法律人格是实在法的一个概念，它通过洗涤或纯化各种感性的冲动和情感，而将人格形式化为行为规范，成为权利义务的载体或"作为法律关系的归属点"④。但客观化和形式化的背后内含有伦理人格的内涵。而且实在法绝非一成不变，比如法律人格就经历了从无生命的物到有生命的动物再到人的过程，而人作为法律人格又经历了从身份人格到一切人的人格的历史发展过程。正如马俊驹教授所说："伴随着从不平等到形式平等再到趋近实质平等的法律人格状态的变化，法律人格经历了从来源于哲学上具有伦理性的实体到确立以伦理性为本源再到超

---

① 李永军：《民法上的人及其理性基础》，《法学研究》2005年第5期，第15—26页。
② 参见［德］黑格尔《法哲学原理》，范扬、张企泰译，商务印书馆1961年版，第29页。
③ 这里为胡塞尔补充一句：人格人的本质是"法律使得在法律之外被创造的人适格"的正当性依据。或者换句话说也一样，不是法律实践创造人格人的本质，而是人格人的本质决定了法律实践的存在。Husserl, G., "Rechtssubjekt und Rechtsperson", in *Archiv für die civilistische Praxis* (*AcP*), 127 (1927), S. 129ff，转引自［德］罗尔夫·克尼佩尔《法律与历史——论〈德国民法典〉的形成与变迁》，朱岩译，法律出版社2005年版，第59—60页。
④ ［日］星野英一：《私法中的人——以民法财产法为中心》，王闯译，载梁慧星主编《为权利而斗争》，中国法制出版社2000年版，第339页。

越伦理性又试图以否定之否定回归伦理性的历程。"① 就现代的时代精神和世界文明来说,"人格正在向财产夺回桂冠"。② 并且作为直接体现人格意义的人格权也在进一步扩张。甚至对于死者是否有人格权的问题,也有法律作出了肯定的回答。如在"摩菲斯特案件"中,德国联邦法院以及联邦宪法法院大大扩展了对死者权利的保护(《联邦法院公报》第50卷第133页)。这一理论中所包含的对于自然人死后人格继续生存的观点,在《联邦宪法法院公报》第30卷第194页有了规定:"以宪法的禁止性规范确保的自然人人格尊严的不可侵害性,是其他一切基本权利的基础。任何人,均不得在其生存期间与他人达成协议,将其尊严设定为他人请求权的标的,使其死后人格受到侮辱或者贬低……"③

笔者认为,法律人格包含主体资格和主体能力两个要素在内,因而法律人格是指享有权利承担义务之资格和能力的法律主体。简单地说,法律人格就是指法律主体,该主体包含资格之形式要素和能力之实质要素。法律人格中的"主体资格"要素主要是跟实定法所处历史的文明状态和某种民族文化相关,它体现了主体在历史发展中所呈现的状态;而法律人格中的"主体能力"要素主要跟个体自身的意志相关。所谓法律的主体资格(或主体的法律资格),是指(某一实体)成为法律关系主体的逻辑前提或法定条件。简单地说,如果某一实体不具备法律资格这一要素,那它就不能被称为法律人格。某一实体能否获得法律关系主体的资格,与某个历史时期的伦理人格概念之内涵紧密相关,或者说与某一历史时期的民族文化对人的本质认识相关。比如建立在血缘、地缘等理论基础上的人格概念(广义)在法律上体现为一种"身份人格(广义)"。④ 换句话说,体现为身份性质的法律人格就是以血缘、地缘

---

① 马俊驹、刘卉:《论法律人格内涵的变迁和人格权的发展——从民法中的人出发》,《法学评论》2002年第1期,第36页。
② [日]星野英一:《私法中的人》,王闯译,载《民商法论丛》第8卷,第182页。
③ [德]汉斯·哈腾鲍尔:《民法上的人》,孙宪忠译,《环球法律评论》2001年冬季号,第403页。
④ 参见马俊驹《从身份人格到伦理人格——论个人法律人格基础的历史演变》,《湖南社会科学》2005年第6期。

等为内容的身份关系在法律上的体现。随着人类历史的发展,身份人格逐渐向财产人格转化。当然这种转化是缓慢、连延的,它并不具备截然断裂的性质。因此,身份人格和财产人格在某种程度上是相互交叉的。只不过随着历史的不断发展,身份人格的统治地位逐渐让位于财产人格,但不管是身份人格还是财产人格都是整体人格概念某一个方面的特定内容。

伴随着人格概念的历史演变,法律人格也不断发生变化。比如在罗马法中,奴隶就不具备法律上的人格的资格,只能被当作财产或物。而在美国,直到内战时期,即便是拥有自由的黑人也不具备法律人格的资格。[①] 与此相对应的倒是"在中世纪,上帝和圣徒经常被当作法律单位(即法律人格——庞德将法律人格界定为法律单位)"。[②] 因此"在罗马法中,在元老院或皇帝宪法会议的决定下,某些神被指定为继承人"。[③] 更有甚者,动物和某些物也曾在历史上拥有过法律主体的资格。比如,"在海事诉讼中船可以被起诉,被认定对一切碰撞负有过错,并且还可以得到一份针对它的判决"。[④] 但实际上,这些法律人格仅仅具备法律资格,并不具备法律能力(包括权利能力和行为能力以及相应的责任能力)。某些财产比如走私货物虽具备法律人格中资格要素即拥有被起诉的权利,但实际上它并不拥有法律人格的能力要素,如履行相关的义务(该义务只能由财产所有人履行)。[⑤]

所以法律人格实际上包含两种要素。这两种要素在应然状态中是统一的,但是在实在法中常常处于分裂状态。这种分裂状态不仅体现为物品曾在法律史上作为法律主体的资格,而且还体现在当今的自然人和法

---

① 参见 [美] 罗斯科·庞德《法理学》(第四卷),王保民、王玉译,法律出版社 2007年版,第 152 页。
② Gierke, Deutsche Genossenschaftsrecht (1873) 527ff, 转引自 [美] 罗斯科·庞德《法理学》(第四卷),王保民、王玉译,法律出版社 2007年版,第 157 页。
③ 转引自 [美] 罗斯科·庞德《法理学》(第四卷),王保民、王玉译,法律出版社 2007年版,第 157 页。
④ 参见 Holmes, The Common Law (1881) 26-30, 转引自 [美] 罗斯科·庞德《法理学》(第四卷),王保民、王玉译,法律出版社 2007年版,第 159 页。
⑤ 参见 [美] 罗斯科·庞德《法理学》(第四卷),王保民、王玉译,法律出版社 2007年版,第 159 页。

人作为法律主体资格的法律制度上，比如胎儿、未成年人、精神病患者或其他缺乏意志或意志不完全的自然人等相关法律制度。这种分裂甚至还体现在死者和法人的人格化问题上。比如根据不同的实在法，死者或法人也有被赋予法律人格的资格（如德国联邦宪法对自然人死后人格继续存在的肯定），但在另外一些实在法中，它们不被赋予法律人格的资格（比如我国学界对于死者和法人是否是法律人格就存在较大争议）。即便该主体成为法律人格，该法律人格的两大要素也是分裂的：即仅仅拥有法律人格中的资格要素，却不拥有法律人格中的能力要素。因此，需要通过技术性的法律构造尽可能地弥合分裂的两大要素。

总之，法律人格概念内在地包含资格和能力两大要素。前者是指某一实体成为法律关系之主体的前提条件或法定要件（形式要素），后者则是指具备法律资格的主体行使法律意志的能力要件（实质要素）。这两大要素在一个圆满的法律人格（能完全行使法律意志的法律主体）身上是统一的。比如我国一个正常的年满18周岁的成年人。在此法律人格中，"年满18周岁"为其资格要素，而"正常的成年人"为其能力要素。在不圆满的法律人格上（不能完全或完全不能行使法律意志的法律主体），该两大要素则是分裂的。比如历史上具备法律人格的动物和物，以及当今实在法上被赋予法律人格的未成年人或精神病患者等。在实定法中，某一具备法律资格的主体不能（完全不能或部分不能）行使自己的法律意志，那么法律将根据格雷所说的"原则类推"创设该主体行使自己意志所需要的法律条件。比如未成年人的法律意志由其监护人代替行使。所以，如果说法律人格的资格要素是一个实体或主体能否成为法律关系中的人格的法定前提——该法定前提作为形式要素只需要满足平等性（人格结构中的同一性要素在法律人格中的体现），那么法律人格的能力要素，则是一个法律人格能否通过自己的法律意志而将自己的权利现实化的实质条件。而该实质条件的理论根源就在于人格结构中的实质（内容）要素：自我规定性或自主性。

因此，法律人格概念内在地包含两个要素：第一，资格是形式要素，即作为法律主体的法定前提；第二，能力是内容（实质）要素，即实现自己法律意志的能力。所以法律人格是指具备法定资格并拥有行使法律意志之能力的法律主体。它与人格权概念，分属于两个不同的范畴：一个是主体，另一个是权利。法律人格中的任何一个要素都不能单独替代法律人格概念，我们不能因为在历史上或现实上存在两大要素的分裂，而否认其中任何一个要素。我们必须看到，不论是从现实看（法律人格的圆满状态是常态）还是从历史发展看（物的法律人格—身份性法律人格——一切人的法律人格），法律人格概念的两大要素是趋向统一的，人格概念在历史的逻辑中逐渐呈现出丰富的现实性和具体性。

四 人格权的权利结构——主客体同一性

人格权与法律人格的核心区别在于，它是一种权利。人格权最早的提出者雨果·德诺（Hugues Doneau，1527—1591），将权利分为对物权利（物权）和对人权利，而对人权利又分为对他人权利（债权）和对自身的权利（人格权）。①

关于人格权的概念界定，迄今为止，学界主要有四种观点。② 无论四种观点所呈现的内容如何纷繁复杂，但定义方式只有两种：主体界定法或客体界定法。从主体的角度进行界定，即认为人格权是与主体或人格不可分离的权利。如法国学者菲利普的"人格权是指人（Personne humaine）具有主体资格所必须具备的权利"，我国学者梅仲协先生的"吾人生存上不可分离者"，王伯琦先生的"人格权为构成人格不可或缺之权利"等界定。③ 从客体的角度定义，认为人格权是以人格要素或人格利益为客体的权利。如日本学者鸠山秀夫的界定："人格权是以自

---

① 参见徐国栋《寻找丢失的人格——从罗马、德国、拉丁法族国家、前苏联、俄罗斯到中国》，《法律科学》2004年第6期。

② 参见李新天《对人格权几个基本理论问题的认识》，《法学评论》2009年第1期，第121页。

③ Philippe Malinvaud, Introduction à l'étude du droit, 9e édition, Litec, 2002, pp. 258-284；梅仲协：《民法要义》，中国政法大学出版社1998年版，第42页。王伯琦：《民法总则》，台北，自版，1994年，第57页，转引自王利明《人格权研究》，中国人民大学出版社2005年版，第12页。

己的人格范围的构成因素如生命、身体、健康、名誉、自由、姓名、肖像等为客体的权利。"① 以及德国学者基尔克的界定："人格权是指对人格利益支配的权利。"② 因此，人格权到底是针对人格的主体还是客体，学界还存在争论。但总的来说，从客体对人格权进行界定的方法占主导地位。而主导的理论内部又分为人格、人格要素和人格利益三种"客体"学说。③

笔者综合不同意见，并结合本文对人格及法律人格概念之内在结构的剖析，认为人格权是（法律）人格完整拥有和独立支配自己的人格及其诸要素的权利。权利结构为：主体—人格（作为应然权利）或法律人格（作为法定权利）；客体—人格及其诸要素。

人格权的权利结构有一个显著特征，即主客体同构。单从形式看，人格权的概念似乎存在悖论，人格到底是主体还是客体？实质上人格既充当了主体又充当了客体。这是由"人格"概念本身的性质决定的，即人格概念的内容要素是"自我意识""自我规定"，正是该要素的特性使得人格既是主体又是客体。虽然实在法将此种"思辨"厌恶地称为"诡辩"，认为其违反形式逻辑（$A = A$，$A \neq 非 A$），甚至会使"权利丧失存在的意义"④。但根源于伦理人格的法律人格和人格权，不仅要符合形式逻辑，还必须符合辩证逻辑。辩证逻辑本身就是生命的逻辑、是自由的逻辑，是自我意识的逻辑。⑤ 我们必须走出用物权之权利结构来看待人格权之权利结构的思维模式。物权的权利结构在于主体的人对客体的物的权利。而人格权的权利结构在于主体将整体的人格和人

---

① ［日］鸠山秀夫：《日本债权法各论》，岩波书店1918年版，第869页；王利明：《人格权研究》，中国人民大学出版社2005年版，第13页。

② O. Gierke, Deutsches Privatrecht, Band I, Leipzig, 1895, p. 702, 转引自王利明《人格权研究》，中国人民大学出版社2005年版，第12页。

③ 各家观点的详细论证参见李新天《对人格权几个基本理论问题的认识》，《法学评论》2009年第1期。

④ 马俊驹、张翔：《人格权的理论基础及其立法体例》，《法学研究》2004年第6期，第48页。

⑤ 详细论证参见邓晓芒《辩证逻辑之本质》，载《哲学史方法论十四讲》，重庆大学出版社2008年版，第130—153页。

格中的诸要素作为客体来拥有自身。① 人格权的内在结构特征，即人格自身既是主体又是客体的本质属性，使得部分法律人无法接受它。当然也有学者明确提出，"人格权的客体为其自身之人格，故主体与客体同属一人"②。甚至连萨维尼出于"自杀权"这一道义上的担忧而取消了人格权。这种担忧表明了缺乏思辨的思维所呈现的僵化性，德国人格权的发展史充分证明了萨维尼的失误。

法律人格与人格权的概念并不纯然是一个技术性结果。法律人格和人格权的内涵直接来源于人格的内涵。正如黑格尔所认为的那样，一个自然人还未能与自然界中的其他生物区别开来，还仅仅是作为一个自然生命体而存在、一个纯然被自然规定的物。这种作为自然物而存在的自然人只能充当客体，而不具有主体性资格。只有意识到主体性的主体才具有法权人格。所谓"人格是意识到主体性的主体"是指人的自我意识。而自我意识的结构就是主体将自身当作对象（客体）的意识，是一种辩证统一的结构。③ 对于一个人格而言，我是直接的有机肉体，但精神首先必须"占有"身体；身体则是"精神"的定在。因而，身体和精神是辩证统一的。因此从人格的主体性角度看，人格概念本身含有精神性的要素，所以对身体的侵害会导致对精神的侵害。这正是财产权与人格权的一个重大区别。故从人格的主体性角度看，就有了物质性人格权与精神性人格权的划分；而同一个人格，如果从客体角度看，则又可以划分一般人格权与具体人格权，因为作为客体，人格就同其他对象（比如物）一样具有"广延"性，就可以有整体与要素之分。这些都根

---

① 拉伦茨更是明确宣称："《德国民法典》把每一个人看作'自然人'，而对于人，重要的是，他应当具有自我意识，应当自主地决定自己的存在，相对于他人则应当承担起责任。"［德］卡尔·拉伦茨：《德国民法通论》（上册），王晓晔等译，法律出版社2009年版，第56页。

② Kohler, *Das Eigenbild in Recht*, 1903, p.6; *Einfuehrung in die Rechtswissenschaft*, 1919, p.27，转引自王利明《人格权法研究》，中国人民大学出版社2005年版，第12页。法国学者布津格耶尔也是明确将人格权的权利客体界定为人格。参见［法］让·米歇尔·布律格耶尔《人格权与民法典——人格权的概念和范围》，肖芳译，王轶点评，《法学杂志》2011年第2期，第139页。

③ 参见［德］黑格尔《精神现象学》，贺麟、王玖兴译，商务印书馆1979年版，第115—152页。

源于人格权主客体同一的权利结构，最终根源于人格概念的主客体同一的权利结构。

总之，对人格权"权利结构"及"主客体同构性"研究的不足，可能会导致以下问题：一方面，就外延而言，其界定比较模糊，如"人的伦理价值"界定——外延过宽；"人格利益"的界定——外延过窄；"人格要素"的界定——遗漏了作为整体而存在的人格本身（这正是一般人格权处于争论焦点的原因）。另一方面，就内涵而言，其界定容易两极分化，或完全着眼于人格的主体性，或完全着眼于人格的客体性。

五 人格权的界定及类型化之理据

现在我们需要阐述主客体是"如何"（how）同一的。实质上这种同一主要是通过"权利"这个中介而实现的。当法律人格仅仅还只是一个正当意志的主观可能性的时候，它还仅仅是一个纯粹抽象的自我；因而，它必须外化自己，要在区别于主观的外在实践领域中获得客观性和现实性。换言之，"由于纯粹主观的意志在外界是没有意义的，因此人的外在化的意志要真正成为人与外部事物的中介，它必须有自己的实在化的载体。这种载体的意义在于克服意志的纯粹的主观性，从而使他人知晓，便于他人承认。这一意志的载体，在事实的层面上，通常表现为人支配意志对象的'行为'；而在法律基础的层面上，外部事物上的人的意志，则是通过'法律'本身的实在性与公开性来体现的。确切地讲，在法律上用以表彰外部事物上人的意志存在的载体就是'权利'。"[①] 因此，使某项事物或对象成为某一特定法律主体所拥有的东西，就必须通过"权利"将某物与特定主体连接起来，使之成为权利的客体。"作为人格，我同时像拥有其它事物一样拥有我的生命和身

[①] 马俊驹、张翔：《人格权的理论基础及其立法体例》，《法学研究》2004年第6期，第47页。

体，只要就此而言它是我的意志。"① 因而人格权简言之就是对自我人格的权利。显然，我对我的人格的支配权不仅仅体现在我对身体和精神的直接占有和支配，还需获得外在（包括法律和他人）的承认并在排除他人干涉的方面得到法律的保障。

因此，人格权就是指法律人格完整拥有和独立支配自己人格及其要素的权利。界定方法主要运用了还原法，即将人格权概念还原为人格与权利，人格又还原为主体的人格和客体的人格（又分为人格整体与人格要素）、伦理意义的人格与法律意义的人格。

首先，从客体上讲，人格权就是（主体）对作为客体的人格整体及其诸要素的权利。其次，从主体上讲，作为主体的人格要现实地获得自主性以及人格的尊严，必须对构成整体人格的肉体和精神拥有支配的权利和由支配权所派生出的其他权利，如对人格诸要素以及由它们产生的人格利益的权利以及排除他人干涉的权利。之所以将人格权定义为对人格及其诸要素的权利而非对人格利益的权利，是因为人格利益不过是人格诸要素如姓名、名誉、隐私、肖像等对人格主体呈现权利的一种外化方式，但绝不是唯一的方式。或者说，人格利益不过是主体的权利作用于客体所产生的效果。正如耶林那饱含激情的呼吁："原告为保卫其权利免遭卑劣的藐视而进行诉讼的目的，并不在于微不足道的标的物，而是为了主张人格本身……被害人为提起诉讼而奔走呼号，不是为了金钱利益……诉讼对他而言，从单纯的利益问题转化为主张人格抑或放弃人格这一问题。"②

如果这些都还是停留在抽象的推理和激情的呼吁，那么让我们再来

---

① G. W. F. Hegel, "Grundlinien der Philosophie des Rechts", Geory Lasson Zweite Aufiage Leipzig 1921/Verlag von Felix Meiner. §47. 英文参见 *Elements of the Philosophy of Right*, trans. by H. B. NISBET, Cambridge University Press［《剑桥政治思想史原著系列》（影印本），§47，p.78，中国政法大学出版社 2003 年版］。中文参见［德］黑格尔《法哲学原理》，范扬、张企泰译，商务印书馆 1961 年版，第 55—56 页。

② ［德］鲁道夫·冯·耶林：《为权利而斗争》，王闯译，载梁慧星主编《为权利而斗争》，中国法制出版社 2000 年版，第 11 页。

看看活生生的案例。日本的"X教派"教徒手术输血侵权案。① 在该案中，医生为拯救患者在手术中对其进行了输血行为。但该患者因宗教信念而在就诊时曾明确拒绝伴有输血的医疗行为。得知被输血的消息后，精神极度痛苦的患者起诉了医院与医生。最后法院选择了尊重患者的自我决定权。在该案中，医生的行为并没有侵犯患者的身体权，也很难说侵害了其人格利益，如果将自我决定权等同于人格利益未免太牵强。因此，该案虽然没有明确界定医生的行为侵犯了一般人格权，但自我决定权作为一般人格权的权利内容却通过案例的形式得到了确定。

我们从法理上厘清人格权的形式结构和丰富内容，不但能为实证法的人格权类型化提供理论根据，也能提供技术化支持。我们不但要找到人格权的"质"，还要界定"量"，即权利内容的类型化，使得丰富多样的内容借助类型化而获得相对清晰的权利边界。一方面使其能为社会所认知而减少被侵犯的可能；另一方面为司法提供相对确切的司法依据。当然更为重要的依然是体现公平正义的价值，因为侵犯者只需要对被侵犯的程度负责，也就是只需对行为的"类"负责，而无须对行为的"种"负责。

侵犯人格的某一要素只需对该要素负责，无须对该要素所依附的整体人格负责。更何况作为整体的人格与诸人格要素之和并不是完全等同的关系。所谓人格的诸要素是指构成人格的诸多元素，大致可以分为"物质性"和"精神性"两大类。一般而言，人格权包括：生命权、身体权、健康权、人身自由权、姓名权（名称权）、肖像权、名誉权、荣誉权、信用权、隐私权、贞操权、自主权等。② 这些权利可以根据人格的双重性含义分成两大类：一类为精神性人格权（主要就人格的主体性而言），包括生命权、人身自由权、名誉权、信用权，隐私权、贞操权等；另一类分为物质性人格权：生命权、身体权（完整权）、健康权、肖像权等（主要就人格的客体性而言）。其中生命权的客体是人格

---

① 杨立新、刘召成：《论作为抽象人格权的自我决定权》，《学海》2010年第5期，第181页。
② 参见王利明《人格权法研究》，中国人民大学出版社2005年版。

而不仅仅是人格的要素，因而其本身就具有人格的双重内涵。所以生命权可以被同时看作精神性人格权和物质性人格权。从人格的客体着眼，可以将人格权划分为一般人格权（作为整体的客体）或具体人格权（作为要素的客体）。具体人格权的客体是人格诸要素，如健康权、隐私权、名誉权等分别对应着健康、隐私、名誉等人格要素。一般人格权的客体是作为整体的人格，权利内容为人格自由、人格尊严、人格平等以及人格自主决定。

总之，着眼于主体与客体的外在区别，可划分为精神性人格权与物质性人格权；着眼于整体客体（"一"）与客体要素（"多"）的关系，则可划分为一般人格权和具体人格权；着眼于主体本身，则划分为精神型人格权、自由型人格权、识别标识型人格权。又因为主客体的同构性，各类划分均具有交叉性。如人格尊严既是一般人格权也是精神性人格权；而隐私权既是精神型人格权又是具体人格权；身体权为物质性人格权和具体人格权。

看看人格权的法定化状态，极为有趣的发现是，人格权大多并不是明确出现在各国的法典中，而是首先出现在各国的法院判决中。如法国人格权首次出现在最高法院1902年Lecoq案的判决之中。而在日本虽然没有人格权的现行法规定，但为了承认人格权，日本运用宪法在1964年的"宴会之后"案的判决中首次对隐私权进行了确定。再比如在德国，"读者来信"案的判决成为德国人格权发展史上的分水岭——从对人格权的不承认或模糊承认到明确承认。还有瑞士1954年3月25日联邦法院的一项判决首次对人格权进行了确认。[1] 而在英美法中，虽然即便在当今也没有人格权这一概念，但其对于在大陆法中关于人格权各种利益的保护却有着大陆法系无法比拟的丰富多彩的发展。[2]

---

[1] 分别参见［法］让·米歇尔·布律格耶尔《人格权与民法典——人格权的概念和范围》，肖芳译，王轶点评，《法学杂志》2011年第2期，第137页；［日］五十岚清《人格权法》，［日］铃木贤、葛敏译，北京大学出版社2009年版，第12页；张红《基本权利与私法——以法律行为无效规则和权利侵害救济规则为中心》，博士学位论文，中国政法大学，2009年，第115页。

[2] 参见［日］五十岚清《人格权法》，［日］铃木贤、葛敏译，北京大学出版社2009年版，第3页。

因此，对人格权的保护和立法成了一个世界性的迫切议题。人格权的现实需求远远在人格权作为概念并将其法典化之前就确定无疑地进入人们的生活并获得各国案例法的承认。这正如同伯尔曼评判罗马法时说："罗马法是由一种复杂的法律规则网络组成；但是它们并不表现为一种知识的体系，而宁可说是由解决具体法律问题的实际方案组成的一份精致的拼凑物。"[①] 人格权法首先也不是表现为一种知识的体系，而是从解决具体法律问题的实际方案形成的一个复杂的法律规则网络。这大概是因为人类的法律本能和现实需求从时间上说总是先于法律概念和法律体系出现。但法律概念或理念在逻辑上未必不是早就潜在着并等待着现实的展开。因此，现实对人格权的需求使得法学家们有必要反思其概念并研究其本质，并因而得以着手构建合理的人格权法体系。

The Structural Association between Ethics Personality and the Rights of Personality

(Zhou Xuefeng, Wuhan Textile University, 430073)

Abstract: Scholars have a enduring and fierce debate about the concept of personal rights from different levels. But many difficult problems did not reach consensus. An important reason is that the inherent ethical personality associated with the concept of moral rights are ignored. Currently the academic definition of the right of personality, there are two methods: definition by subject and definition by object. It is a effective method for investigating the philosophical origin of personal right that clarifying the similarities and differences of conceptions about ethical personality, juridical personality and personal right. The concept of personality which acts as a basic philosophical category is a beginning - point for this study. Personality possesses a structure of subject and object identity, which makes personal right that contains the

---

① [美]伯尔曼：《法律与革命》，贺卫方等译，法律出版社2008年版，第145页。

same structure as that of it become a new kind of right. This right consists of the subjective personality (acting as obligatory rights) or juridical personality (acting as legal rights), the object personality and aspects of it. The isomorphism between subject and object determines that the subjective personality could exist as a right carrier and make subject have the objectivity. In the contrary, the object personality and aspects of it as a right carrier possesses not only objectivity, but subjectivity (spirituality), when they act as the content of the right.

Keywords: the rights of personality; legal personality; ethics personality; the structure of rights

康德道德哲学中正当优先于善的三种形式

——一项以罗尔斯为参照的研究

杨云飞[*]

摘要：罗尔斯正义论的基本理论模式是正当优先于善，其三种形式是：正义原则内部权利优先于福利；宪政优先于特定的善观念；正义原则独立且优先于善好生活。以此为参照系，反观康德道德哲学，我们同样可以发现正当优先于善的三种形式：道德法则优先于善恶概念；法权义务在操作意义上优先于德行义务；道德优先于幸福。康德与罗尔斯哲学中正当优先于善的诸种形式具有对应性。这种共同的理论模式体现了义务论道德哲学的普遍主义诉求。

关键词：正当优先于善；罗尔斯；康德；普遍主义

一 论题的缘起:罗尔斯论正当优先于善的三种形式

在罗尔斯看来，伦理学的基本概念是"正当"（right）和"善"

---

[*] 杨云飞，武汉大学哲学学院副教授，主要研究领域为德国古典哲学和道德哲学，Email: yangyunfei@whu.edu.cn。本文为武汉大学自主科研项目"康德法权哲学研究"和武汉大学"德国古典哲学及其现代效应"青年学者学术团队研究成果。

(good)以及由这两者派生出来的人的道德价值（moral worth of persons）概念。从正当和善两个概念出发，可以恰当地解析各种主流道德学说的理论结构，比如，义务论伦理学与目的论伦理学在结构上的基本差异，可以理解为：前者主张正当优先于善，而后者主张善优先于正当。①

目的论理论一般是这样来联系这两个概念的："首先把善定义为独立于正当的东西，然后再把正当定义为使善最大化的东西。"② 这意味着在判断事物的善恶（好坏）时，不需要先参考何谓正当的标准；反而是根据善的最大化来决定什么是正当。根据不同的善的观念，我们可以得到不同形态的目的论理论。比如，如果善被看作实现人的优越性（excellence），就是完善论；如果善被定义为快乐，就是快乐主义；如果被理解为各种合理欲望的满足，就得到了经典的功利主义。从这两个概念的先后关系上来看，各种目的论理论都是先界定善，再以促进善的最大化作为正当的原则。可见，目的论伦理学的理论结构正是善优先于正当。

罗尔斯认为，目的论理论的模式有严重的缺陷。这尤其体现在这会造成某些不可接受的后果。以功利主义为例。按照功利主义的观点，任何欲望的满足都有某种价值，必须纳入考虑，如果某种制度安排可以获得最大限度的满足量，则即便会损害某些人的基本自由，也是正当的。这从罗尔斯公平即正义理论来看是不可被接受的。罗尔斯这样写道："在别人的不自由中得到的快乐本身是错误的……正当原则和正义原则限定了哪些满足有价值，在何为一个人的合理善观念方面也给出了限制"。③ 先在的正当原则决定了什么是善，违背这种原则而获取利益，是错误的。这清晰地体现了罗尔斯持有的正当优先于善的立场。

研究者们注意到，在罗尔斯的正义理论中，正当优先于善的立场具有多种表现形式。就国外学者而言，典型的如桑德尔，就在《自由主

---

① 罗尔斯：《正义论》，何怀宏、何包钢、廖申白译，中国社会科学出版社2009年版，第19—20页。
② 同上书，第19—20页。
③ 同上书，第24—25页。

义与正义的局限》一书中提出，罗尔斯式的正当优先于善的主张，可以从道德规范和元伦理学两个层次上进行理解："作为一个直接自明的道德主张，正当对善的优先性意味着正当原则无疑要高于福利考虑和欲望满足，而且预先强行规定了可以满足的欲望与价值的范围。……作为第二层次、作为元伦理的主张，正当的优先性意味着，在伦理学的两个概念中，正当是独立于善而获得的，而非以其他方式获得的。"① 桑德尔赞同基本的自由权利要高于福利，但是反对正当可以独立于善得到定义，主要理由在于罗尔斯设定了一个无牵无挂的自我（unencumbered self）观念，而这不符合我们对自我的内在理解，即我们总是存在于（镶嵌在）既有的价值体系与社会关系中的，所以罗尔斯的出发点是成问题的。②

国内学者对此也有论述。一种较为系统的观点主张，罗尔斯的正义理论中正当优先于善有三种含义：第一，在正义原则内部，第一原则即最大的平等自由权利原则，优先于机会平等原则和调节社会和经济不平等的差异原则，或者说，正当（权利）原则优先于效率原则；第二，正义原则对于每个人特定的善观念具有优先性，换言之，追求个人觉得好的生活必须以满足正义原则作为先决条件；第三，正当原则，当其体现为国家宪政的基本框架时，应当独立于特定的善观念，这就是国家的中立性原则。③

笔者认为，上述两类论述完全可以结合起来。从桑德尔所提出的规范层次和元伦理层次之区分来看，正义原则内部的权利优先于福利和国家宪政对于善观念的中立性，无疑属于前者，而正义原则独立于且优先于善好生活这一点，则属于后者。下文中，我将以正义原则内部权利优先于福利、宪政优先于特定的善观念和正义原则独立且优先于善好生活

---

① 桑德尔：《自由主义与正义的局限》，万俊人等译，译林出版社2001年版，第22—23页。
② 同上书，第58—80页。对桑德尔的批评，可参见威尔·金里卡《当代政治哲学》（下），刘莘译，上海三联书店2004年版，第405—417页。
③ 对这三种模式的详细阐释，可参见杨伟清《正当与善——罗尔斯思想中的核心问题》，人民出版社2011年版，第155—170、191—201页。

这一次序作为罗尔斯理论模式的标准陈述。笔者之所以强调这种次序，除了考虑到桑德尔所提示的理论层次区分，主要的考虑是罗尔斯正义理论的内在进路——这种次序与《正义论》理论、制度与目的之论证路径正好是一致的。这种理论层次的区分与内容的整合，有利于我们更完备地理解罗尔斯正当优先于善的理论模式。

众所周知，罗尔斯的正义理论受到康德义务论伦理学的重大影响。我们甚至可以说，罗尔斯正义理论的原型，正是康德的定言命令学说。这主要体现在三个方面：首先，罗尔斯证明正义原则的纯粹程序正义方法正是对康德定言命令程序的运用与发展；其次，罗尔斯正义论的人性论基础，即自由平等的人的理念，来源于康德通过定言命令的目的公式和自律公式所表达出来的理性存在者的概念；最后，罗尔斯正当与善一致的论证以康德德福一致的论证为原型。① 就此而论，罗尔斯的正义理论成为当代康德主义义务论的典型代表，绝非偶然。

从康德到罗尔斯的义务论所共有的根本特征，就是正当优先于善的理论框架。正当不仅应独立于善而先行得到规定，而且善必须有赖于正当原则才能被确定下来——这是康德与罗尔斯共同的立场。对于这种立场的阐释，特别是对康德哲学中正当优先于善的立场的阐释，是一个重要的课题。这种阐释不仅有助于我们更深入地理解康德道德哲学的内在精神，而且有助于我们更完备地把握从康德到罗尔斯义务论哲学的理论特点。

从目前的研究状况看，康德在这方面的观点已经得到了一些讨论。罗尔斯本人就在其著作和讲义中有过不少论述，特别是对康德道德哲学中善的多重含义进行过深入探讨，但对其中正当优先于善的多种形式并未进行系统的阐释；桑德尔在《自由主义与正义的局限》一书针对康德道德法则的基础（先验自我观念）做过简短的讨论；查尔斯·拉莫尔在《现代性的教训》中，基于古代伦理和现代伦理的差异由此形成的当代道德思想的两难困境中，讨论了康德对于正当优先于善的基本论

---

① 详细论述可参见杨云飞《论康德对罗尔斯正义理论的影响》，《武汉大学学报》（人文科学版）2013年第2期，第26—36页。

证及其限度；康德学者伍德（Allen Wood）在一篇论文中曾附带提到，晚期康德在论述德行义务时曾采纳了善优先于正当的路径；施洛特（Jörg Schroth）相对较为系统地处理了这个主题，但他所要论证的重心却是后果论与康德持有同样的正当具有优先性的立场，缺乏对康德思想本身系统而贴切的阐释。① 这些研讨侧重点各异，各具特色，对于我们理解康德道德哲学中正当与善的关系颇有助益。但这些工作在系统而深入地阐释康德哲学中正当与善的关系之诸种形态方面，大都有所欠缺。

鉴于本问题的重要性以及目前的研究状况，对康德道德哲学中正当优先于善的诸种形式进行较为完备的阐释，是非常必要的。本文的主要任务正在于此。笔者认为，康德道德哲学中正当优先于善的立场共有三种主要的形式：第一，道德原则优先于善恶概念；第二，法权义务优先于德行义务；第三，道德优先于幸福。下面我将依次对这三种形式进行说明。笔者的论述将就实质内容展开，不考虑桑德尔所作出的元伦理和规范伦理的层次区分。在本文的最后一节中，笔者会对康德与罗尔斯哲学中正当优先于善的观念进行对照说明，并借此阐明义务论的普遍主义诉求。

二 康德道德哲学中正当优先于善的第一种形式：道德原则优先于善恶概念

康德道德哲学中正当优先于善的第一种形式是：形式的道德法则优

---

① 可分别参看罗尔斯的《正义论》（何怀宏等人译本，第25页）和《道德哲学史讲义》（顾肃、刘雪梅译，中国社会科学出版社2012年版，第191—206页）；桑德尔的《自由主义与正义的局限》（万俊人中译本，第2—13页）；查尔斯·拉莫尔的《现代性的教训》（刘擎、应奇译，东方出版社2010年版，第19—42页）；Allen Wood 的论文 "The Final Form of Kant's Practical Philosophy"（*Kant's Metaphysics of Morals*, *Interpretative Essays*, ed. by Mark Timmons, Oxford University Press, 2002, pp. 1 – 21）和 Jörg Schroth 的论文 "The Priority of the Right in Kant's Ethics"（*Kant's Ethics of Virtue*, ed. by Monika Betzler, Walter de Gruyter, 2009, pp. 77 – 100）。如果不限于康德哲学中对正当与善关系的阐释这个特定课题，而是就正当与善的关系这个一般主题而言，近期最值得注意的成果应当是 Robert Audi 的 *The Good in the Right*: *A Theory of Intuition and Intrinsic Value*（Princeton University Press, 2004）。在这本著作中，Audi 做了一种非常有趣的将康德与罗斯（D. Ross）结合起来的尝试。

先于善恶概念。对此，康德有特别明确的表述："善和恶的概念必须不先于道德的法则（哪怕这法则表面看来必须由善恶提供基础），而只（正如这里也发生的那样）在这法则之后并通过它来得到规定。"① 康德的意思是：必须先确立道德法则作为正当与否的原则（对错的标准），才有道德上的善恶或对错。确立道德的根据与标准，或者用康德自己的说法，寻找并确立道德性的至上原则，是一个独立的、在先的任务。② 正当的原则必须独立于善而先行被确立。

康德也把道德的法则称为"纯粹实践理性的基本法则"，其表述是："要这样行动，使得你的意志的准则任何时候都能同时被看作一个普遍立法的原则。"③ 道德法则的着眼点是形式上的要求，即要求行动的准则可以被普遍化或主观的准则成为客观的普遍法则的适应性。通过满足这种普遍化的要求，我们行动准则的主观性和任意性就受到约束，具有合道德性。这个法则是检验我们的行动是否符合道德要求的标准或根据。鉴于使得准则成为普遍法则的意愿必须出自意志自身，道德法则表达的恰好是意志的自我立法。由此，道德法则就其本质而言就是自律的原则。

在康德看来，凡是满足普遍立法要求的行动准则就是道德的；违背这一要求的则是不道德的。由此，产生了纯粹实践理性的对象即善恶的概念："实践理性的唯一客体就是那些善和恶的客体。因为我们通过前者来理解欲求能力的必然对象，通过后者来理解厌恶能力的必然对象，但两者都依据理性的一条原则。"④ 简言之，善指行动的准则符合形式法则的要求；恶则相反。这就是道德意义上善恶概念的来源。

---

① 康德：《实践理性批判》，德文标准版即普鲁士科学院版《康德著作集》（*Kants Werke*, Herausgegeben von der Königlich Preuβischen Akademie der Wissenschaften, Walter de Gruyter, Berlin, 1968）第五卷，第62—63页；中译本（邓晓芒译，杨祖陶校，人民出版社2003年版）第85—86页。凡引康德原文，笔者一般都按学界惯例给出科学院版（简写为AK）卷数及页码，并列出中译本页码。

② 康德：《道德形而上学奠基》，AK4：392；中译本（杨云飞译，邓晓芒校，人民出版社2013年版）第8页。

③ 康德：《实践理性批判》，AK5：30；第39页。

④ 康德：《实践理性批判》，AK5：58；第79页。

康德之所以强调形式法则要先行于善恶概念，是保证道德的根据，具有先天必然性和普遍性。法则优先于善恶的模式，正是为这种很强的普遍主义的道德观念服务的。在康德看来，道德应严格区别于适用特定场合或满足特定需求的实用或明智（精明）。明智体现为因时因地制宜，故取决于经验条件，具有偶然性和特殊性；道德则必须具有超越时空的普遍必然性。形式的、自律的道德法则植根于纯粹实践理性自身，独立于任何特定的善观念而被确立。这保证了道德的标准不依赖于任何经验条件，具有先天性和普遍必然性。

　　值得一提的是，罗尔斯分享了这种对道德诉求的普遍主义的理解，他称之为从永恒的观点来理解人与社会："从原初状态的观点来看我们在社会中的地位，也就是从永恒的观点来看它：不仅从全社会，而且从全时态的观点来审视人的境况。永恒的观点不是一个从世界之外的某个地方发生的观点，也不是一个超越的存在物的观点；毋宁说，它是有理性的人在世界之内能够采取的某种思想和情感。"[①]

　　康德特别明确地提出，与这种道德法则优先于善恶概念的模式相对的任何想要从善的概念出发来寻找道德原则的尝试，都必定会失败。这是因为，从善恶概念出发，我们只能获得某个经验性的规则，不可能建立一个普遍的原则，换言之，道德的普遍主义诉求，绝不可能由后一种模式得到满足。康德的理由是，如果不是从某个形式原则（准则的形式）出发界定善，那么只能把善理解为某种质料性的概念或对象（准则所追求的对象），这最终往往回溯到某种愉快或不愉快的情感；而是否能产生愉快的感受，取决于各种经验条件，如主体的状态、需求、环

[①] 罗尔斯：《正义论》，何怀宏、何包钢、廖申白译，中国社会科学出版社2009年版，第464—465页。罗尔斯与康德在此的差异主要体现在，罗尔斯明确阐释了理性存在者在无知之幕之后平等协议的观念，而在康德把交互视角阐释个体理性存在者合理运用自己理性的原则。康德将真正的理性思维区分为自身思考、在他人位置上思维和一贯地思维三种准则，亦即同等地思考自身与他人，这具有浓厚的互主体的色彩，参见康德的《实用人类学》（邓晓芒译，上海人民出版社2002年版）第94页和《判断力批判》（邓晓芒译，杨祖陶校，人民出版社2002年版）第136—137页。就此而言，自律原则可被理解为从根本上表达了自律主体的交互立法，即自我立法，同时为一切人立法，其他主体亦然。

境等各类因素，由此只能产生经验性的规则，无法形成普遍必然的法则。①

确实，从愉快与否出发，所能建立的任何标准都是经验性的。因为什么对象可以令人愉快，完全因人、因时、因地而异。由此出发，不可能建立普遍必然的道德标准。如果善恶概念先行，我们必定会陷入经验条件的追溯而无法获得先天必然的实践法则。康德的这种担忧是合理的。

当人们被某个能带来快乐感受的对象所驱动着行动时，其行动体现的是意志的他律。康德主张，他律的行动者并非真正自主的，从而是不自由的。按这种模式，我们的行动只能从行动准则所追求的质料性目的出发，从意志所欲求的对象出发，这在任何时候都将显现为意志的他律。所以，从法则出发和从善恶概念出发的两种模式，其根本的差异在于自律与他律。

我们很容易注意到，从康德的视角来看，以后一种模式所获得的善恶概念，实际上已经不再是绝对意义上的善恶或道德的善恶，而是相对意义上的善恶，即愉快与否（欲求是否得到满足）及是否构成获得愉快的手段。康德明确地提出："相信有必要把愉快的情感作为自己实践评判基础的哲学家，就会把作为达到快适的手段的东西称之为善的，而把作为不快适的痛苦的原因的东西称之为恶……"②

从法则出发或从（愉快意义上的）善出发，所产生的分别是绝对的善恶与相对的善恶（通常所谓的好坏）概念。前者是道德价值，后者则是其他价值。针对这两类善恶概念的差异，康德专门将其分别命名为：善恶与祸福。善恶关乎意志是否由理性法则规定而去追求某物；祸福只是与我们的快乐和痛苦的状态的关系。以康德给出的一个著名的例子来说，一个人总是恶意戏弄和搅扰别人，终于碰了钉子并遭到痛打，这是一种祸（痛苦）；但每个人都认为，这件事本身是善的，甚至遭到痛打的这个人凭借自己的理性也会承认这一点（恶有恶报）。

---

① 康德：《实践理性批判》，AK5：58；第79页。
② 同上。

就相对的、经验性的善恶概念而言，我们还可以做出进一步的区分：作为目的的善和作为手段的善。康德给出例子予以说明："一个要接受一次外科手术的人毫无疑问会觉得这场手术是一种祸；但他以及每个人都会通过理性把它解释为善的。"① 健康或愉快的感受作为目的是善的，而手术虽然痛苦，但作为重获健康的手段，也是善的。

但与绝对的善恶概念相比，无论是目的的善，还是手段的善，都只是相对的善。康德反对由善恶概念出发，无非是因为由相对的善，无论快乐或获得快乐的手段作为先行的善概念，都不可能走向绝对的善。在康德看来，绝对的（道德意义上的）善恶与相对的善恶之间的区分，是无论怎么强调都不为过的。② 从相对的善或自然的善之满足与否，快乐与否，来界定绝对的或道德的善恶，这本身就是一种跨越，从相对价值到绝对价值的跨越。这种跨越，在康德哲学中，是不合法的。

总之，康德之所以强调形式法则必须先于善恶概念，其意图正在于建立道德的最高根据：自律的原则，并由此实现普遍性诉求。与此相对的，任何由欲求对象及其带来的快乐为规定根据的实践规则，一定是他律的幸福原则。幸福论会取消道德的先天性和普遍性。因为什么对象能造成愉快的情感，只能通过经验来确定，这就排除了建立先天实践法则的可能性。这样，在康德看来，在道德法则和善恶概念的优先性问题上，我们固然有两种选择，但只有从理性原则出发去规定善恶的道路才是正确的："并不是作为一个对象的善东西的概念规定了道德律并使之成为可能的，而是相反，道德律才首先把善的概念就其完全配得上这一名称而言规定下来并使之成为可能的。"③

---

① 康德：《实践理性批判》，AK5：61；第83页。
② 康德的《道德形而上学奠基》展现了同样的观念：善良意志是世界之中乃至世界之外唯一具有绝对价值的，是无条件的善；与此作为对照，才能、性格、权力、财富、荣誉、健康，乃至总体的幸福，甚至自制、审慎等被古人看作有内在价值的东西，都只是有条件的善，参看AK4：393；第11—12页。
③ 康德：《实践理性批判》，AK5：64；第87页。

三 康德道德哲学中正当优先于善的第二种形式：法权义务优先于德行义务

康德道德哲学中正当优先于善的第二种形式出现在其道德义务体系中，其意义是法权义务优先于德行义务。我把这种优先性的意义限定为操作性的或工具性的，而非价值性的。从道德价值来说，德行义务无疑要优先于法权义务。毕竟，康德是一个持有严峻主义立场的道德主义者。我们怎么强调后者在康德哲学中的意义都不为过。但在本文中笔者不打算处理后一主题，而主要聚焦于法权义务在操作意义上的优先性。这主要是由于本文的主题在于挖掘康德哲学中正当优先于善的模式，这个任务的限定要求笔者聚焦于此（这也是因为法权义务和德行义务之间的关系是极其复杂的，需要专文才能对此做出完备的阐释，笔者会在其他场合完成这一工作）。本节对法权义务优先性论题的阐释将包括两个部分：首先，将澄清这两类道德义务的特点；其次，在此基础上，论述两类义务的优先性关系。鉴于这两者的密切关联，笔者相信，对这两类义务之特点的详细说明是必要的。

众所周知，康德把道德哲学的体系分为两个部分：建立并确证道德法则的实践理性批判；从法则出发建构义务体系的道德形而上学。道德形而上学又被康德划分为两个部分：法权论和德行论。法权论和德行论都以道德法则为其原则，但分别关注自由任意（freie Willkür；freedom of choice）的外在应用与内在应用。前者仅要求外在行为的符合法则性，不对行动者的内在动机做要求；后者不仅要求把某种行动作为义务，还要求义务成为动机。康德将两者分别称为法理的立法和伦理的立法，由这两类立法要求而来的义务，就是法权义务和德行义务。法权义务仅要求外在行为和义务法则相一致；德行义务则要求行为的准则和义务法则相一致，或者说还要求以义务观念为动机。

法权义务是狭义的、完全的和严格的责任。康德这样表述法权（正当）的原则："这样外在地行动，使你的任意的自由应用能够与任何人的自由按照一条普遍法则共存"①；相应地，法权的特点在于：权利总是与相应的强制的权限结合着的。这意味着违背法权（侵害了他人的权利）就应受到对等的民事的甚至刑事的惩罚。可见，履行法权义务，不仅具有确定的内容与程度，而且具有强制性。所以，法权义务是完全的、严格的义务。由法权的义务所建立起来的各类自然的法权均是如此。康德在法权论部分所论证的私人法权（物权、人格法权和采用物的方式的人格法权）和公共法权（国家法权、国际法权和世界公民法权），都具有外在性和严格性的特点。以康德反复使用的履行合同的例子来说，凡是违背了这类义务，则违背者不仅有过错，而且权益受侵害方还有权限要求对过错者进行对等的惩罚。

德行义务或伦理义务则有所不同。德行义务是广义的、不完全的和不严格的责任。德行是向善之心的内在力量与勇气，即反抗那个强大却不义的追求一己之快乐的准则时内心的坚定和深沉的决心。② 德行义务指同时是义务的目的，或者说我们有义务拥有的客观的目的。③ 在同时是义务的目的概念中，主观目的（每个人的私人目的）被置于客观目的（每个人应当具有的目的）的约束之下。这个客观目的是由定言命令的人性公式所给定的：自己和他人人格中的人性。具体而言，同时是义务的目的包括：自己的完善和他人的幸福。按照这两个指标，康德给出了十四种具体的德行义务。这些义务包括对自己的义务，如反对谎言，培养自己的能力等；也包括对他人的义务，如慈善，感恩等。

德行义务是不完全的或者说不严格的，首先体现在履行德行义务

---

① 康德：《道德形而上学》，AK6：231。
② 康德：《道德形而上学》，AK6：380。
③ 康德也把人格中的人性称作"自在的目的自身"，以区别于其他任何主观的目的。这个道德目的，作为目的，当然是有内容的、质料性的。但 Allen Wood 据此认为，就德行义务的界定而言，善（人性之为目的）是优先于正当的，所以德行论内部善具有优先性（参见其论文 "The Final Form of Kant's Practical Philosophy"，in *Kant's Metaphysics of Morals*，*Interpretative Essays*，ed. by Mark Timmons，Oxford University Press，2002，p.14）。笔者认为，Wood 的看法恐怕是有问题的。这是因为，从定言命令的关系角度看，人性公式之质料因素同样必须先受到形式要素的约束——目的之可相互协调共存这一形式要素消除了个人目的的任意性，这才使得能通过普遍化检验的客观目的可以成为所有理性存在者共享的目的。所以正当原则或者说形式一致性的要求始终是在先的。

（比如慈善的义务）是有功德的，但违背德行义务只是无道德价值或者软弱，并不直接就是过错，只有那种蓄意的（构成了主观原则的）违背德行义务，才是恶行。德行义务是不严格的责任，其另一层含义则是：履行某种义务时怎么做、用什么方式做、做到什么程度，都具有一个自由决定的空间。这是因为，德行义务规定的是行动的准则，着眼点是动机的形式，而不是外在行动本身，无法进行严格的规定。以慈善的义务来说："我应当拿自己的一部分福祉奉献给他人而不图回报，因为这是义务，然而这可以走多远，不可能给出一个明确的界限。"[1] 对于受助者来说，到底什么是其真正的需要和幸福，应该由自己决定，行善者不宜强加自己的偏好于受助者；反过来说，行善者当然也是从自身对幸福的理解出发，决定在哪方面帮助他人，受助者也无权硬性要求对方如何进行帮助。在康德看来，可以肯定的只是这两点：其一，行善者"不应当到最终自己也会需要他人行善的地步"，因为牺牲自己的幸福是不足取的，甚至是间接地违背道德要求的；其二，慈善的德行义务始终受到道德法则的约束，比如，不能帮助懒汉获得舒适的枕头以便他可以在甜蜜的无所事事中混日子，不该给酒鬼提供麻醉品等，无论这些当事人多么渴望获得这些"帮助"。[2]

值得一提的是，即便德行义务是不完全的义务，一个越有德行的人，通常就越会严格地履行德行义务，其严格性接近于法权义务的要求。一般来说，自觉自愿地把哪怕是分外的德行义务，也当作严格法权义务来履行的人，道德上完善程度越高。

鉴于法权义务和德行义务的特点，即法权义务是严格的、狭义的义务，而德行义务则是不完全的、广义的责任，很自然的一个结论是：行动者应当优先满足法权义务的要求。这无非是说，我们应当先履行那些硬性的义务。由于法权义务的明晰性和权责对等的特点，相对于德行义务，其履行也更易于操作。由此，就人的道德改善的进程而言，履行法

---

[1] 康德：《道德形而上学》，AK6：393；李秋零、张荣译本，中国人民大学出版社2007年版，第406页。

[2] 康德：《道德形而上学》，AK6：481；李秋零、张荣译本，中国人民大学出版社2007年版，第491页。

权义务,作为促进道德改善的外在先决条件,在操作上更具有优先性。这包括两层含义。

第一,做一个合格的公民(实现私人法权),相比于做一个善人,从操作上,而不是从道德价值上说,更具有优先性。这相当于说,法权义务对人的要求较为基本,因为此类义务只涉及外在行动的合法性,不规范内心的立意。这仅仅是提出了做一个守法公民的要求。相比之下,德行义务的要求更高,因其还涉及内心的准则。这相当于要求每个人在做守法公民的基础上,还要做一个好人,内心充满善意。履行法权义务的优先性,无非意味着我们首先要做一个好公民。无论我们最终的道德目的多么高尚,从约束人的外在行为入手,应是一种基本的路径。这其实是一种建立伦理底线的要求。

以康德钟爱的履行合同的例子来说,前者只要求履行合同,而不管动机是什么。无论一个人是为了获取商业利益,还是因为害怕惩罚,只要履行了合同,就符合法权的要求,也就履行了一个法权义务。但如果一个人不仅履行合同,而且还以信守承诺作为动机,那么其行为符合德行义务的要求。比如一个人在履行合同会亏本而即便不履行也可以逃避惩罚等情况下,只是因为信守承诺是正确的而履行合同,那么其行动就是有德行的。但就个人的修养而言,首先应予满足的是满足法权义务的要求。这无非意味着,做一个好公民比做一个好人更为基本。

第二,建立一种宪政制度(实现公共法权),相应于建构一种善的(伦理的)共同体,从操作上,而不是从道德价值上说,更具有优先性。从法权制度建设的角度看,制度建构比内在的德行培育,要更容易,但同样更为基本。对于建立宪政,康德曾经不无夸张地说,这是一个恶魔的民族也可完成的任务。[1] 所有的理性存在者,即便从心迹上,

---

[1] 康德:《永久和平论》,载《历史理性批判文集》,何兆武译,商务印书馆1996年版,第125页。值得注意的是,康德是从实现宪政的可能进程之角度提出这一论断的,这并不意味着康德主张宪政的本质与道德无关。有学者提出了康德的宪政观独立于其道德形而上学原理的观点,参见 Thomas W. Pogge, "Is Kant's Rechtslehre a 'Comprehensive Liberalism'?", in *Kant's Metaphysics of Morals: Interpretative Essays*, ed. by Mark Timmons, Oxford University Press, 2002, pp. 134-158;对这种观点的反驳,可参见杨云飞《康德法权论的道德基础——托马斯·博格的康德法权论独立性论题献疑》,《山东社会科学》2015年第10期,第13—20页。

他们彼此之间都不怀好意，但就外在行为而言，也都愿意看到自身的权利和利益获得公共法规的保障。显然，没有人乐意生活在完全盛行强盗法则、暴力即公理的丛林社会中。建立合乎法权的制度，只需要预设人们保存自身的意愿和计算的理性即可，不需要以其道德改善为前提。

但是，制度框架建立之后，却会有利于人们的道德改善。一种有保障的法权状态，即宪政，提供了人们追寻德行与幸福的基本制度框架。从公共法权的角度看，一个（符合法权原则的）公民社会的制度建构，无疑为人德行的完善提供了好的平台。康德对此总结说："正如良好的国家体制不能期待于道德，倒是相反，一个民族良好道德的形成首先要期待于良好的国家体制。"[1] 这一点同样很容易得到理解。好的制度约束，无疑会使心怀不轨的人在企图作恶时会心存疑虑。在公权力分立与制衡、党派竞争充分有序、社会舆论监督健全等制度环境下，即便是大权在握的政府首脑，不仅不能肆意妄为，反而要更加谨言慎行，尽力做个好人。哪怕他只是被迫这样做，这至少可以保障其无法利用公权力作恶。况且，长期的制度和文化的熏染，对于造就其内在的德行，很可能也是有帮助的。

与之相反的情况是：在一个还盛行着丛林法则的社会中，要做一个好人，无疑会非常困难。在法制不健全或者执法不严格的社会中，有时候行善要付出极大的制度成本。这反过来构成法权制度建设优先性的佐证（当然，从道德完善的角度看，此类环境下仍坚持向善的好人，会更加难能可贵）。

这就是在操作意义上法权义务对于德行义务的优先性。这构成了康德道德哲学中正当优先于善的第二种形式：实现权利优先于道德完善。但值得再次指出的是：从道德价值上看，完善德行要优先于实现权利，或者说要更为根本。作为有限的理性存在者，道德的完善是我们最高的目的。康德甚至提出，这是上帝创世的最终目的。就道德完善而言，哪怕我们在个体层面都成为守法的好公民，在社会层面实现了宪政，就我

---

[1] 康德：《永久和平论》，载《历史理性批判文集》，何兆武译，商务印书馆1996年版，第126页。

们内心的立意（Gesinung）而言，我们仍然可能停留在伦理的自然状态，趋向道德完善的路途还很遥远。①

四 康德道德哲学中正当优先于善的第三种形式：道德优先于幸福

康德道德哲学中正当优先于善的第三种形式是：道德优先于幸福。

康德把道德完善作为纯粹实践理性的最高的目标。成为一个善良的人，这是每一个理性存在者的最高使命。但是，这还不是理性存在者的全部追求。毕竟，我们是有着各种需求的有限的理性存在者，所以我们同样追求幸福，幸福是我们一切自然目的的总和。理性的、完备的目的应该是同时追求道德和幸福的实现。这种追求会导致一个难题，即道德与幸福的总体目标能否以及如何实现。康德将之称为纯粹实践理性的辩证论。

在康德看来，理性的运用必定会导致辩证论，这是由理性（作为原则的能力）追求无条件的总体性或终极原则的本性决定的。如同纯粹理论理性要追寻知识的无条件的总体一样，纯粹实践理性"同样要为实践上的有条件者（基于爱好和自然需要之上的东西）寻求无条件者，而且不是作为意志的规定根据，而是即使在这个规定根据（在道德律中）已被给予时，以至善的名义去寻求纯粹实践理性之对象的无条件的总体"。② 这指的是，理性要为幸福这种有条件者寻找无条件的根据——道德，并实现理性对象之无条件的总体——至善。

至善是有限的理性存在者的欲求能力之对象的全部而完满的善，是作为至上的善之德性与作为全部自然之总体的幸福的完全合比例的结合。康德主张，人对于至善的诉求是合情合理的，"这不仅是就使自己

---

① 康德：《纯然理性限度内的宗教》，AK6：95－100；李秋零译本，中国人民大学出版社2010年版，第95—100页。
② 康德：《实践理性批判》，AK5：108；第148页。

成为目的的个人的那些偏颇之见而言，甚至也是就把世上一般个人视为目的本身的某种无偏见的理性的判断而言的。因为需要幸福，也配得上幸福，但却没有分享幸福，这是与一个有理性的同时拥有一切强制力的存在者——哪怕我们只是为了试验设想一下这样一个存在者——的完善意愿根本不能共存的"。①

问题在于，至善，或者说，道德与幸福这两者的恰当结合，如何实现？这种结合应该是综合的。这是因为，"要么对幸福的欲求必须是德行的准则的动因，要么德行准则必须是对幸福的起作用的原因"，② 而幸福和道德两者基于不同的根据，是两个异质事物的扩展性的结合或者说是一种综合。这里似乎有一个二律背反：从幸福到道德是不可能的，因为追求幸福的准则是非道德的，不可能建立起任何德行；但是，从道德到幸福也是不可能的，前者取决于道德存心，为仁可由己，但后者却取决于知识、能力甚至外在条件等很多不由自己控制的东西，无法由德性而自行实现幸福。现实也无数次地给出了好人受苦、恶人享福的事例。

康德提出，从谋求幸福的原理产生出德性，是绝对不可能的，这条路径是绝对错误的，因为获得幸福取决于各类外在条件，只会产生他律；从道德到幸福也是错误的，但却只是有条件的错误，在某些特定的条件和前提下，由这条路径实现至善是可能的。其中最根本的条件是：道德优先于幸福。这意味着，在两者的结合中以道德作为至善的第一条件，而以幸福构成至善的第二要素，并且是以这样的方式构成："即它只是前者的那个以道德为条件的但毕竟是必然的后果……只有在这种隶属关系中至善才是纯粹实践理性的全部客体。"③ 以道德作为幸福的先行限制条件（配得幸福的资格），是实现至善最根本的条件。

当然，从道德到幸福的路径要得以确立，还需要其他前提。这些前提就是意志自由、灵魂不朽和上帝存在这三个康德所谓的纯粹实践理性

---

① 康德：《实践理性批判》，AK5：110；第152页。
② 康德：《实践理性批判》，AK5：113；第156页。
③ 康德：《实践理性批判》，AK5：119；第163页。

的"悬设"（公设）。第一个悬设的功能在于确立了我们的意志对于感官世界的独立性和按照理性的法则规定自身的能力，从而保证了我们获得至上的善即道德的可能性；第二个悬设着眼于我们通过持久的努力而实现道德完善的可能性；第三个悬设则（以最终审判的方式）保证幸福与道德的相匹配而提供了实现至善的最终条件。但是，这只是在实践的意图中对上述超验对象的解释，并不是确切意义上对思辨知识的扩展。我们不可能获得关于自由、灵魂和上帝的知识，因为我们并不具有这几个对象的直观及相应的经验。

按照康德的说法，我们对这些对象的理解只是"出于纯粹理性的某种需要的认其为真"（这种对于上帝等大前提在认知意义上的弱化处理，是康德区分于此前笛卡尔、斯宾诺莎等独断的理性主义者的重要特征）。这种需要就是实现至善这个终极对象。对此，康德做了明确的说明："一个纯粹实践理性的需要则是建立在某种义务之上的，即有义务使某种东西（至善）成为我的意志的对象，以便尽我一切力量促进它；但我在此必须预设它的可能性，甚至还必须对这种可能性的那些条件即上帝、自由和不朽加以预设，因为我通过我的思辨的理性并不能证明它们，虽然也不能反驳它们。"[1]

在实践意义上设定并相信这些对象，实际上已经超出了道德的范围，进入了宗教信仰的领域。宗教无非是将一切义务作为上帝的命令的认识，而最基本的宗教信仰正是相信上帝引领我们实现至善（上帝之国）。可以说，正是对以道德为首要因素的至善的追求，构成了信仰的起点："如果承认这个纯粹道德律作为命令（而不是作为明智的规则）毫不松懈地约束着每一个人，一个正直的人就完全可以说：我愿意有一位上帝，我在这个世界上的存有在自然联结之外也还会是一个纯粹知性世界中的存有，再就是最后，我的延续是无穷的，我坚持这些并且非要自己这样相信不可……"[2] 当然，在康德的哲学中，宗教的实质仍在于道德，信仰在此正是为我们的道德完善服务的。就此而言，道德完善的

---

[1] 康德：《实践理性批判》，AK5：142；第195页。
[2] 康德：《实践理性批判》，AK5：143；第196页。

诉求，在康德哲学中占据着最终的制高点。道德不仅构成了幸福，甚至是信仰的限制条件。

总之，正当优先于善，就追求至善这个终极目的而言，体现为道德对于幸福的优先性。康德主张，必须以道德为前提，再辅以其他条件，实现至善才是可能的。就这些条件指向对上帝的信仰而言，追求至善构成了宗教生活的入口。至善仅仅是希望的对象：在我们尽力追求道德完善的情形下，可以希望自己在上帝的国度中获得相应的幸福。

五 正当优先于善的观念：对康德与罗尔斯的对照说明

在上文中，我从罗尔斯思想中正当与善之关系的理论框架出发，对康德道德哲学中正当优先于善的三种形式进行了重构。这三种形式分别是：道德法则优先于善恶概念；法权义务优先于德行义务；道德优先于幸福。从优先性的意义上看，这里分别指向了道德法则先行于善恶概念得到确立，从操作上看权利诉求优先于德行完善和道德作为幸福的前提条件。

本节的主要工作是：对康德与罗尔斯正当优先于善的观念进行对照说明；在此基础上，简要地阐明康德式义务论的普遍主义诉求这一特点。从总体上看，虽然存在某些差异，罗尔斯与康德关于正当与善的关系之观念，始终是高度类似的。可以说，康德哲学中正当优先于善的几种形式对于罗尔斯的相应观点具有原型意义，这需要一些解释。

首先，康德关于正当优先于善的第一层含义，即道德法则优先于善恶概念，在罗尔斯的理论中，似乎并无明显的对应形式。这与罗尔斯第一正义原则优先于第二原则的观点显然是有差距的。我并不否认这一点。但我相信，经过适当的解释，这里的差距其实并没有乍看起来那么显著。我想指出的是：《正义论》中还有一种尚未被明确揭示出来的正当优先于善的形式，这对应着康德哲学中道德法则优先于善恶概念这一形式。

让我们考虑这一点：《正义论》中正义原则的适用对象是社会的基

本结构或制度。罗尔斯的理论目标，套用康德《道德形而上学奠基》中寻找道德性至上原理的说法，正是寻找评价基本社会制度的至上原则。借助原初状态下理性人的公平协议这种路径，罗尔斯给定了正义原则的内容。这种无知之幕之后的协议，是高度假设性的，独立于并先于任何现实的社会制度，但可用于评价社会制度的正义与否。可见，原初契约所建立的正义原则优先于任何现实社会制度的好坏（善恶）。从理论建构方式上，正义的原则并非源自对某些社会制度造成的实际效应（比如是否促进了公众的福利、是否产生了卓越的文化等）的总结，而是必须在一个理性协议的框架下先行得到确立。罗尔斯的主张显然是：正义原则应独立于并优先于社会制度的善恶而得到确立。这与康德道德法则独立于并优先于善恶概念而得到确立这一点，其实是高度一致的。

如此看来，正义原则内部第一原则优先于第二原则的形式，似乎构成了罗尔斯正义论与康德义务论最大的差别。在正义原则中，罗尔斯实际上已经引入了善的概念。虽然这只是基本社会善（primary social goods）的概念或善的弱概念，但这在一定程度上突破了康德的模式，毕竟康德不会允许道德法则中引入福利的考虑。对于道德意义上的善恶与福利或幸福意义上的善恶，康德做了尖锐的区分，后者甚至被他称作从道德上看是恶的。[①] 从最严格的康德主义立场看，罗尔斯似乎混淆了绝对善和相对善的概念，突破了康德式义务论的原则。这可能是某些功利主义者有时会把罗尔斯引为同道的原因。但是，如果我们考虑到第一原则对于第二原则词典式的优先次序，则罗尔斯的这种突破似乎并非实质性的、结构性的。罗尔斯显然是以一个康德主义者的身份，明确意识到了对绝对善和相对善的严格区分，才以颇为庄重的笔调写下："每一个人都拥有一种基于正义的不可侵犯性，这种不可侵犯性即使以整个社会的福利之名也不能逾越。因此，正义否认为了一些分享更大的利益而剥夺另一些人的自由是正当的，不承认许多人享受的较大利益能绰绰有余地补偿强加于少数人的牺牲。"[②]

[①] 康德：《论俗语：这在理论上可能是正确的，但不适用于实践》，AK8：282。
[②] 罗尔斯：《正义论》，中国社会科学出版社 2009 年版，第 3 页。

从罗尔斯的这种权利优先于福利的基本立场反观康德，也有助于我们认识到康德道德法则内部的结构关系。众所周知，康德的道德法则，体现为定言命令时，具有多种表述形式。除了普遍法则公式这一基本表述之外，较为典型的公式还包括形式公式即自然法则公式、质料公式即人性公式或目的公式以及目的王国公式。其中，形式公式和质料公式的表述分别是："你要这样行动，就像你行动的准则应当通过你的意志成为普遍的自然法则一样"；"你要这样行动，把不论你的人格中的人性，还是任何其他人的人格中的人性，任何时候都同时用作目的，而绝不只是用作手段"。[①] 从中可见，定言命令中所能允许的质料是"人格中的人性"这一客观目的。值得注意的是，这种质料正是通过受到普遍化这种形式约束才得以确立的。这相当于说，在道德法则内部，形式公式要优先于质料公式。一旦我们考虑到康德道德法则中的这种关系，罗尔斯与康德的一致性就变得更加明显了。如同在罗尔斯那里，第一正义原则优先于第二原则（权利原则优先于福利原则），在康德的道德命令中，第一公式（形式公式）要优先于第二公式（质料公式）。

经过了上述说明后，我们也许可以更加完备地表述康德和罗尔斯哲学中正当优先于善的第一种形式：道德法则优先于善恶概念且在道德法则内部形式一致性的要求优先于质料或目的的追求，对应于正义原则优先于社会制度的善恶且在正义原则内部第一原则优先于第二原则。可见，看似差异较大的正当优先于善的第一种形式，其实是高度类似的。

其次，就第二种形式而言，康德法权义务优先于德行义务的观点，与罗尔斯的国家中立性或制度设计独立于特定善观念的理论，同样有较为明显的类似之处。这种相似性体现在两者均典型地表达了自由主义的权利优先性原则。无论对于自由主义的捍卫者而言，还是对其反对者来说，强调权利的优先性，正是自由主义的一个典型特征。[②] 哪怕我们考

---

① 分别参见《道德形而上学奠基》AK4：421（中译本第52—53页）和AK4：429（中译本第64页）。

② 参见乔治·克劳德《自由主义与价值多元论》（应奇、张小玲等译，江苏人民出版社2008年版）第21—52页；约翰·凯克斯《反对自由主义》（应奇译，江苏人民出版社2008年版）第7—15页。

虑到康德道德哲学与罗尔斯正义理论之间的一个重要差异,这种相似性仍是不容忽视的。

当代自由主义对于康德政治哲学有某种典型的"指控"。这种"指控"发端于《政治自由主义》时期的罗尔斯。在罗尔斯看来,康德持有整全的自由主义(comprehensive liberalism)立场,其权利和宪政观念依赖于某种特殊形而上学的、道德的或宗教的基础,而罗尔斯本人的立场则是无须预设任何特殊哲学或宗教基础的政治的自由主义(political liberalism);罗尔斯进一步认为,在当代理性多元论的境况下,由于自由平等的公民们并不具备共同的道德或宗教观念,整全自由主义难以获得辩护。①

笔者认同罗尔斯对康德整全自由主义及其困难的论述。但在此可以为康德申辩的是,康德在操作意义上突出了法权义务对于德行义务的优先性,这表明康德对于政治维度之独立意义有明确的认识。康德固然是个整全的自由主义者,坚持道德原则的基础性和道德改善的终极性,但他并未忽略在操作意义上或在历史进程中实现权利的重要性。康德始终突出了个体权利和宪政的独特意义。康德某些激进的主张可以说明这一点。在康德的理论构想中,人们进入公民状态,其全部个人权利均得以保全,不需要牺牲任何个人权利。这正是人们进入公共状态的目的。这与霍布斯式的国家建立后臣民们让渡出绝大部分权利是截然不同的。不仅如此,康德强调了私人权利实际上是公权力的基础,或者说,自然状态中临时占有的法权是公共法权的基础,这凸显了私人权利的优先性。这些均表达了非常强硬的个人权利至上的原则。可以说,在康德哲学中,权利的优先性这种自由主义的原则始终被贯彻下来了。这与罗尔斯的立场是高度类似的。

最后,最为明显的是第三种形式之间的相似性:康德所主张的道德优先于幸福与罗尔斯所论证的正义原则优先于个人合理生活之善,显然

---

① 参见 John Rawls 的 *Political Liberalism* (expanded version, Columbia University Press, 2005) 一书的第xiii - xvii 页和第 99 页以下诸页。Comprehensive 一词有多种译法,常见的有完备的、综合的、统合的和整全的等,笔者取整全的这一译法。

是直接对应的。康德对道德与幸福的一致性说明与罗尔斯对正当和善的一致性的论证，从结构上看，也是相同的。这体现了康德主义道德哲学的要害：正当对于幸福的优先性。

通过上述正当优先于善的诸种形式的阐释，我们发现，无论是康德的义务论，还是罗尔斯的正义论，都贯彻了这同一种理论模式。这种理论模式最根本的节点在于：正当独立于、并且先行于善得到定义。这种模式极力强调理性原则的优先性，强调对错之标准应当先于好坏（善恶）确定下来。这显然并未给予善概念足够的地位，甚至显得有些不近情理。比如，康德与罗尔斯都将幸福置于相对次要的地位，而幸福对于常识的理解而言，应该是生活中最重要的目标。但这种模式的优势在于较易满足普遍主义和理想主义的理论诉求。这种普世性和理想性正是康德和罗尔斯想要确立的。无论是康德强调道德原则应当具有普遍必然性，还是罗尔斯指出其理论正是从永恒的理性观点看待人与社会，都体现了这种诉求。

康德（在较强的意义上）和罗尔斯（在较弱的意义上）都认为，道德要求是超越于时代和环境的约束的。特别是康德，极力主张，道德的要求并不会因为环境等因素的变化而失去约束力。一个人越是在艰难的情况下坚持原则其行为越是具有道德价值。这种普遍性和理想性的诉求，对于任何一个试图严肃回答"何种生活值得一过"这个难题的人而言，都是要认真面对的。也许，康德与罗尔斯这种理论模式最恒久的价值正在于此。

康德和罗尔斯用以确证普世性的理想的方式都是理性。无论是康德那里以自律为本性的纯粹实践理性，还是罗尔斯那里以平等协议的方式体现出来的公共理性，都为普遍主义理想提供了有力的支持。就论证的依据而言，正当优先于善的模式，正是理性主义哲学的一种典型特征。[1]

---

[1] 本文一个较早的版本，曾在湖南师范大学"探寻道德规范性的本质：西方伦理学的新进展"（2014年4月19—20日）和武汉大学"西方哲学前沿问题暨学科发展学术研讨会"（2014年7月10—12日）两个学术会议上宣读过。在两次会上，华东师范大学葛四友教授、山东大学卞绍斌教授和中南财经政法大学的刘斌教授等多位好友，向笔者提出了尖锐和富有启发性的问题，这些问题促使笔者进一步完善了本文的一些观点和表述，特向他们致谢。

Three Forms of the Priority of Right to Good in Kant's Moral Philosophy

(Yang Yunfei, Wuhan University, 430072)

Abstract: The basic framework of John Rawls' theory of justice is the priority of Right to Good. There are three forms of this framework: (1) the principle of equal liberties is prior to the principle of welfare within the principles of justice; (2) the constitutional state is neutral to any metaphysical or religious ideals of goodness; (3) the principles of justice is prior to any specific ideals of good life. If we take this as frame of reference, we may find that there are three forms of the priority of Right to Good in Kant's moral philosophy either. These forms are: (1) the priority of moral law to the concept of moral good and evil; (2) the priority of the duties of right to the duties of virtue; (3) the priority of morality to happiness. These forms in Kant's philosophy have one – to – one correspondence to Rawlsian frameworks. This common theoretical mode in Kant and Rawls reveals that the pursuit of universalism is a profound character of deontological moral philosophy.

Keywords: the priority of Right to Good; Rawls; Kant; universalism

西方哲学史研究

对机械论世界观的超越

——略谈莱布尼茨单子论与怀特海过程思想

桑靖宇　尚真洁[*]

摘要：莱布尼茨与怀特海都对近现代主流的机械论世界观表现出强烈的不满，力图以自己的哲学思想来恢复世界的生机与价值。但莱布尼茨仍然局限于传统的实体主义模式和与之相对应的全知全能的上帝观，从而陷入了内在的矛盾。而怀特海则彻底贯彻了过程主义的哲学观和宗教观，超越了莱布尼茨的单子论，成为现代有机论哲学的杰出代表。

关键词：单子；实际实有；机械论；上帝

莱布尼茨与怀特海都是一流的数学家且对物理学有着极高的修养，但他们都对近现代主流的机械论世界观表现出强烈的不满，力图以自己的哲学思想来恢复世界的生机与价值，这对于饱受环境危机之苦的当今世界显得尤为可贵。本文拟先分别论述莱布尼茨单子论与怀特海过程思想如何克服近现代机械论世界观及其所表现出的思想上的契合，其次指出莱布尼茨由于没有突破西方传统的实体哲学和绝对主义的上帝观而陷

---

[*] 桑靖宇，武汉大学哲学学院教授，Email：sangjingyu@aliyun.com。尚真洁，武汉大学哲学学院宗教学博士。

入内在的矛盾，最后表明怀特海如何用其彻底的过程思想克服了莱布尼茨单子论的矛盾。

一　莱布尼茨单子论对近代机械论世界观的突破

莱布尼茨（1646—1716）生活在近代科学革命方兴未艾的时代，传统的亚里士多德主义的注重质的多样性的自然哲学被新兴的近代科学和哲学思想所抛弃，自然被置于严格的匀质的数量关系之下。为了达到认识自然、征服自然的目的，世界的神奇和价值被无情祛魅，成为被人利用的、可被数学所宰制的僵死物质。莱布尼茨作为百科全书式的"全面天才"，以其在数学、物理学等领域的卓越成就而对近代科学革命贡献良多，但作为敏锐的哲学家，他又对近代机械论世界观的内在困境有着清醒的认识。在1695年的《新系统及其说明》一文中他简述了自己的思想经历：

> 我以前曾经在经院哲学领域钻得很深，后来近代的数学家及作家们使我跳出经院哲学的圈子，那时我也还很年轻。他们那种机械地解释自然的美妙方式非常吸引我，而我对那些只知道用一些丝毫不能教人什么的形式或机能（来解释）自然的人所使用的方法，就很有理由地加以鄙弃了。但后来为了给经验使人认识自然的法则提供理由，我又对机械原则本身做了深入的研究，我觉得，仅仅考虑到一种有广延的质量（masse étendue）是不够的，我们还得用力（force）这一概念。这个概念虽然属于形而上学的范围，但确是很好理解的。①

在莱布尼茨看来，机械论哲学的最大困难在于，无论是笛卡尔派的广延，还是伽桑狄派的原子，作为可被无限分割之物都不具有真正的统

---

① 莱布尼茨：《新系统及其说明》，陈修斋译，商务印书馆2002年版，第2页。

一性和个体性，从而都不是真正的存在。真实的存在只能是那些组成复多之物的不可分的单元或单纯的实体。如他晚年的《单子论》第二小节中所说："必须有单纯的实体，因为存在着复多之物。而复多之物不过是单纯实体的聚集。"[①] 这种真正的单元或单纯的实体是什么呢？他指出：

> 为了找到这种实在的单元，我不得不求助于一种可以说是实在的或有生命的点，或求助于一种实体的单子，它应当包含某种形式或能动的成分，以便成为一种完全的实在。因此，我们得把那些目前已身价大跌的实体的形式重新找回，并使它回复荣誉，不过，要以一种方式使他可以理解，要把它的正当用法和即成的误用分开。我发现，这些形式的本性在于力，随之而来就有某种和感觉（sentiment）及欲望（appetit）相类似的东西；因此，我们应该以仿照我们对灵魂所具有的概念的方式来设想它们……亚里士多德称这些形式为第一隐德莱希（entéléchies premières），我则称之为原始的力（forces primitives），或者更可以理解，它不但包含着实现（acte）或可能性的完成，而且还包含着一种原始的活动（activité）。[②]

这种不可分割的终极实在就是莱布尼茨的单子，它是对亚里士多德主义的"实体的形式"的改造，是活动力本身。在莱布尼茨看来，这种活动力是每个单子内在的永不停歇的欲求，永恒地追求着更高的圆满性。与近代机械论世界观密切关联的心物二元论被单子论所克服，物质绝非僵死的东西，而是一种最低等级的赤裸单子，其本身也具有欲求和知觉，只是没有动物或人那样有意识的感觉和思维而已。从而，近代哲学中所盛行的消极的、僵死的物质只是现象，实际上整个世界充满了富

---

① 参见 Gottfried Wilhelm Leibniz, *Philosophical Papers and Letters*, Edited and translated by Leory E. Loemker. Cambridge University Press, Printed by Photopress, U. S. A. 1956。
② 莱布尼茨：《新系统及其说明》，陈修斋译，商务印书馆 2002 年版，第 2—3 页。

有生机活力的单子。

莱布尼茨并未否定机械论科学的价值，但也并没有将其严格地限制在现象领域，他反对将其绝对化，而把世界的本质留给了形而上学，也就是他的单子论。怀特海的弟子哈特霍恩将这种思想称为"莱布尼茨的最伟大的发现"，"他的这个发现是原子论物质主义的真理成分不但不与柏拉图的精神动力学相冲突，反而两者可以融合在一起互相增强。这个发现可以含混地称为精神性的原子论。但这一表达弄错了重点，'心理的微观多元论'是个更准确的表达"。[1] 哈特霍恩强调，莱布尼茨的单子论是一种"多元论"是很有道理的，因为在莱布尼茨看来，每个单子都具有质的不同，都是世界的独特的一元，具有不可替代的个体性。这与机械论哲学的匀质的实体观大异其趣。莱布尼茨的单子之所以互相之间具有质的不同是因为单子没有量的规定，只能以质的不同互相区别，他断然拒绝机械论中流行的相同的实体，提出了著名的"不可辨别者的同一性"原则。

莱布尼茨的表象理论认为，单子的质的不同在于每个单子都从自己独特的视角表象着整个宇宙，从而每个单子都以特殊的方式把整体包含于自身之中，是"宇宙的一面永恒的活的镜子"[2]，单子小宇宙与大宇宙的密切契合使得世界获得了尽可能多的圆满性与和谐，"正如同一城市从不同角度去看，会显得非常不同，好像因视角的不同而变成了很多城市；同理，由于有着无数多的单纯实体，就好像有无数的不同宇宙，而这不过是从每一单子的独特视角来观看宇宙所产生的不同景观"。[3] 通过个体与整体的相统一，莱布尼茨突破了近代机械论的孤立的、量化的世界观，使万物普遍相连，互相蕴含，使世界变得无比丰富多彩，"物质的每一部分都可被视为是一个长满了植物的花园，或一个充满着鱼的池塘。而植物的每一枝条、动物的每一肢体以及它的体液的每一

---

[1] Charles Hartshorne, "Leibniz's Greatest Discovery", *Journal of the History of Ideas*, Vol. 7, No. 4, Leibniz Tercentenary Issue (Oct., 1946), p. 411.
[2] 莱布尼茨：《单子论》第56小节。
[3] 莱布尼茨：《单子论》第57小节。

滴，都也是这样的花园或池塘"①，因此僵死的物质只是一种幻象，宇宙到处都充满了生命。

值得注意的是，这种通过将万事万物精神化而赋予其生机和活力的单子论促使莱布尼茨深入思考了精神的本质，使他突破了日常有意识的范围，而发现精神无意识领域的巨大作用。他对笛卡尔派将精神等同于自我意识或统觉的思想进行了严厉的批判，他指出："知觉应该与统觉或意识区别开来……在这一点上笛卡尔派的观点极其错误，因为他们把人们意识不到的知觉视为不存在的。这也使他们认为只有心灵才是单子，而不存在动物的灵魂或其他的'隐德莱希'。因而，他们像平常人一样，不能把长期的昏迷和严格的死亡区分开来……"② 单子的基本规定是知觉（对整个世界的表象）和欲求（追求更高的清晰性和圆满性），正因为知觉和欲求不仅表现在人和动物的意识中，而更根本的是无意识的精神活动，这样单子才可能成为真正普遍性的存在。

二 怀特海过程思想与莱布尼茨单子论的契合

正如约翰逊（A. H. Johnson）所指出的，"与莱布尼茨一样，怀特海对传统物质观念深表不满。这些观念将物质描绘为惰性的、无感觉的、无价值的和无目的的。它按照外在关系所强加的固定程式而运动，而不是因自身存在的本性而活动"。③ 莱布尼茨自然哲学不幸为牛顿力学世界观所击败，而怀特海则亲历了牛顿力学的崩溃。在现代物理学动态的能量概念基础上，怀特海建立了一种以过程为中心的有机论哲学，它表现出与莱布尼茨单子论明显的承继关系。

为了克服流行的机械论的还原主义，怀特海采取了与莱布尼茨类似的泛经验主义立场。他指出："实际实有（actual entities）——也称作

---

① 莱布尼茨：《单子论》第 67 小节。
② 莱布尼茨：《单子论》第 14 小节。
③ A. H. Johnson, "Leibniz and Whitehead", *Philosophy and Phenomenological Research*, Vol. 19, No. 3 (Mar., 1959), p. 286.

现实事态（actual occasions）——是构成世界的最终实在……这些实际实有都是点滴的经验，复杂而又相互依赖。"[1] 怀特海以人的经验为模式来建立一种适用于所有事物的终极单元，从而物质世界也充满了活生生的经验。如前所述，莱布尼茨为了使单子成为普遍性的存在，将无意识的微知觉作为单子的根本规定，从而将物质存在也归于某种单子。怀特海也循着同一思路提出："意识是闪烁不定的；甚至在它最明亮的时候，也还既存在着一个明亮的聚光区，又存在着一大片经验的半明半暗地区，后者讲述的是处于朦胧理解中的强烈经验。简单的清晰意识绝不如完全经验那样复杂。我们经验的这一特点也表明，意识是经验之冠，只是偶尔才可达到，他并非是经验的必然基础。"[2] 这样一来，在物质中也充满了非意识的经验，整个世界是活生生的经验之流，从而笛卡尔以来日益严重的心物对立得以克服。怀特海的这种思想可谓与莱布尼茨一脉相承，他自己就禁不住称实际实有为"单子般的创造物"。[3]

机械论的世界观强调一切关系都是外在的，怀特海则认为一切事物密切关联。正如莱布尼茨的单子的知觉表象整个世界一样，怀特海认为，每个实际实有都把整个世界摄（prehend）进来以形成自身。每个单子以自己的视角知觉整个世界，每一实际实有以自己的方式摄入整个世界。

莱布尼茨将单子归结为知觉和欲求，其中知觉为欲求所推动，不断地向前发展，永恒追求着不可企及的上帝的完美。因此，整个世界就绝不会是像机械论者所设想的那样处于停滞乃至退化的状态，而是不断地获得更多的完善性。这样，目的论又被纳入哲学之中，赋予世界以价值。这种动态的、目的论的思想观念也为怀特海所继承和强调，在他看来，创造性是最终原理，每一现实实在都在不断地产生新颖之物，否则就只能是一种抽象的可能性而已。而上帝则是新颖性的根源，引导着世

---

[1] Alfred North Whitehead, *Process and Reality: An Essay in Cosmology*, New York, The Free Press, 1978, p. 18.

[2] 怀特海：《过程与实在》，周邦宪译，北京联合出版公司2014年版，第395页。

[3] Alfred North Whitehead, *Process and Reality: An Essay in Cosmology*, New York, The Free Press, 1978, p. 27.

界不断向前。

总之，在哲学倾向上，怀特海表现出与莱布尼茨的某种惊人的类似，他们都试图以动态的、充满生机的实在学说对抗盛行的机械论世界观。在他们看来，世界绝非机械论者们所设想的僵死的、孤立的被动物质的堆积，而是到处充满了活生生的生命，为神圣的渴望所推动着，不断地呈现出崭新的风貌。

三 怀特海过程思想对莱布尼茨单子论的超越

怀特海与莱布尼茨思想之间的类似性并不意味着他们的哲学没有本质的差别。这主要表现在莱布尼茨仍然局限于传统的实体主义模式和与之相对应的全知全能的上帝观，从而陷入了内在的矛盾。而怀特海则彻底贯彻了过程主义的哲学观和宗教观，超越了莱布尼茨的单子论，成为现代有机论哲学的杰出代表。

莱布尼茨敏锐地觉察到西方哲学尤其是近代西方哲学本体论思想中的静止、僵化的倾向，他将单子视为活动力和永不停息的欲求，从而成为现代过程思想的先驱者。但他仍然受制于西方传统哲学实体主义的思维方式，这给他的单子论带来一些内在的矛盾和困难。

受亚里士多德传统的影响，莱布尼茨将实体——属性与逻辑学上的主词——谓词结构对应起来，他认同亚氏的实体只能做主词的思想，并进而提出，描述实体的所有谓词都已先天地包含在主词之中。这种思想固然使莱布尼茨认为单子是自足的世界，依靠自身的内在原则而活动，一定程度上克服了传统的僵化实体观，但也带来了以下困难：其一，这使得单子成了孤零零的实在，没有与外界发生联系的窗户。这样事物间的相互作用和联系就不得不借助一个奇迹——"前定和谐"来说明。其二，由于实体的所有谓词都已先天地包含在主词之中，那么，严格地说，就没有任何新的东西出现，所谓单子的活动，不过是把已有的属性逐步展现出来，并非是真正的创造性活动。这样就仍然没有真正摆脱传统静态的实体主义的窠臼。

在莱布尼茨哲学中起到重要作用的上帝观念则具有更强烈的实体主义意味。莱布尼茨本想在神与人之间达成一种平衡与和谐，以克服传统神学重神轻人的弊端，但他的实体主义上帝观则使他的努力终归失败。莱布尼茨继承发展了传统的全知、全能、全善的上帝观念，主张上帝创造的世界是所有可能世界中的最佳世界，包括人在内的所有存在都凭借着内在的动力朝着更完善的方向不停进展。这无疑具有很积极的意义，反映了早期近代欧洲朝气蓬勃的启蒙精神。但莱布尼茨也局限于传统神学的实体主义上帝观，将之视为是完满无缺的最高单子，从而无须任何发展变化，丝毫不受世界的影响，上帝与世界的关系就纯粹是单方面的主宰、控制关系。更糟糕的是，在莱布尼茨看来，上帝在创世之初就已经把包括人在内的一切创造物的所有发展变化的细节都预先安排好了，以确保所创造的世界总体而言是最佳的世界。但这样一来，就难以摆脱宿命论的泥潭了，尽管莱布尼茨付出了极大的努力来论证人的自由。

怀特海清楚地意识到莱布尼茨哲学的两大难题——单子间的孤立以及上帝与单子间的内在冲突——都是源于传统的实体主义思维方式，他通过彻底抛弃实体主义来对此加以解决。首先，他敏锐地指出，以亚里士多德哲学为代表的西方传统实体主义与主谓词逻辑密不可分："亚里士多德追问了一个根本的问题，所谓实体是什么？在此他的哲学与逻辑学之间的互动很不幸。在他的逻辑学中，肯定判断的基本类型是将谓词从属于主词。从而，在他所分析的'实体'一词的很多通行用法中，他强调'不能再被其他事物所谓述的最终基质'这一含义。对亚里士多德逻辑学的不加怀疑地接受导致了一种根深蒂固的倾向，对在感觉——意识中显露的任何东西都要假定一个基质，也就是说，在我们所意识到的东西之下去寻求作为'具体事物'的实体……"[1]

这种对西方思想影响深远的实体主义的思维方式实际上是对实在的抽象和扭曲，怀特海说道："这个答案简单得美丽，但是它完全没有考虑到实在事物之间的相互联系。这样一来，每一个实体都被看成本身是完整的，与其他实体物没有关系。对基本原子或基本单子，或享有经验

---

[1] Alfred North Whitehead, *The Concept of Nature*, New York, The Free Press, 2004, p.18.

的主体做如此的描述，便把这个由实在个体组成的相互联系的世界变得难以理解了。宇宙被分割成一大堆各不相干的实体，每个实体以自己独有的方式表现自己那一套抽象的特点，这些特点在这一实在的个体中找到了它们共同的家园。但是，这样的实体不能同其他实体发生联系……这样一来，亚里士多德关于称谓和关于基本实体的学说就发展而为实体的诸属性相互联系而基本实体之间却相互分离的学说了。"①

西方近代的宇宙论，无论是牛顿的原子论还是莱布尼茨的单子论都处在亚里士多德主义的实体思想的笼罩之下。莱布尼茨固然试图在单子间建立联系，他将单子视为是"宇宙的活的镜子"，将整个世界都纳入自身之内，并通过上帝的前定和谐来保证单子间的秩序。但怀特海清醒地指出："据他（莱布尼茨）的学说，单子与单子之间，以上帝为媒介，存在着间接的交流。但是每一个单子又根据自己的特性独立地发展自己的经验；它的特性是在与上帝的交流中最初被打印上的。莱布尼茨的前定和谐说所表现出的规律学说是规律外加说的极端例子，它可以以某种方式受到上帝无所不在观念的缓解。但他没有解释，为什么上帝这个最高级的单子不遭到其他单子都有的彼此孤离的命运。照他的学说，单子与单子之间是没有互通的窗子的，那么为什么它们都有通向上帝的窗子？为什么上帝也有通向它们的窗子呢？"②

怀特海对莱布尼茨单子论难题的克服是彻底抛弃传统的实体思想，他把事物间普遍的相互关联视为不可违背的经验事实，而所谓独立的实体不过是头脑的抽象而已。他说道："普遍相关性的原则直接否认了亚里士多德的名言：'一个实体不会出现在一个主词中。'恰恰相反，根据这一原则，一个实际实有存在于其他的实际实有之中。实际上如果我们承认关联性的等级，就微不足道的关联性而言，我们必须说，每一实际实有都存在于所有的其他实际实有之中。"③ 通过把互相关联作为最终实在的本质规定怀特海就为莱布尼茨的封闭的单子打开了通向外界的窗

---

① 怀特海：《观念的冒险》，周邦宪译，译林出版社2012年版，第155页。
② 同上书，第156页。
③ Alfred North Whitehead, *Process and Reality: An Essay in Cosmology*, The Free Press, New York, 1978, p.50.

户,使单子间具有了活生生的现实联系。

怀特海称自己的哲学为某种新单子论,"这是一种单子理论,但它与莱布尼茨单子论的区别在于,莱布尼茨的单子是变化的。而根据机体理论,它们只是生成。每一个单子创造物都是一种过程方式,它'感受'世界,将世界容纳于一个在各方面都明确的复杂的感受单位中。这样的一个复杂感受单位便是一个'实际事态';它是派生自创造性进展的终极创造物"。[1] 他认为,莱布尼茨的单子作为"变化中的不变主体"[2],正是实体主义思想的典型表现,而普遍联系的思想则把实际实有视为不断生成又不断消逝的创造性过程,是对赫拉克利特"一切皆流"的洞见的承继。

怀特海对莱布尼茨困难重重的上帝观念的改造同样贯彻了过程哲学的思想。如前所述,莱布尼茨尽管力图在神人之间达到平衡,但由于他拘泥于西方传统的完美的、静态的实体主义上帝观,这种努力终归失败。他的上帝仍然是宰治一切、不接受任何影响的绝对权力,在创世之初就前定了一切事物的轨迹,人的自由最终成了空谈。为了在日益世俗化、高度科技化的现代社会复活奄奄一息的宗教价值,怀特海对基督教传统上帝观进行了大胆的改造。他毅然抛弃了绝对性的超自然的上帝观,将上帝视为是内在性的、关系性的存在。他指出:"上帝是一个实际实有,遥远天际中的一缕微细的存在也是一个实际实有。虽然它们各自的重要性等级不同,作用也各异,然而就实际性说明的原则而言,它们都是在同一层面上的。最终的事实都一样是实际实有;而且这些实际实有都是点滴的经验,复杂且又相互依赖。"[3]

这种内在性的上帝就不再是传统基督教从虚无中创造世界的造物主了,而是与世界处在互相影响的积极互动中。"无论是上帝或世界,都不能达到静止的完善。它们两者都在那个终极的形而上学根据的(即趋向新颖的创造性进展)的严格控制之下。它们两者——上帝和世界——都

---

[1] 怀特海:《过程与实在》,周邦宪译,北京联合出版公司2014年版,第124—125页。
[2] 同上书,第42页。
[3] 同上书,第27页。

是对方获得新颖性的工具。"① 在怀特海看来，上帝的原初性质固然是永恒的、圆满的，却是不具有实在性的无意识。赋予上帝以实在性的继生性质则是对世界的摄入，离开了时间性的世界，上帝只是抽象的可能性而已。由于上帝并非控制一切的绝对力量，为传统神学所无法解决的神正论问题也就迎刃而解。由此出发，怀特海认为，传统基督教把上帝视为万能的绝对控制力量实际上是把上帝恺撒化了，臆想着一位超自然的万能帝王，"（这是）更深的偶像崇拜，即以埃及、波斯和罗马的那些帝国统治者的形象来塑造上帝"②，从而给这个世界带来无数灾难。怀特海过程神学的关系性上帝则远非那种为所欲为的超自然帝王，而是与人们一起默默地承受着世界的缺陷和苦难，并以无比的耐心劝导着世界走向好的方向，"他是这个世界的诗人，以其对真善美的洞见温柔而耐心地引导着世界"。③ 此处怀特海的上帝观对于传统基督教神学而言几乎是异端，却明显地表现出与中国天道思想的契合之处。④

四 结语

莱布尼茨与怀特海都明锐地感受到近代以来盛行的机械论世界观的内在困境，力图用充满活力的有机论哲学对此加以克服。莱布尼茨的单子论由于受西方传统中根深蒂固的实体主义思想的束缚而陷入内在矛盾，怀特海的过程哲学则因彻底批判实体主义而成为现代西方最有希望的哲学方向之一。某种意义上我们可以说，莱布尼茨所憧憬的哲学思想，只有到了怀特海才很好地实现出来。值得注意的是，怀特海过程哲学所表现出的与中国天道思想的内在一致性更是值得国内学术界深入研究的课题，对于思考当前中国的自然哲学、宗教哲学等深有裨益。

---

① 怀特海：《过程与实在》，周邦宪译，北京联合出版公司2014年版，第514页。
② 同上书，第505页。
③ 同上书，第501页。
④ 怀特海过程哲学与中国天道思想的内在契合已引起了国内外学者的关注，如李约瑟、方东美、白诗朗等。

Conquering the Mechanistic Worldview

(Sang Jingyu Shang Zhenjie, Wuhan University, 430072)

Abstract: Leibniz and Whitehead are both discontented with the mechanistic worldview which is mainstream in modern times, and try to restore the vitality and value of the world by their own philosophy thoughts. But Leibniz's thoughts fall into the internal contradiction being still confined to the traditional substantivism and the corresponding view of omniscient and omnipotent God. Whitehead thoroughly carrys out the philosophical and religious implication of process thought, solving the contradictions of leibniz's monadology, and becomes an excellent representative of modern organism philosopher.

Keywords: monad; actual entities; mechanism; God

论休谟"必然性"概念的道德理论后果

钟焕林[*]

摘要：对人类行动的一切合理的道德评价，都要求行动与行动者的意志、动机、性格和情感等因素之间存在一种必然联系。但休谟认为，除了相似对象的恒常会合与随之而来的心灵从一个对象向另一个对象进行推断的确定倾向之外，我们不能拥有任何必然概念或联系概念。因此，如果休谟是正确的，那么进行合理的道德评价的可能性将不复存在——因为恒常的会合与心灵进行某种推断的确定倾向这两个所谓"必然性的要素"并不是一切合理的道德评价所要求的那种必然联系。

关键词：休谟；必然联系（必然性）；道德评价；可能性

一 引言

休谟说："除了相似对象的恒常会合和随之而来的从一个对象到另

---

[*] 钟焕林，武汉大学哲学院博士研究生，Email: zhonghuanlin@126.com。

一个对象的推断,我们没有任何必然概念或联系概念。"(E82,Z68)[1]在他看来,相似对象的恒常会合,以及随之而来的心灵由一个对象向另一个对象进行推断的确定倾向,这两个情节构成了必然联系(或必然性)的全部本质。

休谟关于必然联系的这一思想有着认识论和伦理学的双重理论后果。但是,以往关于休谟这一思想的研究主要集中在认识论的层次上,学者们大多围绕着以必然性为其必要组成部分的因果关系展开其讨论;鲜有人(如果不是没有)能阐发这一思想在伦理学层面上的真正蕴含。虽然事实上也有学者(例如 Barry Stroud、John Bricke、John P. Wright、Tony Pitson 等)从这一层次上考虑问题,但他们的研究往往局限于"必然"与"自由"的关系问题的狭隘视域,并以休谟关于自由意志问题的相容论观点为其研究的中心,因而不能阐明休谟这一思想在伦理学层次上的真正理论后果。[2] 值得肯定的是,有的学者(例如 Paul Russell)已经突破了这种相容论的解释框架并主张给休谟一种自然主义的解释[3];另有一些学者则指出,休谟关于必然性概念的相关论述之间存在内在冲突,例如克拉伦斯·修尔·蒋森(Clarence Shole Johnson)敏锐地注意到了休谟在关于因果必然性概念的使用上所表现出的混乱,

---

[1] 本文所引用的休谟著作的中译文,《人性论》采用关文运的译本,《人类理智研究》采用周晓亮的译本,并随文标出英文原版页码(后续各种英文本和中译本的页边码)。由于周晓亮的《人类理智研究》中译本没有页边码,这里一并标出周晓亮译本的页码,以便读者检索。例如,"(T161)"代表 *A Treatise of Human Nature* 英文原版第161页;"(E82,Z68)"代表 *An Enquiry Concerning Human Understanding* 英文原版第82页,或周晓亮(Z)译本第68页。所引中译本的出版信息请参见本文的"参考文献"。另外,本文所有引文中方括号 [ ] 内的文字都是本文作者所加。

[2] 相关讨论可参见 Barry Stroud, *Hume*, (London and New York: Routledge & Kegan Paul plc, 1977), pp.149 – 154; John Bricke, "Hume on Liberty and Necessity", in *A Companion to Hume* (Blackwell companions to philosophy), ed. Elizabeth S. Radcliffe (Oxford: Blackwell Publishing Ltd., 2008), pp.201 – 216; John P. Wright, *Hume's 'a Treatise of Human Nature': An Introduction*, (Cambridge and New York: Cambridge University Press, 2009), pp.169 – 189; Tony Pitson, "Liberty, Necessity, and the Will", in *The Blackwell Guide to Hume's Treatise*, ed. Saul Traiger (Oxford: Blackwell Publishing Ltd., 2006), pp.216 – 231。

[3] 可参见 Paul Russell, *Freedom and Moral Sentiment: Hume's Way of Naturalizing Responsibility*, Oxford and New York: Oxford University Press, 1995。

但遗憾的是他未能深入阐发这种内在混乱的真正蕴含①。

我认为,虽然休谟本人并没有意识到,但他关于"必然联系"的思想(如果它是正确的)在伦理学层次上的真正理论后果是摧毁了进行合理的道德评价的可能性基础;就像它在认识论层次上会摧毁一切以确定性为其目标的自然科学的基础一样。因为,休谟所要建立起来的那种必然性概念远非一切合理的道德评价所要求的那种必然性概念。

二 作为一切合理的道德评价的可能性基础的"必然性"

在道德生活中,如果有人行善,我们就赞扬他;如果有人作恶,我们就谴责他;并且,我们认为,我们这样做是完全合理的。但我们基于某个人的行动(actions)②而对其进行道德评价的合理性基础在哪里呢?这里涉及一个合理的道德评价在理论上何以可能的问题。对这一问题的一个简洁明了的回答就是:因为这是他的行动。正是因为他的意志、动机、性格和情感与他的行动之间有一种必然联系,合理的道德评价才是可能的。或者说正是因为他的意志、动机、性格和情感是产生或引起他的行动的真正原因,我们才可能合理地依照他的行动对其进行或褒或贬的道德评价。正如休谟所说:

> 如果人类行为中没有因果的必然联系,那么不但所加的惩罚不可能合乎正义和道德上的公平,而且任何有理性的存在者也不可能

---

① Clarence Shole Johnson, "Hume on Character, Action and Causal Necessity", *Auslegung* 16 (2), 1990, pp. 149 – 164.

② "行动"(actions),我们指一个行为者基于休谟所说的"根据意志的决定而行动或不行动的能力"(E95, Z78)而有的行为,即一个行为者在不受外在约束或强制的情况下根据自己的意志而有的言或行。我们通常认为,一个出于自由意志的行为(即行动)才可能是道德评价的合理对象。

想到要加罚于人。……行为（actions）① 就其本性来说是短暂的、易逝的，如果这些行为不是发生于作出这些行为的人的性格和性情中的某种原因，就不能固定在他的身上，如果是善行，也不能给予他光荣，如果是恶行，也不能给予他丑名。(T411)

一个行为本身也许是值得赞扬或谴责的，但如果它不是由某个人的意志、动机、性格、情感等因素所引起，那么这个人对这一行为也就不负有任何责任，我们因此也就不能把他作为我们道德评价的合理对象。让我们试想，"如果特定的性格不具有产生特定情感的某种确定的或决定性的力量（power），这些情感对行为没有恒常的影响，那么道德的基础又在哪里呢"？（E90，Z74）

也许有人会反驳说，合理的道德评价并不要求一种必然性，我们之所以可以依照某些行为对行为者进行赏罚的原因，并不在于这些行为是他的行为并且因而要求他负责，而在于赏罚的措施具有产生善行、防止恶行的作用。他们说，我们对一个人或褒或贬，或赏或罚，并不是因为在这个人与某种善行或恶行之间存在什么因果必然联系，而只是出于功利原则的考虑才这么做。对于这种反驳，我要说的是：即使我们的道德基础真如他们所描述的那样，合理的道德评价也仍然要求一种因果的必然联系；因为这种理论要求赏罚对人的行为有一种影响，而这种影响预设了因果性和必然性。休谟说得好：

人的一切法律既然建立在奖赏和惩罚之上，所以这里确实是假定了一个基本原则，就是：这些赏罚的动机都对心灵有一种影响，具有产生善行、防止恶行的作用。我们可以给予这个影响以任何的名称，不过这种影响②既然通常与行为结合在一起，所以依照常识

---

① 从休谟的用词上看，他似乎没有对"行为"（behavior）和"行动"（action）进行严格的区分。"行动"的概念本身中就包含着一个能动的主体（agent）的概念。只有一个主体的意志成为一个行为的动因，这个行为才能成为一个行动，才能成为道德评价的合理对象。

② "这种影响"确实应当被看作必然性的一个例子，但并不是休谟"所要建立的那种必然性"的一个例子。关于这一点，笔者将在本文的第二部分详细讨论。

来说，它就应当被认为是一个原因，应当被看作我所要建立的那种必然性的一个例子。(T410)

总之，合理的道德评价要求一种必然性。如果在一个行为和行为者之间不存在一种必然联系，如果行为者不是其行为的原因，或者说他的意志没有产生他的行为的能力或力量，那么这些行为也就与他无关，这些行为也就不能称为"行动"，因此他也就不能成为道德评价的合理对象。而且，所谓的"自由"也不能违反这种必然性和因果性——如果自由否定了必然性和因果性，就会与机会（chance）是一回事，而出于机会的行为完全不能成为道德评价的对象。[①] 无论如何，"必然性"概念是合理的道德评价所必需的，并且"能力"(power)、"力量"(force)、"功能"(energy)、"联系"(connexion)和"必然性"(necessity)在休谟那里几乎都是"同义词"。(T157)

三 休谟论"必然性"

现在的问题是，我们能拥有这种必然联系的观念吗？休谟的回答是否定的。他说，"除了相似对象的恒常会合和随之而来的从一个对象到另一个对象的推断，我们没有任何必然概念或联系概念"（E82，Z68）。

休谟这一回答源于他经验论的基本立场。休谟认为，我们的一切观念都来源于印象，并且永远表象印象。如果我们没有任何关于"能力"和"必然联系"的印象，我们也就没有任何关于它们的观念。休谟论证说，首先，在我们之外的整个自然界中，一切事物都是松散而分开的，我们虽然总是能够发现一些对象和另一些对象恒常地会合在一起，但是我们并不能观察到它们之间的任何联系，也不能发现将它们结合在

[①] "自由"与"必然"的关系问题不是本文讨论的主题，在此我只是要指出，道德评价离不开必然性概念，纯粹的"机会"和偶然性不能成为道德的基础。自由论者也不否认这一点，只不过他们认为，"自由意志"（free will）是"无原因的原因"（uncaused cause），例如康德所说的"自由的因果性"。

一起的任何性质或能力。例如，我们观察到一个弹子球的碰撞总是伴随着另一个弹子球的运动，但是我们并不能观察到一个弹子球引起（cause）另一个弹子球运动的那种性质或能力；我们总是能够发现太阳晒并且石头热，但我们并不能发现"太阳晒"与"石头热"之间的那种所谓联系。其次，在我们自身内，我们也不能发现任何关于能力和联系的印象。虽然事实上我们确实发现，我们身体的运动和心灵的思想及情绪总是服从我们的意志，但是"意志在这里虽然被当作一个原因，可是它和它的结果之间并没有一种可以发现的联系，正如任何物质的原因和它的相当的结果之间没有这种可发现的联系一样。我们远远看不到一个意志行为和一种身体运动之间的联系"（T161），或者说我们"不能看到或构想心灵产生其结果所凭借的能力"（E73-74，Z61）。

所以休谟认为，当我们认为存在物具有产生某种特定结果的性质、能力或力量，并且因此说某些对象之间有一种必然联系时，我们只是在运用我们对之并无清楚而确定观念的一些普通语词或表达方式。这些表达方式在这里"由于被误用了，因而失掉了它们的真义"（T162）。那么，"必然性""联系""能力"和"因果性"等表达方式的真正含义是什么呢？休谟说：

> [必然性] 只是心灵的一个内在印象，或者是把我们的思想由一个对象带到另一个对象的倾向。（T165）
>
> 进入那个观念 [因果观念] 中的必然性仅仅是心灵由一个对象转到它的恒常伴随物、由一个对象的存在推断另一个对象的存在的一种确定倾向。因此，这里有两个情况，我们应当认为是必然性的要素，即恒常的结合和心灵的推断……（T400）

当一个人初次看到一个事件在时空上跟随另一个事件时，他并不宣称它们是联系着的，而只是认为一个事件和另一个事件会合在一起；只有当他多次看到此类例证之后，并发现这两类事件总是恒常地会合在一起的时候，他才宣称这两类事件是联系着的。在这里，是什么使他产生了"联系"这个新观念呢？休谟说："没有别的，只是他现在感到这些事件在想象中联系起来，他可以很容易地从一个事件的出现预言另一个事件的存在。"（E75–76，Z62）也就是说，经验虽然因其本性而"永远不能使我们洞察对象的内在结构或作用原则"（T169），却能使我们的心灵习惯于从一个对象转到另一个对象。所以休谟说：

> 整个说来，必然性是存在于心中，而不是存在于对象中的一种东西……或者我们根本没有必然性观念，或者必然性只是依照被经验过的结合而由因及果和由果及因进行推移的那种思想倾向。（T165–166）
>
> 能力和必然性乃是知觉的性质，不是对象的性质，只是在内心被人感觉到，而不是被人知觉到存在于外界物体中的。（T166）
>
> 不论是物质的或心灵的任何活动的必然性，严格地说，并不是主动因的一种性质，而是可以思考那种活动的任何有思想的或有理智的存在者的性质……（T408）

显然，相似对象的恒常会合以及心灵由一个对象向另一个对象进行推断的那种确定倾向这两个情节构成了休谟所说的必然性的全部本质。同样明白的是，休谟所说的必然性并不是一切合理的道德评价所要求的那种必然性：后者是对象的性质，并基于一个存在物（例如主体）引起某种特定结果的那种性质、能力或力量；而前者是心灵的性质，只存在于心中（"想象中"）而不存在于对象之中的一种东西。

四 休谟的必然性概念在道德上的理论后果

我们已经看到，休谟所说的必然性概念远非作为一切合理的道德评价的可能性基础的那种必然性概念。如果休谟关于必然性的论述是正确的，那么合乎逻辑的结论就是：休谟的必然性概念摧毁了进行合理的道德评价的可能性。为了使这一点明了起来，让我们来看几个例子。

在天文学和地理学的研究中，我们发现潮汐的大小和月相的圆缺总是规则地、一律地（regularly and uniformly）会合在一起——大潮总是伴随着新月和满月，小潮总是伴随着弦月，以至于在考虑海况时我们一想到新月和满月的观念就推断大潮的存在。而此时，如果某个科学家告诉我们说，月相的圆缺就是潮汐大小的真正原因，它们之间的恒常的会合就是我们所能发现的一切，他的这一解释通常并不能使我们感到满意；而且，即便他修正说，真正关键的是日、地、月三者之间的某种特定的位置关系（或距离）和某种特定的潮汐运动的恒常会合，我们仍然会充满疑惑——因为我们并不认为，一旦发现了某种恒常的会合我们就有了对某种特定现象的真正恰当的说明，无论这种恒常的会合是哪种特定现象的会合。只有当他进一步说，日、地、月三者之间的位置关系或距离的变化不仅造就了月相的圆缺而且也改变着三者之间的引力关系，这种变化中的力（force）才是引起潮汐大小变化的真正原因并且与之有必然联系时，我们才会感到满意。当休谟断言，除了事物之间的恒常会合以及我们的心灵由一个对象向另一个对象所进行的那种推断之外，我们再不能有任何能力、联系和必然性的观念时，他实际上摧毁了我们关于自然科学知识的确定性基础，因为恒常的会合和心灵的倾向这两个因素并不能保证知识的确定性。类似地，在道德生活中休谟的结论也有非常严重的后果。如果休谟关于必然性的论述是正确的话，它将摧毁进行任何合理的道德评价的可能性。为了说明这一点，让我们再来看一个例子。

我们知道，在杰瑞·西格尔（Jerry Siegel）和乔·舒斯特（Joe Shuster）创作的漫画小说《超人》所描绘的世界之中，哪里有危难哪里就有"超人"（新闻记者克拉克·肯特）和奇迹般的正义之举，也就是说"超人"总是和奇迹般的正义之举恒常地会合在一起，以至于小说中的民众在心灵中形成了一种由"超人"的出现推断奇迹将发生、由奇迹的发生推断超人的存在的确定倾向。但是，他们因此就可以把这些奇迹般的正义之举归功于"超人"吗？严格说来，答案是否定的。

让我们发挥一下想象力：假设超人无时无刻不被他的宿敌莱克斯·卢瑟跟踪着，后者总是亲手策划出这些"奇迹般的正义之举"并造成"超人"制造了这些奇迹的假象，以达到不可告人的目的（这种事多半不会发生，但是我们必须承认存在这样一种可能性）。或者，让我们设想：因不适应地球上恶劣的生存环境（例如雾霾、三聚氰胺、苏丹红、地沟油等），"超人"其实早已丧失了他的超能力，虽然他自己并不知道这件事，因为他的朋友们（例如，钢铁侠、蝙蝠侠、蜘蛛侠、奥特曼等）不忍心让这个拥有一颗比人类更人性的悲悯之心的"氪星最后之子"发现这个残忍的事实而无时无刻不在暗中帮助他：每当超人想要制造正义的奇迹之举时，他们就用他们自己的超能力使"超人"达到目的，以至于"超人"产生了某种幻觉，并认为他的身体仍然具有超能力，并且这种超能力服从于他自己意志的安排，虽然这些正义之行在事实上跟他完全无关，而只是和他的出现一律地会合在一起。

在这些假想的例子中，难道我们可以认为这些正义之举应该归功于"超人"吗？进而更普遍地说，难道我们仅仅因为某些善行或恶行和某个存在者（比如说"超人"）恒常地会合在一起就可以合理地对其或褒或贬、或赏或罚吗？而无论这些善行或恶行是否是基于这个存在者的某种能力而产生，并且符合他的意志、动机、性格或情感？答案无疑是否定的。

有些人肯定要争辩说，我们确实可以合理地把这些正义之举归功于"超人"，这样做的原因仅仅在于"超人"的"悲悯之心""内在德性"或"善良意志"，而无论这些正义之举是否是基于他的某种能力和意志而产生。或者普遍地说，对道德主体的道德评价跟道德主体的行动无关。对于这一反驳，我们要说的是：首先，只要合理的道德评价还需要考察道德主体的行动的话，我们的论证就仍然保有其力量。事实上，即使道德主体的价值仅仅在于其德性、善良意志或动机而不在于其道德行动及其结果，我们的道德评价仍然需要考察行动本身以及行动与内在德性、动机、意志之间的关系。动机、意志和德性只有在外在行动中得以实现才成其为动机、意志和德性。动机、意志和德性是相对于其引起的行动而言的概念，离开行动不能有真正意义上的动机、意志和德性。其次，即使合理的道德评价可以仅仅建基于某些内在德性或善良意志，我们难道不要求培养这些德性和善良意志的各种努力或行动与这些德性的形成这两件事情之间有一种必然联系吗？难道我们能仅仅满足于它们的恒常会合？

　　至此，我相信我已经证明：对行动者的一切合理的道德评价都要求行动者与其行动之间存在一种因果必然联系，即要求行动者具有引起（cause）其行动的某种性质或能力。

　　同理，我们也将很容易发现，合理的道德评价还要求行动者的行动与行动的结果之间也存在一种因果必然联系。行动者的道德实践应该被看作一个完整的因果链条，即对于任何行动 A，都存在一个原因集 C 和一个结果集 E。这个因果链条包括 "C→A" 和 "A→E" 两个环节。其中，C 通常包括意志、动机、信念、性格和情感等因素；并且原因 C 必然引起行动 A，行动 A 必然引起结果 E。如果因果性只是休谟所说的两类事件的恒常会合，而不包含必然性；那么，我们就不能说 C 必然地导致行动 A，行动 A 必然地导致结果 E。一方面，如果 C 并不导致行动 A，那么行动者并不对行动负有责任，进而也不对结果 E 负有责任。另一方面，如果行动 A 并不必然导致结果 E，那么行动者也同样不对 E 负有责任。因此，休谟对必然性的否定将导致对道德评价基础的双重瓦解，或者说将会在 "C→A" 和 "A→E" 这两个环节上都瓦解合理的道德评价的基础。

　　总之，必然性的存在是一切合理的道德评价得以可能的基础。而休谟的理论恰恰否定了这种必然性，或者说把必然性降格成了属于我们心灵的某种倾向。这样一来，在休谟那里必然性不再是对象的性质，而仅仅成了思考它的那个心灵的性质，不存在于客观世界中，而仅仅存在于心灵的想象中。因此，如果休谟的理论是正确的，那它势必要摧毁进行任何合理的道德评价的可能性。

五　对相关问题的进一步讨论

　　细心的读者也许要立即提醒我们：休谟并没有否认事实上有这样一种必然性，他只是否认我们能对这种必然性拥有一个清楚确定的观念。他们说：事实上有没有这样一种必然性那是一个形而上学的问题，而我们是否能认识这种必然性并对其形成一个清楚而确定的观念则是一个认识论的问题，我们不应该混淆形而上学和认识论这两个不同的层次。①

这一提醒是值得考虑的，因为休谟曾明确地说："人们可以说，自然的作用是独立于人类思想和推理以外的，我也承认了这点……"（T168）。他还说："我诚然愿意承认，在物质和精神的对象中可能有一些性质是我们所完全不知道的；如果我们高兴把这些称为能力或效能，那对世人也无关紧要。但是我们如果用能力或效能等名词，不指这些未知的性质，而用它们指示我们对之有清楚观念的某种东西……那么立刻就会发生含糊和错误，而我们也就被一种虚妄的哲学带入了歧途。"（T168）在这里，休谟似乎并没有否认在形而上学的层次上这种必然性（或者说"能力"）存在的可能性，而仅仅是强调我们不能对之有清楚确定的观念；但是，我们也应该同时注意到他的其他论断，例如休谟曾明确断言：

> 凡是我们对之不能形成一个观念的任何对象，我们永远不能有相信它存在的理由。（T172）

从以上论断我们可以看出，休谟实际上并不相信那种作为对象的性质的必然性能够存在，因为他缺乏断定其存在的一个理由。按照他的经验论的基本原则，休谟不可能承认这种必然性存在的可能性，虽然在表面上他还保留了那种"未知性质"的立足之地。

退一步讲，即使休谟确实承认能力或必然性作为一种不可知的性质而事实上存在，他否认我们能对之形成清楚而确定的观念这一点是毫无疑问的。因此，即使合理的道德评价在形而上学层次上有其可能

---

① 这些学者解释视域中的休谟被称为"The New Hume"，以区别于"The Old Hume"。相关讨论读者可参见 Alan Bailey & Daniel O'Brien, *Hume's Enquiry Concerning Human Understanding: Reader's Guide*, London and New York: Contiuum, 2006, pp. 79 – 83; Peter Millican, "Hume, Causal Realism, and Free Will", in *Causation and Modern Philosophy*, ed. K. Allen and T. Stoneham, London and New York: Routledge, 2010, pp. 123 – 165; John P. Wright, "Scepticism, Causal Science and 'The Old Hume'", *Journal of Scottish Philosophy* 10 (2), 2012, pp. 123 – 142。

性基础,在认识论上它们也得不到辩护。也就是说,按照休谟的原则,我们将无法认识到哪些行为是和行为者联系着的,而哪些行为则仅仅是和某个存在者会合在一起,因为休谟从根本上否定我们能拥有任何"联系"的观念,不管"联系"在事实上是否存在。所以,虽然道德评价在事实上可能是合理的,但我们却无法把合理的道德评价和不合理的道德评价区分开来——这同样会摧毁我们进行合理的道德评价的可能性。

在这里,我们并不是说休谟在提出他的"必然性"概念时主观上有意要摧毁进行合理的道德评价的可能性基础,而是说休谟的"必然性"概念在客观上有摧毁合理的道德评价的可能性基础的理论后果。实际上,休谟本人并未意识到这一点。虽然他正确地认识到合理的道德评价需要以"必然性"作为它的基础,认为自由不是与必然相对立而是与约束相对立的概念,并把自由定义为"根据意志的决定而行动或不行动的一种能力"(E95,Z78);但是他没有意识到作为合理的道德评价基础的"必然性"概念以及作为他的"自由"概念的基础的"意志"概念违背了他对"必然性"的定义。他说:

> 我所谓意志只是指我们自觉地发动(give rise to)自己身体的任何一种新的运动,或自己心灵的任何一个新的知觉时,所感觉到和所意识到的那个内在印象。(T399)

在上述定义中我们清楚地看到,休谟使用"发动"(give rise to)这一表达来定义意志。"发动"和"产生""引起"(cause)等几乎是同义词,并且能由此引申出"能力""原因""必然联系"等概念,而这些概念恰恰是休谟所攻击的对象。在上文中我们已经看到他完全否认我们能拥有关于能力、原因、联系和必然性的观念。在休谟那里,"必然要么在于相似对象的恒常会合,要么在于理智从一个对象到另一个对象的推断"(E97,Z80),他的"必然性"概念与"发动"概念实际上完全是水火不容的。正如克拉伦斯·修尔·蒋森所指出的那样,休谟在因果必然性概念的使用上存在混乱①。

可惜的是，休谟自己并没有意识到这一点，而且在论述自由与必然关系的时候，他也只是认识到如果道德要求必然性那么我们需要一个神正论。但他也并没有提供出一个来，而只是说："我们也不能明确地说明，神如何能成为一切人类行为的间接原因，而又不是罪恶和道德堕落的创造者。这些事情是神秘的，非常不适合于我们完全天生的、孤立无援的理性来把握。"（E103，Z85）结果就这样把问题轻易地打发掉了。

最后，我还需指出的是：首先，本文的目的并不是借口休谟的"必然性"概念对道德具有危险的后果就否定他的理论的真理性；恰恰相反，我们只是要指出，如果休谟的理论具有真理性，它在理论上的后果是什么。在此，我们没有肯定或否定休谟关于必然性的论述的真理性。其次，当我说合理的道德评价要求以必然性作为其基础的时候，我的意思并不是说所有道德评价（作为一种判断）都必须具有数学真理或逻辑真理那样的确定性才可能是合理的，或者说合理的道德评价都必须是必然真理；我仅仅是说，只有当必然性是客观存在的，并且我们对之能形成清楚确定的观念时，我们进行合理的道德评价才是可能的。不管我们的道德评价（或判断）在何种程度上可以被称为真理，如果合理的道德评价是可能的，那么必然性概念就是必需的。在这里，我们讨论的不是道德评价在何种程度上能达到的确定性或真理性，而是进行合理的道德评价的可能性。本文关注的问题是：如果休谟关于必然性概念的论述是正确的，合理的道德评价何以可能？我们的回答是：如果休谟是正确的，那么合理的道德评价将是不可能的。因为我们并不认为如果某种信念和意图高概率地和某种行为会合在一起，并且如果这种行为高概率地和某种结果会合在一起，那么这些信念和意图的拥有者（行为者）就要对该行为及其所谓"结果"负责——恒常的会合不等于联系，至今无一例外的高概率性［或按休谟的话说一个"证明"（proof）］也不等于必然性。

---

① Clarence Shole Johnson, "Hume on Character, Action and Causal Necessity", *Auslegung* 16 (2), 1990, p. 150.

六　结论

综上所述，对人类行动的一切合理的道德评价，都要求行动与行动者的意志、动机、性格或情感等之间存在一种必然联系（必然性），并使后者成为前者的真正原因。这种必然性应该作为对象的性质而存在，或根植于存在者的能力。而休谟在承认合理的道德评价必须以必然性作为其可能性基础的同时把必然性降格为相似对象的恒常会合以及随之而来的心灵从一个对象向另一个对象进行推断的某种确定倾向。但是，对象间恒常的会合以及心灵由一个对象向另一个对象进行推断的那种确定倾向这两个要素并不足以保证合理的道德评价的可能性。因此，如果休谟是正确的，那么他的必然性概念必将摧毁进行合理的道德评价的可能性。休谟的必然性概念在道德层面上给我们提出的挑战，丝毫不亚于这一概念在人类知识方面所造成的震动。但可惜多数学者（甚至休谟本人）都没有意识到这一问题的严重性。在自然的达摩克利斯之剑落在我们头上之前，在知识方面我们也许可以一如既往地像那只快乐的公鸡（罗素语）一样期待一个丰衣足食的明天，但我们怎么可以容忍一个没有合理的道德评价的世界？

On the Moral Theoretical Implication of Hume's Concept of "Necessity"

(Zhong Huanlin, Wuhan University, 430072)

Abstract: Any moral judgments on human actions, if reasonable, all require that there are necessary connections between actions and will, motives, characters and disposition of the person who conducts these actions. Hume acknowledges this point, but he avers at the same time that beyond the constant conjunction of similar objects, and the consequent inference from one to the other, we have no notion of any necessity, or connection. According to logic, if Hume is right then his analysis of "necessity" will rule out the possibility of reasonable moral judgments which is based upon the concept of necessity, because the two "ingredients of necessity" Hume asserts— "constant conjunction" and the "inference" of our minds—are not the "necessity" required for us to make reasonable moral judgments.

Keywords: Hume; necessity; moral judgment; possibility

论黑格尔《法哲学原理》中的意志概念

阮　媛[*]

摘要：黑格尔的《法哲学原理》谈论的是个人自由及其实现的问题。黑格尔在这里谈到的法（Recht）有两层含义：它既可以从实定法的意义上从规则和规定的角度来定义法，也可以从权利等角度定义法。黑格尔用以规定法的特性的关键在于"法的理念是自由"，只有在自由的领域中才能真正理解法。法的出发点和基础在于意志，而意志的本性是自由的，因此理解《法哲学原理》的基础在于理解意志的自由特性。本文将具体分析意志的概念及其实现自由的发展脉络和具体表现。

关键词：意志；自由；法

一　作为理念的意志

在关于法的基础这一问题上，黑格尔反对将法的基础建立在当时的具体历史背景和环境之中，这种具有实定性特征的法律只具有暂时性的价值，而不具备理性和精神的价值。为了与这种性质的实定法区分开，

---

[*] 阮媛，华中农业大学讲师，研究方向为政治哲学，Email：juice0310@163.com。

他将法的出发点设定为意志。"法的基地一般说来是精神的东西，它的确定的地位以及出发点是意志；意志是自由的，所以自由就构成法的实体和规定性，并且法的体系是实现了的自由。"① 对于黑格尔而言，"法的理念是自由"，因此，对法的自由特性的理解也就是对意志自由特性的理解。

以意志为基础的法则超越了具体的环境而具有普遍的理性。意志同时具有两个特性，一方面，意志自身便具有自由的特性，这是意志的内在本质。另一方面，这里的意志并非概念上的意志，而是作为理念的意志。从知性的角度来看，概念是抽象思维的结果，而且概念本身是一种既定的状态而非不断生成的状态。黑格尔则赋予概念以生命力，使其具有越来越丰富的内涵。与概念相比较，"理念最初不过是抽象的概念，所以它必须不断地在自身中进一步规定自己。但是这个最初的抽象规定绝不会被放弃，相反地，它只会在自身中愈加丰富起来，于是最后的规定是最丰富的规定"。② 因此，黑格尔将意志称为活的概念，意志是一种具有生命力的概念，它不仅仅停留于理论的层面，相反它自身必然要通过实践活动将自身从概念中发展到现实世界里。而这种生命力体现在它能将自己从"自在"（in itself）的状态发展为"自为"（for itself）最后达到"自在自为"（in itself and for itself）的自由结果。这三个环节的发展也正是意志从不确定（indeterminate）到确定（determine）的一个发展过程。这种发展过程的依据在于这种理念除了通常意义所认为的形式外，更包含内容。意志的形式是指意志将自身从潜在到实现的这一过程，将目的实现出来的过程。而内容则是指意志所欲求的对象。形式和内容都是一个需要逐步发展的过程。因此作为理念的意志是一个辩证发展的过程，下面本文将具体分析意志的这三种具体发展阶段。

从意志的不确定性到确定性的过程，也就是意志的形式与内容相一致的过程。在最初的阶段，从表现形式上看，作为理念的意志具有从一切事物中抽象出来的能力，但由于意志排除了一切思维的对象，并不具

---

① 黑格尔：《法哲学原理》，范扬、张企泰译，商务印书馆1961年版，第10页。
② 同上书，第39—40页。

备任何思维内容的规定性，因此它只具有单纯的思维形式，只有一种空洞的抽象性。意志在这一阶段所表现出的自由特性也是一种空洞的自由。因此无论是在理论上，还是实际的政治生活中，意志的这种特性使其并不具备任何有意义的建树，相反，意志的这种特性会使理论和政治生活都产生一种混乱的结局。① 想要克服意志的不确定性，它必须有一个确定的内容作为自己意欲的对象。这便过渡到了意志的第二个阶段。

不同于抽象的意志，在这一阶段，意志能够切实地将自身实现在外部世界中，这也是从主观目的转化到客观现实的过程，主观目的从客观性中可以看到自己的意义所在。意志的形式在这里也表现为意志的目的，即将自身表现在客观现实世界中的目的，这也是意志作为理念的具体表现。除了形式以外，这一阶段的意志有了具体的内容："由于意志的规定是意志自己的规定，一般说来是意志在自身中反思着的特殊化，所以这些规定就是内容。"② 由主观目的所构造出的特殊内容，具体体现为两个方面，它既可以是由"自然的意志"所给予的具有自然特性的意志内容，也可以是由"精神的概念中产生"所给予的有反思性特征的意志内容。当意志的内容源于冲动或情欲等自然属性时，虽然从形式上看，主观的目的的确实现于客观世界中，但是这里的形式和内容并没有真正达成一致，因为内容的来源，从根本的意义上来说，是由自然所规定的，而不是被真正的理性所规定的。

同样，当意志所面临的选择项增多时，从表面上看，在排除了被单个意欲对象所决定的困境，意志在多项选择中获得了一种自我决定的自由，但是这种选择背后依旧是意志在面临单个对象前所拥有的冲动的特性。因此，意志虽然在形式上进行了自主选择，但是被选择的内容却依然是被给定的，并非完全由意志自己产生的。形式上具有普遍的无限

---

① 在理论中会表现为意志从取消外部现存事实的精神世界中获得解脱和自由的学说。事实上，它仅仅是通过取消了欲望的对象从而获得了自由的假象。同样，作为启蒙革命的法国大革命在最初震慑人们心灵后，并没有真正给人们带来自由，相反它成了"绝对的恐怖"。每次权威和机构的设立都被看作对意志自由的挑战，但当意志试图去抹杀掉现实中存在的差别时，人不仅没有获得自由，反而迎来了一个恐怖的历史时期。以自由为名的革命却导致了更大的不自由。

② 黑格尔：《法哲学原理》，范扬、张企泰译，商务印书馆1961年版，第20页。

性，内容上却是被给定的有限性。因此，无论这种选择的类别有多少，无论我是否可以做任意的选择，这种任意背后却是有限的规定性，因此任意性的选择并不会带来意志的自由，这种任意性自由的背后所包含的矛盾是有限的规定与看似无限的选择可能之间的冲突。因此，黑格尔认为："它（内容）不是通过我的意志的本性而是通过偶然性被规定成我的；因此我也就依赖这个内容，这就是任性中所包含的矛盾。"[1] 除此以外，这种选择性还会带来另外一个问题。当意志面临各种选择时，这些被选择的有限可能性之间会各自产生冲突。如我口渴时，我并不知道该如何在喜欢的几种饮料品牌中选择其中一种。而之所以多种可能性会相互冲突，在于其最根本的标准是如何获得最大的满足感，也就是幸福。这一阶段的内容属于精神概念的产物。因为幸福也是意志自身反思后的结果，其具体表现在个体的特殊性与差异性之间，每个人所持有的幸福观都不同，这是个体反思后的结果。但是这种幸福并不能成为意志最后的结果，因为幸福本身并不蕴含真正的普遍性，它最后只会归于单个人的特殊感觉。而最完整的意志概念应该是普遍性和特殊性的统一，形式与内容的统一。只有当形式和内容均为意志所决定，均获得普遍性时，意志才可以获得真正的自由。

因此，意志想要获得最完备的表现，实现其最充分的自由特性时，必须使形式与内容获得真正的一致性，达到意志内在的真正的确定性，而不是一种抽象的不确定性和一种片面的确定性。因此，在最后这一阶段中，意志的内容既不同于最初阶段中的空无，也不同于前一阶段中被规定的特殊物，而是扬弃了前者后以自由本身为对象时，意志的内容才真正实现了形式与内容的一致。只有当意志以自身作为反思的对象时，才能让意志既有具体的欲求对象，又超越了具体的纯粹感性而冲动的意欲对象。意志的本性是自由，因此意志以自身作为反思的对象，也就以自身的自由本性作为自己所欲求的目标。意志只有在此阶段才能充分实现作为理念意志的自由本性。

意志发展的这一过程同时也是意志从普遍性，特殊性发展到单一性

---

[1] 黑格尔：《法哲学原理》，范扬、张企泰译，商务印书馆1961年版，第27页。

的辩证过程。在这一阶段，意志是前两个发展过程的统一。它超越了抽象的普遍性和被规定内容的具体特殊性，在这一阶段它扬弃了前两个环节，使得意志既具备形式的普遍性，又具备内容的特殊性，它是普遍和特殊的结合而形成的单一性，这里的单一性具体是指："然而这两个环节①还只是单纯的抽象；具体的、真的东西（一切真的东西都是具体的）是普遍性，它以特殊物为对立面，这个特殊物通过在自身中的反思而与普遍物相一致。这个统一就是单一性。"② 关于二者实现的特征，从逻辑学上来看，普遍性和特殊性的结合体现在概念论的个体性中，"这是指普遍与特殊两种规定性返回到自身内。这种自身否定的统一性是自在自为的特定东西，并且同时是自身同一体或普遍的东西。"③ 这是一种具体的普遍性，具体的普遍性是指对于特殊性而言，普遍性并不是无数特殊性的集合体，也不是特殊性的知性的总结，而是在特殊性中渗透着普遍性的统一。

二 意志的核心——自我决定

从前面的分析中可以看出，意志得以实现的关键点在于自己给予自己内容。意志经历了抽象，反思最后过渡到了单一性，这是意志发展的最高阶段。在这个过程中，意志的发展本身遵循了两个原则，一个是意志的自我立法，另一个是意志所具有的行动特性。那么，用以表述这两种特性的核心概念是什么呢？它的历史来源又是什么？这将是下面所要解决的问题。

本文在前面分析了意志的三个发展阶段，意志最高的发展阶段是单一性意志，作为从普遍回到特殊的意志，也是自在自为的意志，这也是意志发展的最高阶段，它以自身为对象，"自在自为地存在的意志是真

---

① 指抽象思维的普遍性和具体对象的特殊性。
② 黑格尔：《法哲学原理》，范扬、张企泰译，商务印书馆1961年版，第18页。
③ 黑格尔：《小逻辑》，贺麟译，商务印书馆1996年版，第331页。

正无限的，因为它是它本身的对象，因而这个对象对它说来既不是一个他物也不是界限；相反，这种意志只是在其对象中返回到自身而已"。① 这种意志是自在自为的，而意志之所以是无限的，是因为意志以自身为对象时，可以不断将自己表现出来。这里对无限的理解不同于恶无限。恶无限是指没有尽头的无限，而这里的无限是指意志的外在对象可以回到自身中，它不是指向无穷尽的外在，而是返回其自身，指向意志的内在。意志与这种自身的关系是："惟有在这种自由中意志才无条件地守在它自己身边，因为除了与它自身相关外，它不与其他任何东西相关，从而对其他任何东西的一切依赖关系都取消了。"② 意志的形式与内容都源于自己的规定，而不再借助于任何他物来表现。"意志的本质是自己决定自己。"③ 这个意志发展的最高阶段就叫作自我决定。

自我决定的意志由自身来确定内容，对这一点的具体理解需要回到黑格尔的逻辑学进行相关的解释。这种与自身相关（Being－with－Oneself）的概念内在地包含了它与他者之间的关系，它的完整表达是Being－with－Oneself－in－an－Other。④ 自我决定同时还要与他者相关，这看起来似乎是相悖的，但这里关于自我和他者之间的关系，可以从两个层面来分析：一方面对于二者的自我而言，任何一方都是自己的他者，另一方面二者虽然不同，但都是构成对方的不可或缺的一个要

---

① 黑格尔：《法哲学原理》，范扬、张企泰译，商务印书馆1961年版，第31页。
② 同上书，第32页。
③ 黑格尔：《哲学史讲演录》第四卷，贺麟、王太庆译，商务印书馆1996年版，第289页。
④ 此概念的精确表达引用 Allen Wood, *Hegel's Ethical Thought*, Cambridge: Cambridge University Press, 1990, p.45。其德语表达式是 Bei sichselbstsein in einem Andern。对这个概念的具体表述，可参考《精神哲学》中精神实现自由的过程，"精神的自由不是一种在他物之外，而是在他物之内争得的对于他物的不依赖性，就是说自由之成为现实，不是由于逃避他物，而是由于克服、即扬弃他物……因为它（精神）知道，这个在它之内的他物是它设定起来的，因而也是它能够重新加以扬弃，使之成为它的他物（即'我的某某表象'），就是说，它在这个他物里仍然保持着它自己，即仍然是自己与自己本身相联系的。"黑格尔：《精神哲学》，杨祖陶译，人民出版社2006年版，第7—8页。黑格尔认为，精神是自由的精神，而这种自由的特性正在于"自由正是在他物中即是在自己本身中、自己依赖自己、自己是自己的决定者"。黑格尔：《小逻辑》，贺麟译，商务印书馆1996年版，第83页。

素。① 因此，这是一个偏正结构的概念。In - an - Other 指的便是自身将他者转变为自己的一部分。即 In - an - Other 内在于 Being - with - Oneself 中。

因此，自我决定自身有三层含义：首先，从内容上而言，自我决定的意志除了需要克服空洞的抽象性而具备具体的内容外，这个内容的来源必然是不断源于理性意志思考的结果，但这里需要注意的是，黑格尔所谓的理性是一个辩证发展的过程，它不是排除欲望、爱好等感性需求的纯粹理性，而是扬弃了它们的理性，这一点也是黑格尔与康德、费希特等人的理性观所不同的地方。其次，从形式上而言，自我决定的意志需要不断超越内在的内容，而将其外化。"意志的活动在于扬弃主观性和客观性之间的矛盾并且使它的目的由主观的确定性变为客观性，然而同时仍然在客观性保有自己。"② 最后只有当作为内在的内容和外在的形式实现一致时，自我决定才能得到最完备的表达，而这里的一致是指意志将完全由自身理智所确定的内容通过形式表现出来。自我决定的意志虽然是意志发展的最高阶段，但它也是意志在前两个阶段发展的结果，它本身是对前者的扬弃，前者包含于最后的阶段，因此自我决定的意志本身也是一个逐步辩证发展的过程，自我决定的最终目标是与自身相关，因此这里的关键就是自我是如何一步步统一他者的过程，即并不将他者看作与自身相异的它物，而是自我从他者的身上窥探到了自我的本性。意志的形成需要两个要素，一个是从内容的设定来看，他需要做到完全由自己来设定内容，并将此内容表现在外部现实中，另一个是从表现的形式来看，它并不是一个抽象物，它的形成和发展需要具体的历史环境。

黑格尔自我决定的意志除了其内在的发展逻辑外，它本身也是在前人的基础上建立起来的，这里主要分析的是意志与行动的相关性。对这一点的追溯需要回到对费希特自律或自我决定意志的分析。与康德的自

---

① Hegel, *Hegel's Science of Logic*, Transted by A. V. Miller, London: George Allen & Unwin. Ltd. ; New York: Humanities Press, 1969, pp. 116 - 120.
② 黑格尔：《法哲学原理》，范扬、张企泰译，商务印书馆1961年版，第36页。

律概念不同，费希特的自律概念是非形而上学意义的。[1] 康德的自律源于理性的自我立法，它体现的是自己给自己设定规则，而费希特的自律则与现实性相关。与康德一样，费希特排除了感性和经验，他将自我与理性相连。这里的自律所体现的不仅仅是自我立法更体现为行动，这个行动包括自己和世界的关系。费希特的自律来源于他的自我观[2]。

费希特的自我是一种活动，自我是绝对的，任何异于自我的他物都源于自我，虽然自我异于他物，但自我可以从他物中确认自身，因此最后他物与自我依旧具备同一性。"他把自我当作绝对原则，因而必须表明宇宙的一切内容都是自我的产物，而自我同时即是它自身的直接确定性。"[3]

费希特将自己的哲学称为知识学，而自我作为第一原则是他的哲学的出发点和起点，他的自我观最终发展的结果是要实现绝对自我，也就是要实现人类最终的自由。他的自我原则突出了人的主体性和自由，这里的自我不是理智沉思的自我，而是一种具有行动意义上的自我，他认为，只有行动而不是单纯的沉思才是人真正的使命。

绝对自我的发展过程分为三个阶段，三种不同的命题，它们之间是一种辩证发展的过程。第一个命题是正题，自我设定自身，它是绝对自我的出发点，也是绝对自我的第一个行动表达式，而这种最初的行动的表现形式是理智，它的理智概念同康德一样排除了经验，但他的理智又不仅限于思维，他认为理智本身就是行动。绝对自我对自身的最初的认识是自我等于自我。在这种抽象的形式表达式背后所反映的是自我与自我之间的一种必然性。这里的必然性是指自我与自我之间是无条件等同的，它本身并不再需要其他的根据或者条件。

这样的一种自我本身没有进一步的规定，但它却是一个无条件的绝对的原则，它表明了自我既可以作为一种行动的主体，同时自我也是这

---

[1] 参见刘哲《康德还是费希特——两种作为自律的自由》，载《哲学门》2010年第11卷第21辑。

[2] Paul Franco, *Hegel's Philosophy Freedom*, New Haven: Yale University Press, 1999.

[3] 黑格尔：《哲学史讲演录》（第四卷），贺麟、王太庆译，商务印书馆1996年版，第310页。

种行动的结果。它体现了人的一种主动性,自己规定自己,自己创造自己,自己给予自己意义。这一阶段中自我的表现是一种抽象人的特性。

第二个命题是反题,自我设定非我,与前一阶段相比,这里的自我包含几个方面的特性。首先,与前一阶段抽象的自我不同,这里的自我是经验层面的自我,有限的自我。其次,自我在设定了自身后,还需要设定自身以外的他物,自我是从这些他物中来认识自身的。这里的非我包括自然和社会,自我与非我的关系在于,自我只有在非我与自身的对立中才能了解自身,而自我又能从自我与非我的对立中看到彼此间的同一性,这种同一性源于自我在思维中将对象纳入到自己的体系中,非我的意义是由自我来给予的。①

最后一个命题是自我设定自身和非我,这既是前两个命题的合题,也是绝对自我最终获得的结果。在绝对自我中,前面阶段中的自我和非我结合在一起,自我和非我既相互对立又相互统一。绝对自我是设定自我和非我等一切存在的本原,从这种活动中体现出了自我的行动。

黑格尔用来界定绝对意志的词是"自在自为""与自身相关",对意志的这个规定来源于对康德和费希特理论的扬弃。康德指出:"道德律仅仅表达了纯粹实践理性的自律,亦即自由的自律,而这种自律本身是一切准则的形式条件,只有在这条件之下一切准则才能与最高的实践法则相一致。"② 所谓意志自律,是指意志自己给自己以法则。费希特继承了康德对主体能动性的强调,并且将主体的能动性发挥到一个更高的程度。他将一切经验事物都归结为"自我"的能动活动,他从自我来出发去理解人的一切知识构成,并以此为前提去建立自己的体系,整

---

① 在涉及自我与他人的关系时,费希特强调了人的社会性,"社会意向属于人的基本意向",人的社会意向体现在人是具有社会性的动物,他的独居生活会抹杀他作为一个人的特性,人必须与他人在一起生活形成社会。参见费希特《论学者的使命人的使命》,梁志学、沈真译,商务印书馆2008年版,第18页。关于人的社会性这一点,有人就此提到费希特的主体交互概念,如郭大为《从先验主体性到主体间性——费希特伦理学思想简论》,《中共中央党校学报》1998年第2期。关于费希特主体间性问题的复杂性并不是本文在这里所能处理的,也并不是文本在黑格尔的视角上所欲探讨费希特的部分。这里对费希特的兴趣将仅仅限制在其行动性对黑格尔的自我决定所造成的影响这一方面。

② 康德:《实践理性批判》,邓晓芒译,人民出版社2003年版,第43—44页。

个客体都是从"自我"这里发展出来的，在费希特这里，思维成了唯一的了，主体是真正的客体，就是实体本身，这种对主体能动性的发挥为黑格尔的主体的形成做了铺垫。黑格尔从费希特的自律中继承了其行动性，从而将自我决定不仅仅设为理性的内容，更是一种具有理性的行为表现。

黑格尔肯定了康德将自律诉诸理性的自我立法，他也肯定了费希特对"自我"能动活动的肯定，但是在费希特的理论中，费希特也区分了自我和他者。这里的他者有两层意思，一个是作为与自我相同的，伦理共同体中的他人。而另一层意思则是理智与感性的区别。在费希特看来，关于自我与他者的关系上，费希特将理性看成自我的绝对特征，而将感性爱好欲望等看成是他者，哪怕他们也属于自我的一部分，但是费希特将其都看作自我的对立面。① 黑格尔则将自我的概念建立在自我和他者的联系上，自我是通过对他者的超越和克服而形成自我的，黑格尔对这一观点集中在他对意志的"与自身相关"中，黑格尔的"与自身相关"并不只与自身相关，"'与自身相关'是一种在我和一个'客体'或者'他者'之间的关系，然而它的不同或者差异却已经被克服了"。② 他者是内含在自我的关系中的。在关于自我和他者的关系，黑格尔将自由的实现置于具体的现实生活中，从而使得自由的实现成为一种人在现实生活中可以实现的生活方式。

三 小结

本文具体分析了《法哲学原理》中法的基础点——意志。通过对意志的分析，可以看出意志是一个具有自由特性的理念，而正是意志的这种特性，使得黑格尔的法不仅仅停留在实定法的层面，而是扩大到具

---

① 艾伦·伍德认为，黑格尔批判费希特的原因恰恰在于他忽视了感性的重要性。参见 Allen Wood, *Hegel's Ethical Thought*, Cambridge: Cambridge University Press, 1990, pp. 44–45。
② Allen Wood, *Hegel's Ethical Thought*, Cambridge: Cambridge University Press, 1990, p. 45.

体的现实生活中。作为自由特性的意志需要不断超越现实生活的限制，从抽象法、道德到伦理，切实地将法作为自由生活得以实现的一种可能性。

The Concept of Will in Hegel's *Philosophy of Right*

(Ruan Yuan, Huazhong Agricultural University, 430070)

Abstract: Hgegel's *Philosophy of Right* relates on how could one fulfill one's freedom. There are two implications about Recht. On the one hand, it can be defined on rules and regulations, on the other hand, it can be defined from the angle of right. The key points in Hegel's mind is that the idea of right is freedom. It is only in the realm of freedom, one can understands the right fully. The starting point of lies in the will, and the true nature of will is free, so the basic point of *Philosopht of Right* relies on the free features of will. The paper aims to analyze the concept of will and the way of its realization.

Keywords: will; freedom; Recht

青年施莱尔马赫的斯宾诺莎研究中的形而上学

张云涛[*]

摘要： 青年施莱尔马赫关注到德国思想界发生的"泛神论之争"，他通过耶可比的著述对斯宾诺莎主义进行了深入的研究，创造性地综合了康德与斯宾诺莎的思想，提出了有机的一元论和完备的决定论，并以此反过来批判这两位哲学家和耶可比。他改造了斯宾诺莎的一元论，使用这种后来被他称作"更高的实在论"的思想，反对康德的二元论和先验自由观；同时，他又利用康德的批判哲学反对斯宾诺莎主义的独断论和机械系统，肯定个体的存在、自由和尊严。依据其对于有限者与无限者的辩证理解，他批判了耶可比在信仰上所持的神秘主义和情感主义。可以说，他的斯宾诺莎研究已经隐含了他后来的文化哲学和情感神学所预设的形而上学。

关键词： 泛神论之争；耶可比；斯宾诺莎；有机的一元论；完备的决定论

---

[*] 张云涛，哲学博士，武汉大学人文社会科学研究院欧美宗教文化研究所研究员、讲师，研究领域为德国哲学与宗教，Email：yuntao918@126.com。本文为教育部人文社会科学研究青年基金项目"施莱尔马赫文化神学研究"（项目编号：13YJC730008）、武汉大学人文社会科学研究青年项目"德国早期浪漫主义哲学研究"和武汉大学"德国古典哲学及其现代效应"青年学者学术团队研究成果。

正如海涅所言，泛神论是德国的秘密宗教。虽然康德对于传统形而上学和神学提出了最尖锐的批判，但在他的批判之后，德国哲学，尤其是观念论和早期浪漫主义又重新恢复了形而上学和泛神论的传统。在此过程中发挥至关重要的作用的是耶可比挑起的"泛神论之争"（Pantheismusstreit）所导致的斯宾诺莎主义在德国的兴盛①。施莱尔马赫作为后康德时代开始兴起的青年哲学家，也受到了泛神论之争的影响。他在研究康德几乎同一时期，也开始研究斯宾诺莎主义。不过，与同时代的其他哲学家一样，他没有直接接触到斯宾诺莎的著作，而仰赖于耶可比对斯宾诺莎的介绍和研究②。此时，他的思想还处于学徒时期，尚无力建构起自己的概念体系来系统阐述自己的哲学。正如他在论述自己对于自由问题的看法时借助于对康德的批判来进行一样③，在关注"一个个体的观念的根源及其依据"④ 这个问题时，他通过研究斯宾诺莎的思想来阐述自己的观念。不仅如此，正如有的学者已经指出的，

---

① 有关泛神论之争，可参见 Lewis White Beck, *Early German Philosophy: Kant and His Predecessors*, Cambridge: The Belknap Press of Harvard University Press, 1969, pp. 352 – 360; Beiser, Frederick, *The Fate of Reason: German Philosophy from Kant to Fichte*, Harvard University Press, 1987, pp. 49 91, 该部分论述了斯宾诺莎学说对十八世纪晚期德国思想界的影响。George di Giovanni, *Freedom and Religion in Kant and His Immediate Successors*, Cambridge Univeristy Press, 2005, pp. 137 – 151; Franks, Paul, *All or Nothing: Systematicity, Transcendental Arguments, and Skepticism in German Idealism*, Harvard University Press, 2005, pp. 84 – 145, 该书还考察了参与泛神论之争的哲学家与谢林和黑格尔的观念论的关系。

② 1787 年 8 月 14 日，施莱尔马赫在致其父亲的信中说："迄今为止我仍然不能正确地理解耶可比的哲学，因为他的哲学语言极其含混和不确定。我必须再次阅读他与门德尔松之间交流的所有著作。"（Schleiermacher, *Kritische Gesamtausgabe*, Abt. 5, Band 1, Walter de Gruyter, 1985, S. 92）他这里所说的两人交流的书就是耶可比的《论斯宾诺莎的学说：致门德尔松先生的信》（*Über die Lehre des Spinoza in Briefen an den Herrn Moses Mendelssohn*）。1794 年 4 月中旬之前，施莱尔马赫对好友布林克曼（C. G. Brinckmann）说，他如此长时间保存耶可比的著作是因为他要深入研究斯宾诺莎的著作（Schleiermacher, *Kritische Gesamtausgabe*, Abt. 5, Band 1, Walter de Gruyter, 1985, s. 344）。1800 年，当小施莱格尔（F. Schlegel）向他索要他收藏的斯宾诺莎的所有著作时，他回信说，他并没有收藏其全部著作，只有一部分（Schleiermacher, *Kritische Gesamtausgabe*, Abt. 5, Band 4, Walter de Gruyter, 1994, s. 266）。

③ 参见张云涛《青年施莱尔马赫的康德伦理学研究》，《武汉大学学报》（人文科学版）2012 年第 2 期，第 31—38 页。

④ *Friedrich Schleiermachers sämmtliche Werke*, herausgegeben von Ludwig Jonas, Berlin: G. Reimer, 1834 – 1864, Abt. 3, Band 4, Teilband1, s. 306.

"显而易见的是，施莱尔马赫的问题本身在很大程度上受到了康德批判哲学的推动和影响"①，他在阐述斯宾诺莎的思想时将它纳入康德的批判哲学的框架中，同时又用斯宾诺莎的学说来回应康德②。因此，本文首先简要论述泛神论之争、耶可比的思想及其对斯宾诺莎的批判，然后考察施莱尔马赫如何结合康德与斯宾诺莎的思想，提出自己的主张，并且反过来阐释和批判他们，回应耶可比对斯宾诺莎主义的抨击。

一 斯宾诺莎及耶可比对他的批判

著名思想家莱辛（Gotthold EphraimLessing）去世后，他的朋友耶可比（Friedrich Heinrich Jacobi）说莱辛私下向他承认他是一位"坚定的斯宾诺莎主义者"③。对此，莱辛的另一位朋友门德尔松（Moses Mendelssohn）感到好奇和震惊，他向耶可比询问详情。于是，在1783年11月，耶可比报告了他与莱辛的谈话④。由此，围绕莱辛的斯宾诺莎主义的问题，耶可比和门德尔松展开了通信。1785年，耶可比出版了《论斯宾诺莎的学说》（*Über die Lehre des Spinoza*），其中收录了他与门德尔松的大部分通信。在该书中，耶可比宣称，任何理性主义只要保持一致性，注定会变成导向宿命论和无神论的斯宾诺莎主义。在同年出

---

① Meckenstock, Günter, *Deterministische Ethik und kritische Theologie. Die Auseinandersetzung des frühen Schleiermacher mit Kant und Spinoza 1789–1794*, Berlin & New York, de Gruyter 1988, s. 198.

② Lamm 说，施莱尔马赫是"后康德主义的斯宾诺莎主义者"（post-Kantian Spinozist），他吸取了康德哲学的基本原则，但又赞同赫尔德（Johann Gottfried von Herder）等人对康德的批判，批判康德的不彻底性，因而是后康德主义的。不过，与莱因霍尔德（Karl Leonhard Reinhold）和费希特试图彻底推进康德的学说，宣扬理性的主体哲学不同，施莱尔马赫坚持斯宾诺莎的实在论、一元论和决定论，因而他是斯宾诺莎主义者。参见 Lamm, Julia, *The Living God: Schleiermacher's Theological Appropriation of Spinoza*, University Park: Pennsylvania State University, 1996, pp. 14, 26。

③ *The Spinoza Conversations between Lessing and Jacobi: Text with Excerpts from the Ensuing Controversy*, ed. By Gerard Vallée, lanham, Md.; University Press of America, 1988, p. 79, Note.

④ 参见 *The Spinoza Conversations between Lessing and Jacobi: Text with Excerpts from the Ensuing Controversy*, ed. By Gerard Vallée, lanham, Md.; University Press of America, 1988, pp. 85–86。

版的《凌晨或关于上帝存在的演讲》（*Morgenstunden oder Vorlesungen über das Daseyn Gottes*）中，门德尔松承认，莱辛的观点是斯宾诺莎主义，不过是"限定的斯宾诺莎主义"（refined Spinozism）[1]。这种观点与传统有神论并无太大差异，因为它承认上帝的旨意以及"目的理论与动力因理论之间的完美和谐"。因此，它并不是宿命论，"完全与宗教和道德的真理兼容"[2]。下面我们首先简述斯宾诺莎的观点，然后论述耶可比对他的批判。

斯宾诺莎说："实体（substantia），我理解为在自身内并通过自身而被认识的东西。"[3] 实体不是被他物创造的，而是独立存在，不依赖他物。只存在一个实体，即上帝或自然[4]。因为上帝"是万物的内因（causa immanes），而不是万物的外因（causa transiens）"[5]，所以它不是在自然之外创造自然的超验存在，而是自然本身或者说就在自然之中。实体是自因的，不能为任何别的东西生产。它也是无限的、不可分割的、不生不灭的。因为实体是绝对无限的存在，所以它具有无限多个属性。不过，人们只能认识它的两个属性，即思想和广延。

所有有限事物只是这个实体的样式（modus），是"实体的分殊（affectiones），亦即在他物内（in alio est）通过他物而被认知的东西（per alium concipitur）"[6]。如果没有实体，样式或有限事物既不能存在，也无法被认识[7]。斯宾诺莎用"创造自然的自然"（natura naturans）和"被自然创造的自然"（natura naturata）这对范畴来描述实体与样式或有限事物之间的关系："每个个体事物或者有限的且有一定的存在的事物，非经另一个有限的、且有一定的存在的原因决定它存在和动作，便不能存在，也不能有所动作，而且这一个原因也非经另一个有限的，且

---

[1] *The Spinoza Conversations between Lessing and Jacobi: Text with Excerpts from the Ensuing Controversy*, ed. By Gerard Vallée, lanham, Md.: University Press of America, 1988, p. 65.
[2] Ibid., pp. 69, 73.
[3] 斯宾诺莎：《伦理学》，贺麟译，商务印书馆1999年版，第3页。
[4] 同上书，第39页："除了神以外不能有任何实体，也不能设想任何实体。"
[5] 同上书，第22页。
[6] 同上书，第3页。
[7] 同上书，第15页。

有一定的存在的原因决定它存在和动作,便不能存在,也不能有所动作;如此类推,以至无穷。"① 于是,有限事物都处于无限的因果链条中。但是上帝是所有事物的内因,而不是外因。因此,除了一元论之外,斯宾诺莎又提出了严格的决定论。他说:"自然是永远和到处同一的;自然的力量和作用,亦即万物按照它们而取得的存在,并从一些形态变化到另一些形态的自然的规律和法则,也是永远和到处同一的。"②他不允许违反自然法则的同一性,认为所有样式都遵循上帝的法则。传统的上帝观从人类学出发将上帝理解为一个具有位格、理智和意志的存在者,认为他会思考不同的可能性并任意创造或取消法则。与此相对,斯宾诺莎认为,上帝是无意志的,他的力量是内在于自然之中的力,他并不任意干预自然的进程和运行,违反或取消自然法则,而是严格遵循他。"自然本身没有预定的目的,而一切目的因只不过是人心的幻象"③。这种所谓的原因"除了仅足以表示想象的情况以外,再也不能表明事物的本性"④,事物仅仅被它们本身的性质和力量规定。

因为思维和广延是实体的两个独立的属性,拥有各自的法则,所以它们并存于作为实体的分殊的具体样式或个体存在中,遵循各自的法则,人们可以从思维和广延两个角度分别观察同一个样式。这样就有了身心平行论:"心和身乃是同一的东西,不过有时借思想的属性、有时借广延的属性去理解罢了。"⑤ 在知识论上,斯宾诺莎认为,存在三种可靠性和确定性由低到高的知识:想象或意见、理性和直观知识⑥。直观是非推论性的,是对事物的本质的直接洞察,是理性知识和推理的前提。

尽管耶可比认为斯宾诺莎是一个"一致的理性主义者"

---

① 斯宾诺莎:《伦理学》,贺麟译,商务印书馆1999年版,第28—29页。
② 同上书,第97页。
③ 同上书,第39页。
④ 同上书,第43页。
⑤ 同上书,第100页。
⑥ 同上书,第79—80页。

(consequent rationalist)①，赞同他统一生活与哲学的做法，但是因为他对一切理性哲学都充满怀疑，认为理性主义必然否定客观实在、人的自由和具有位格的上帝，所以他仍然批判斯宾诺莎。这主要表现在如下两个方面。

第一，斯宾诺莎在否认上帝是超尘世的原因时也否定目的因或思想过程中的因果性，于是理智和意志"只是次要的力量，并且属于被自然创造的自然，而不是创造自然的自然"②。在斯宾诺莎那里，无限被还原为有限，而有限被理解为由没有目的或自由的动力因组成的机械系统。耶可比强调，要么将上帝看作有位格的、意志的无限存在，要么将他还原为有限存在者，在目的因系统和纯粹动力因系统之间并不存在中间道路。既然斯宾诺莎否定上帝的位格性、意志和目的，那么他最终必然否定上帝本身。

第二，斯宾诺莎主义建立在"从虚无中无物能够产生"（a nihilo nihil fit.）的原则之上，它否定"从无中创造"（creatio ex nihilo）的理论，而且也否定存在着对有限世界发挥作用的超验世界，相反主张一切有限存在者的存在和运动的原因就在有限世界之中。这些事物相互作用，组成了一个无限的因果链条，事物的运动只有机械的动力因，没有目的因，包括人在内的一切存在者都受事先给定的条件规定，因而它们都没有自由。耶可比说："如果只有动力因而没有目的因，那么思想能力所能做的只是旁观整个自然。它的唯一任务就是陪伴起动力作用的力量的机制。"③ 由此，他得出结论：既然斯宾诺莎主义否定上帝和人的自由和尊严，那么它的必然归宿是决定论，或者更恰当地说，就是宿命论。

总之，"斯宾诺莎主义是无神论"，它的"所有证明方式以宿命论

---

① *The Spinoza Conversations between Lessing and Jacobi: Text with Excerpts from the Ensuing Controversy*, ed. By Gerard Vallée, lanham, Md.: University Press of America, 1988, p. 12.

② Schleiermacher, *Kritische Gesamtausgabe*, Abt. 1, Band 1, Walter de Gruyter, 1984, s. 545.

③ Ibid., s. 527.

终结"①。从耶可比的论证不难看出，他设立了一个在他看来是根本无法和解的对立：一方是斯宾诺莎主义，它否定目的和自由，否定拥有理性、自由、目的和位格的上帝和人，认为没有任何存在者能够超出必然的机械世界，一切都是必然的，这样，人的尊严和价值荡然无存，斯宾诺莎主义必然走向无神论和宿命论；另一方是有神论，它承认有自由和位格的上帝，并且依据神迹和奥秘观察自然。耶可比显然赞成后者，相信世界有"一个理智的、位格性的第一因"②，他能干预自然的进程，凭借其行动创造出他所设想的结果，并且人也能自由行动。

事实上，耶可比的批判并不仅仅限于斯宾诺莎，他对一切理性主义哲学都持怀疑态度。在他看来，斯宾诺莎是最一致的理性哲学家，然而连他也陷入了无神论和决定论，因而必须抛弃理性主义。因此，他得出结论：信仰超越理性，哲学不能提供最终的确定性，它自身并不具有证明其充分合理的证据，人的所有知识都从启示和信仰开始。由此出发，他提出了信仰哲学和情感神学。

既然存在超验的上帝，而人的理性认识又是有限的，那么，人如何把握上帝呢？只能诉诸"冒险的跳跃"（salto mortale）③。耶可比说，信仰（Glauben）是根本的信念，它导致直接的确定性，即"表象本身与被表象的事物相符"④。这种确定性不仅不需要证明而且甚至完全排除所有证明，它并不从我们的认知产生，相反，所有确定的知识最初都依赖这样的确定性。正是因为有了情感或信仰的这种直接确定性，我们才确立对外在于我们的理性的实在的信仰和对我们的道德责任的经验的最终合理性的信仰。当然，最重要的是确立对超验的、具有位格的、活生生的上帝的信仰和爱，这样才能认识上帝："活生生的上帝只能在活生生的东西中显现他自身并且使活生生的人只能通过已经被唤醒的爱认

---

① *The Spinoza Conversations between Lessing and Jacobi: Text with Excerpts from the Ensuing Controversy*, ed. By Gerard Vallée, Lanham, Md.; University Press of America, 1988, p. 123.
② Ibid., p. 88.
③ Ibid., p. 96.
④ Ibid., p. 120.

识他。"①

对于耶可比上面所做的非此即彼的选择，人们可能会提出疑问：否定上帝的位格、意志和目的及其超验性是否必然导致无神论？决定论是否意味着宿命论，否定人的价值和尊严？如果上帝是超验的，那么人如何能够通过情感来把握他？施莱尔马赫提出了上述疑问，试图从耶可比所描述的斯宾诺莎的命题出发，对斯宾诺莎的哲学做出与耶可比完全相反的解读②。他确信在传统有神论与无神论之间存在中间道路，斯宾诺莎主义并不是纯粹的无神论，并且提出了他的有机的一元论，确立了无限者与有限者的辩证关系，以此批判和回应康德与斯宾诺莎，同时利用斯宾诺莎的学说重新阐述了他在康德研究中已经提出的决定论，再次批判了康德的先验自由学说。

二 有机的一元论③

施莱尔马赫认为，斯宾诺莎体系的主要命题是："必须存在一个一切有限者都存在于其中的无限者。"（Es muss ein Unendliches geben, innerhalb dessen alles endliches ist.）④ 其他命题都来自它。不过，对于无限者或实体，有些人倾向于将它视作一个"一般的事物"，有些人认为，它只是有限事物的抽象的、空洞的基质，还有人认为，它是一个个

---

① *The Spinoza Conversations between Lessing and Jacobi: Text with Excerpts from the Ensuing Controversy*, ed. By Gerard Vallée, Lanham, Md.; University Press of America, 1988, p. 121.

② 参见 Schleiermacher, *Kritische Gesamtausgabe*, Abt. 1, Band 1, Walter de Gruyter, 1984, s. 529。

③ 这个概念来自 Julia Lamm。她论证了施莱尔马赫自始至终坚持有机的一元论。参见 Lamm, Julia, *The Living God: Schleiermacher's Theological Appropriation of Spinoza*, University Park: Pennsylvania State University, 1996。笔者在另外一篇文章《简论施莱尔马赫的〈论宗教〉中的文化神学方案》（该文发表在《社会科学战线》2015 年第 5 期上）中专门考察了《论宗教》集中展现的这种有机的一元论。在那本书中，它被叫作"更高的实在论"（höhern Realismus）。

④ Schleiermacher, *Kritische Gesamtausgabe*, Abt. 1, Band 1, Walter de Gruyter, 1984, s. 564.

体性的绝对者。但是施莱尔马赫认为，无限者并非观念中的一般概念，而是客观存在着，因为"理智不能凭借其思想而变成实体的原因"①。虽然"实体"一词所指称的存在（Sein）是"潜藏在所有属性、性质和力量之后的东西……在它之前没有东西可以被设定，而它必须被一切东西预设"②，但是它并不是抽象的、不起作用的基质，而是活生生的实际存在，是有限世界的统一性根据，具体显现在一切有限事物之中。无限者也不是一个个体性的绝对者，因为那样它就下降为有限的个体存在。无限者同样不是在有条件的知觉对象的系列之外的无限对象，因为脱离了有限事物，无限者就"只是被它们分享的存在、完全不确定的东西、纯物质，正如耶可比所说的那样"③。

不难看出，施莱尔马赫对无限者的上述描述基本上都是否定性的。读了之后，人们还是不知道无限者是什么。不过，这可能正是他想要的效果，因为如果人们知道无限者是什么，那就意味着将它当作知觉或经验世界中的有限存在。施莱尔马赫说无限者自身没有表象是因为所有表象在它之中持存，它是任何表象的可能性条件。在他看来，有两种思考无限者的方式：要么脱离有限事物思考无限者，要么在无限者与有限者的解不开的关联中思考无限者。他显然采取了康德哲学的立场，认为人不能脱离自身的局限性去抽象地谈论无限者本身的属性，人们所能认识的无限者只是在有限者中显现的无限者，必须从无限者与有限者的关系中察觉无限者的踪迹和显现。

施莱尔马赫说："无限事物生产有限事物以及属于有限事物的东西，不以过渡的方式（auf eine vorübergehende Weise），不是就一个被另一个毁灭而言的，而只是就它们都属于永恒不变的存在而言的。作为在因果关系中的可变的东西，有限事物以过渡的方式相互生产。斯宾诺莎不仅依赖'从虚无中无物产生'（ex nihilo nihil fit），而且也依赖'无物从虚无中产生'（nihil ex nihilo fit）；每个事物必须拥有它起源的东

---

① Schleiermacher, *Kritische Gesamtausgabe*, Abt. 1, Band 1, Walter de Gruyter, 1984, s. 535.
② Ibid., s. 534.
③ Ibid., s. 567.

西，即每个事物必须被看作是一个结果，思想的变化也是如此。作为变化的东西，结果并不是直接被无限者，被作为自由因（causa libera）的无限者生产，因为每个有限事物仅直接来自有限者。"① 这段话清晰地论述了无限者与有限者的关系以及有限者之间的关系：首先，"从虚无中无物产生"，如果没有"存在"（Sein），那么，一切存在者都不能产生；换言之，一切有限事物都来自无限者。由此，施莱尔马赫确立了一元论和神学的基本原则。其次，"无物从虚无中产生"，万物的存在都是有原因的。在这里，施莱尔马赫坚持决定论，认为无限者生产有限者，是有限者的原因，但不是直接的原因，是以内在的方式，而不是以过渡的方式。后者是有限者生产有限者的方式。处于时间之中的有限者直接生产有限者，任何有限存在者都受在它之先的原因规定，思想受思想法则规定，广延性的物质受物理法则规定，因而所有有限存在者共同处于普遍必然的因果链条之中。这构成了下一节将要论述的决定论的内容。这里要指出的是，耶可比显然没有区分斯宾诺莎的这两个拉丁文短语的不同含义，完全忽视了斯宾诺莎的第一点主张，只看到第二点主张，并且对于第二点主张，也只是看到有限者之间相互作用的方式，忽视了有限者与无限者之间的作用方式的特殊性。

当然，上面对无限者与有限者之间的关系的论述还是显得抽象空洞。为了展示有限者与无限者的有机关联，显示前者依赖后者，只有通过后者才能存在，而后者只有通过前者才能显现，施莱尔马赫试图用有机体的整体与部分的关系来说明这种关系，他将宇宙比作树。树由树皮、树叶等多个部分组成，树的各个部分绝不是孤立的存在，而是互相关联、相互依赖的，共同构成树这个自我生长和消亡的有机体。树的各个部分只有作为整体（树）的部分，才能发挥和展示其功能，脱离了整体和与其他部分的关联，它们的本质和功能就不能实现，也不能被人们认识。但是反过来看，整体（树）离开了部分同样不能存在和被认知，整体的本质和功能就蕴含在部分的活动之中，部分为整体做出了贡

---

① Schleiermacher, *Kritische Gesamtausgabe*, Abt. 1, Band 1, Walter de Gruyter, 1984, s. 529.

献，使它显现出来。"以这样的方式，有限事物存在于无限者之中。"①

施莱尔马赫对树的理解蕴含了一种现代的力观，即力更多地与动态的运动相关。这种力观认为整体内在于一个由各种关系组成的无限的、动态的系统中。施莱尔马赫和斯宾诺莎认为，每个事物有各自不同的"生命力"（Lebenskraft），每个有限存在者或样式的力维持该事物的存在和本质，而无限的力展现无限的实体的本质。但是正如无限的实体是有限存在者或样式的根据一样，无限的力也是有限的力的原因和根据。因为无限的力通过有限的力维持有限事物的存在并且规定它们的本质，它并不直接规定它们，所以无限的力不能被还原为有限的力。但是这样的力同样不能被设想为在有限世界之外或者离开有限世界而存在，因为它只有通过有限的力才显现自身的作用和存在。总之，"力和属于它的一切东西来自于永恒的实体"。② 每一个有限的力或因果性都完全依赖无限的力或因果性，同时无限的力也展现在有限的力中③。

由上可知，在施莱尔马赫看来，世界是依赖无限者的动态的、有机的系统，所有有限者彼此相关，紧密相连，而无限者就显现在有限事物的变动的系统中。因此，我们不能抽象地思辨和谈论在这个系统之外或之后的具有位格的个体性绝对者及其固有属性，只能经由有限世界并且在有限世界中认识无限者的活动和属性；我们不能谈论实体本身，而只能谈论在有限世界的具体活动中显现的实体性的力。因为无限显现在有限的东西中，我们只能通过有限事物获得有关它的表象，所以它必然呈现出无数表象，"身体的确以不同方式从它与无限者的关系中并且通过

---

① Schleiermacher, *Kritische Gesamtausgabe*, Abt. 1, Band 1, Walter de Gruyter, 1984, s. 577.

② Ibid., s. 557.

③ 该观点后来具体地展现在施莱尔马赫的神学巨著《基督教信仰》对上帝的"全能"属性的解释中。在那里，他指出了有限世界之中的有限因果性与体现有限者与作为其来由的无限者之间的关系的无限因果性的联系和区别："两个观念被包含在神圣全能的观念中：首先，包含所有时间、空间的整个自然系统建立在神圣因果性之上，与一切有限因果性不同，神圣因果性是永恒的、无处不在的；其次，正如我们的绝对依赖感所陈述的那样，神圣因果性完全表现在所有有限存在中，因此哪里有神圣因果性，哪里的一切事情才发生，成为现实。"（Schleiermacher, *Kritische Gesamtausgabe*, Abt. 1, Band 13, Teilband 1, Walter de Gruyter, 2003, s. 324）

这样的关系从无限者本身中接受特性"①，然而没有一个表象是充足的②。

在确立了有限者与无限者的关系之后，施莱尔马赫批驳了亚里士多德、康德等人的无限观或上帝观，认为只有斯宾诺莎的上帝观是正确的，不过，也指出它有不足之处。斯宾诺莎显然拒斥有神论的"从无中创造有"的观点，同时他也反对无神论认为有限事物自在地存在的观点。如果斯宾诺莎接受了无神论的观点，那么，他就不得不"完全否认无限者，或者指派给它亚里士多德所规定的工作（永恒不动的第一推动者——引者注）"③，但是斯宾诺莎的无限者或实体显然不是亚里士多德的远离有限者所构成的世界的第一推动者。

值得注意的是，施莱尔马赫并没有孤立地论述斯宾诺莎和康德的上帝观，而是将两人的学说联系起来，甚至力图用康德的术语来解释斯宾诺莎的哲学，比较二者的异同和得失。康德的本体与斯宾诺莎的无限实体是基本一致的："斯宾诺莎的本体与现象的关系几乎与康德的本体与现象的关系融合起来。"④"对两人而言……[无限事物]，实在的和本质的东西，先天的东西，自在之物包含了有限者的本质和存在……两人出于完全不同的原因看到了给我们知觉的事物配上另外一个在我们的知觉之外的存在的必要性。"不过，尽管两人的观点有相似之处，但"几乎不能断言斯宾诺莎的无限事物与有限事物的关系与康德的物自体与现象的关系相同；否则，斯宾诺莎必然在康德之前发明了批判哲学"。⑤

---

① Schleiermacher, *Kritische Gesamtausgabe*, Abt. 1, Band 1, Walter de Gruyter, 1984, s. 531.

② 施莱尔马赫在后来的辩证法讲演中详细批判了各种试图把握上帝的本质的企图，他的基本思路是：如果要获得关于上帝的知识，我们必须拥有与自在的上帝相关的感性印象，然而我们并不能通过感性的无穷上升过程获得它，只能在一个"不间断的行动中"（uno actu）拥有上帝的理念，因为在它之中并没有杂多性。但是所有知识都是感性的，我们并不能以此方式拥有它。因此，我们不可能获得关于上帝的知识。参见 Schleiermacher, *Kritische Gesamtausgabe*, Abt. 2, Band 10, Teilband 1, Walter de Gruyter, 2002, s. 148。

③ Schleiermacher, *Kritische Gesamtausgabe*, Abt. 1, Band 1, Walter de Gruyter, 1984, s. 564.

④ Ibid., s. 526.

⑤ Schleiermacher, *Kritische Gesamtausgabe*, Abt. 1, Band 1, Walter de Gruyter, 1984, s. 573.

施莱尔马赫承认很难用康德的思想阐释"有限事物存在于无限事物之中"这一命题,说斯宾诺莎"似乎完全偏离了康德,并且因为这个表达对比他的无限者与康德的本体的正确性似乎再次被毁了"①。

如果斯宾诺莎知道康德的批判哲学的原则,知道时间和空间是我们的表象方式,那么,他不会认为思想和广延属性是无限者的属性。这构成了"斯宾诺莎与康德之间的唯一区分"②。斯宾诺莎超出认识的界限直接断言无限实体的"实证的统一性"和"无限性",宣称知道我们实际上不能认识的东西,然而事实上我们并没有关于现象的统一体的表象③,我们不能将实证的统一性和无限性归给本体。施莱尔马赫显然同意康德的批判哲学的思想,认为我们只能通过无限者的显现知道与有限世界相关的无限实体的属性,但这些属性并非是无限实体本身固有的属性④。

不过,施莱尔马赫指出康德也有错误,他违背了批判哲学的原则,设定了多个本体⑤。在下一节中,我们将会看到,施莱尔马赫宣称,康德违背了他批判理性心理学时所得出的结论,设定了本体自我和精神实体。但是施莱尔马赫否认存在多个实体,他与斯宾诺莎一样坚持只有一个实体,其余的存在都只是它的样式。

此外,康德至少允许"在[有条件的事物的]序列之外去思想一个无条件者",而斯宾诺莎承认无条件者只是有条件者的总和。对于两

---

① Schleiermacher, *Kritische Gesamtausgabe*, Abt. 1, Band 1, Walter de Gruyter, 1984, s. 575.

② Ibid. .

③ 参见 Schleiermacher, *Kritische Gesamtausgabe*, Abt. 1, Band 1, Walter de Gruyter, 1984, s. 526。

④ 当施莱尔马赫在解释他的第一版《论宗教》的核心概念"直观宇宙"时,他指出直观和知觉到的并不是事物的本质,而是它们对我们的影响。参 Schleiermacher, *Kritische Gesamtausgabe*, Abt. 1, Band 2, Walter de Gruyter, 1984, s. 214。这一点在他的《基督教信仰》中也有体现。在那里,他说,人们通常所说的上帝的属性并不是他本身固有的属性,而是在与绝对依赖感的关系中显示的属性:"我们归给上帝的所有属性不应该指称上帝自身的具体属性,而只是指称在绝对依赖感与上帝相关的方式中显示的具体属性。"(Schleiermacher, *Kritische Gesamtausgabe*, Abt. 1, Band 13, Teilband1, Walter de Gruyter, 2003, s. 300)

⑤ Schleiermacher, *Kritische Gesamtausgabe*, Abt. 1, Band 1, Walter de Gruyter, 1984, s. 574.

人的不同立场，施莱尔马赫评价说："在我看来，在这里，斯宾诺莎胜利了，或者更确切地说，当康德主义理解它自身时，它似乎站在斯宾诺莎那边。"康德所允许的无条件者既不能"维持永恒后退"，也不能"解释有限者的开端"。在这一点上，康德也同意斯宾诺莎。"对康德而言，世界之外的这个存在是否是感性世界的原因？绝不是。感性世界只是知性世界和人的产物，并且本体世界是感性世界的原因，以斯宾诺莎的无限事物是有限事物的原因的方式。康德为何被迫或者甚至被操控着去接受在世界之外的事物是知性世界的原因呢？他知道因果性范畴适用于本体吗？他知道他为其寻找无条件者的那个世界是一个有条件者吗？显然，康德只是被残余的微不足道的旧独断论操控着，并且在这方面康德实际上是斯宾诺莎主义者……"①

综上所述，施莱尔马赫认为，有限者植根于无限者，而无限者显现在有限者中。他用康德的批判哲学克服斯宾诺莎的独断论，同时又用斯宾诺莎的实体观克服康德的二元论，用实体取代物自体。但问题是，当他的有机的一元论将有限者看作无限者的样式时，他无疑否定个体是本体性的存在。一旦如此，那么，人的自由和尊严以及道德是否就荡然无存了呢？人是否会像耶可比所描述的那样成了世界之中的无用旁观者呢？这是他的不同于宿命论或流俗的决定论的"完备的决定论"所要解决的问题。

三 完备的决定论

在其《论自由》(Über der Freiheit) 中，施莱尔马赫批判了康德的先验自由理论，相反主张决定论，宣称他会满足于做一名决定论者，只要保证不将他"已经就此说过并且将进一步言说的内容并没有清晰包

---

① Schleiermacher, *Kritische Gesamtausgabe*, Abt. 1, Band 1, Walter de Gruyter, 1984, s. 570.

含的任何其他决定论者的命题归给"他①。在其对斯宾诺莎研究中，他真的"进一步言说"了其决定论。当然，他此时的对手并不只是康德，还有耶可比。针对耶可比宣称斯宾诺莎主义导致宿命论，他批评他"有尽可能使斯宾诺莎的宿命论变得愚蠢的自然倾向"②，并且力图从耶可比"所提出的斯宾诺莎的命题出发证明出相反的东西"③。在《论自由》中，他反对康德的先验自由学说和二元论，论述了自己的决定论，提供了一幅统一的世界图景：世界是由因果链组成的一个普遍联系的系统，行动的主体受到其先前的环境和状态影响；自我是处于自然之中的统一的存在者，而不是处于两个世界之中的分裂的存在者。在这里，他从他所理解的斯宾诺莎的一元论出发，并且利用康德对经验意识的分析和对理性心理学的批判来论证并不存在作为先验自由之基础的本体性的自我，再次否定先验自由④。当然，他认为，他的这一做法并不像耶可比所认为的那样，最终将人还原为自然之中的一个无用的旁观者，相反，在他的决定论中，行动者虽然没有独立于自然的机械系统，受制于在先的经验和欲求，但是他仍然能做出抉择。

耶可比非常反感前面所述的斯宾诺莎的一元实体观及思想和广延平行说，说斯宾诺莎否定目的因。但是施莱尔马赫回应说，如果目的因只是一个心理学概念，那么，"斯宾诺莎肯定也承认目的因"⑤。事物变化的根源就在有限的原因之中，并不存在规定它的外在目的因。耶可比还指责斯宾诺莎，说他将人的思维活动完全还原为物理活动，谈论道德活动就像"谈论纯粹是我们身体的请求"，"感受和思想只是有关广延、运动和速度的概念"⑥。对此，施莱尔马赫提出质疑："就决定（Entschluß）

---

① Schleiermacher, *Kritische Gesamtausgabe*, Abt. 1, Band 1, Walter de Gruyter, 1984, s. 244.

② Ibid., s. 580.

③ Ibid., s. 529.

④ 关于这个论证的详细分析，请参见 Mariña, Jacqueline, *Transformation of the Self in the Thought of Friedrich Schleiermacher*, Oxford: Oxford University Press, 2008, pp. 76 – 108。

⑤ Schleiermacher, *Kritische Gesamtausgabe*, Abt. 1, Band 1, Walter de Gruyter, 1984, s. 532.

⑥ Ibid., s. 527 – 528.

包括判断和欲求而言，它是以前被思考的东西的结果。身体能力的实际规定是广延性的东西的以前变化的结果……耶可比如何能够说讨论纯粹是身体的对象呢？他如何能够说钟表的发明者没有发明钟表呢？钟表的观念作为其他观念的结果而发展自身。"①

斯宾诺莎并不将思想纯粹看作物理变化的产物。思想和广延并不相同，思想中的变化并不直接来自物理的、广延性的材料的变化。思想只能来自思想，思想的每个变化作为一个结果只与在先的思想相关，因而耶可比指责斯宾诺莎将思想还原为广延性的物质是不成立的。但是斯宾诺莎将二者区别开来是否又会导致二元论，使得思想与广延完全脱节呢？

施莱尔马赫认为，尽管思想的生成必须依据在它之先的思想才能被理解，但这并不意味着在广延性的物理存在上不存在与它相应的变化。思想中的变化必然与物理事物的变化相应，以至于如果没有广延和物理的变化，思想的变化不会发生。但是物质的基质变化必须依据在它之前的表象状态才能被解释，正如思想中的变化必须依据在先的表象状态才能被说明一样。思想和物质二者以彼此相符的方式表达了二者的一个共同的根据，思考表象状态中的变化和观察一个物理的变化其实是从两种立场出发理解同一个东西。因为二者拥有相同的根据，从不同方面显现同一个东西，"在表现（Darstellung）中的一切也在表象（Vorstellung）中，并且在表象中的一切也在表现中。因此，我能够正确地说：思想和感受只是有关广延、运动和速度的概念。我也能够说：广延、运动和速度只不过是精神、意志和才能的表现。我认为斯宾诺莎在这部分中会愿意［这样］理解他的体系"。② 总之，在施莱尔马赫看来，思想与物质各自的变化相符并不意味着耶可比所说的情况：思想可以被理解为物理变化的结果。事实上，对物理变化的意识根本不是紧随着这种变化发生的。

---

① Schleiermacher, *Kritische Gesamtausgabe*, Abt. 1, Band 1, Walter de Gruyter, 1984, s. 529 – 530.

② Ibid. , s. 530.

在说明思想与广延的平行和一致关系以拒斥耶可比认为斯宾诺莎将思想还原为广延的观念时，施莱尔马赫已经提出了对康德和耶可比所主张的二元论的批判。他赞同康德在《纯粹理性批判》中对意识的分析，说自己对意识的理解"是完全与康德的学说平行的"①，认为从意识的功能性的同一性确实推导不出存在本体性的自我，但是他指责康德背叛了他自己的批判原则，承认本体性的自我和先验自由，由此将世界划分为理智世界和现象世界。施莱尔马赫运用康德的意识理论来批判康德的做法，指出不能证明存在实体性的自我。如果它存在是一种可能性，那么，另一种可能性可能更正确，即意识的分析的同一性只是意识现象的属性，由此他否定本体性的自我。因为本体性自我与先验自由相互蕴含，他进到否定先验自由。

具体而言，康德说："'我思'必须能够伴随着我的一切表象。"②统觉的分析的同一性是意识的统一性的根据和经验的可能性条件，但是"我思"只在综合表象的活动中并且通过它才意识到这种分析的统一性，因而主体的同一性只与现象相关，完全被限制在现象领域。施莱尔马赫赞同康德："自我意识的统一性——不管人们将它视作意识的根据，还是它的结果——自身总是只与现象相关。"③

康德批判理性心理学的谬误推理，即运用知性范畴去认识作为认识之条件的先验自我或"我思"，把它当作经验世界的存在者，赋予它实体性、单纯性等属性。当人们试图认识这个自我时，必然会陷入循环论证："关于这个表象（即'我思'——引者注）我们甚至不能说它是一个概念，它只不过是一个伴随着一切概念的意识。通过这个能思的我或者他或者它（物），所表象出来的不是别的，而只是思维的一个先验主体＝X，它只有通过作为它的谓词的那些思维才被认识，而孤立地来看

---

① Schleiermacher, *Kritische Gesamtausgabe*, Abt. 1, Band 1, Walter de Gruyter, 1984, s. 542.
② 康德：《康德三大批判合集》上册，邓晓芒译，杨祖陶校，人民出版社2009年版，第79页。
③ Schleiermacher, *Kritische Gesamtausgabe*, Abt. 1, Band 1, Walter de Gruyter, 1984, s. 542.

我们对它永远不能有任何起码的概念；所以我们围绕它在一个不断的循环中打转，因为我们如要对它作出任何一个判断，总是不得不已经使用了它的表象。"① 先验自我只是认识的前提条件，虽然是可思的，却不是可知的。

施莱尔马赫同意康德的论证，认为先验自我只是一个空洞的概念。不过，令他不满的是，康德没能坚持自己的批判原则，最终承认先验自我是实体性存在和自由的行动者，独立于由自然因果性构成的现象世界："人（Person）是一个独立于自然的机械系统自身设定目的的理性主体，并且人格性（Personalität）在这方面将成为目的本身（Zweck an sich）的主体的特性。"② 而"独立于自然的机械系统"构成了先验自由的特性。

由此，他严厉地批判康德。首先，他从物自体概念及其与现象的关系不可知出发批驳："如果康德不是从人格的现象概念出发，而是从本体概念出发，那么，我根本不明白他如何能这样使用一个众所周知的概念并且说出一些内容。如果某个东西与这个概念相对应，那么，它必须通过合乎理性的意志规定表达它自身。这肯定是一个真正的矛盾。因为我们很少知道本体与现象的关联，所以宣称某一确定的本体必须生产这样一个现象是可笑的。"③ 按照康德的观点，对于本体，我们没有肯定的、积极的观念，"凡是被我们称为本体的东西，都必须作为某种只有消极意义的东西来理解"。④ 既然如此，对于它的运作方式以及本体与现象之间的关联，我们是无法确知的。因此，即使本体性的自我"通过合乎理性的意志规定表达它自身"，我们也无法观察到它如何在现象领域中显示自身。

其次，从对经验的可能性的条件的分析不能得出存在独立于自然的

---

① 康德：《康德三大批判合集》上册，邓晓芒译，杨祖陶校，人民出版社2009年版，第79页。

② Schleiermacher, *Kritische Gesamtausgabe*, Abt. 1, Band 1, Walter de Gruyter, 1984, s. 543.

③ Ibid., s. 544.

④ 康德：《康德三大批判合集》上册，邓晓芒译，杨祖陶校，人民出版社2009年版，第198页。

机械系统的本体自我："不能将意识的同一性与合乎理性的自身规定或独立于自然的机械系统等同起来。"康德将感性与知性区分开来，认为前者是接受性的，后者是自发性的。而施莱尔马赫提出了与此相对的一种可能性："如果人们设想一个完全自由、开放，并且不受限于确定的器官的接受性，那么，它自身允许没有所有欲求能力的表象能力和意识，并且另一方面，我不明白为何拥有自我意识的统一性的同一的意识仍然不能在它的行动中是完全被动的并且依赖于自然的机械系统。"①康德认为，理性活动的主体必须独立于现象世界，他的行动理由必须完全从它自身中获得解释，换言之，他必须是自发性存在，而不是接受性存在。但是施莱尔马赫认为，意识到自身的同一性的活动完全可以是被动接受的。不过，他只是认为在逻辑上完全有这种可能性，并没有具体论证这种逻辑可能性在现实中如何可能。

施莱尔马赫说："也存在另外一种可能情况，即，没有本体仅仅奠定自为的（für sich）意识之我（Ich）的基础，相反这个我只是另一个事物的流动的且仅仅依赖时间的特性。这种情况在斯宾诺莎主义［的无用之物］中引起共鸣。因此，本体的人格性概念是空洞的概念，剩下的仍只是现象的人格性的概念。"② 这种可能性就是斯宾诺莎的平行论，"我"只是实体的样式，并不是独立的存在。潜藏在思想和广延背后的是同一个东西，二者只是它的不同表现和方面而已。这种可能性既能承认思想与广延的区别，不将二者混同，也能防止将二者分裂成两个独立的存在，并且能解释二者各自的变化为何相符与和谐，这并非因为一个是另一个的原因，而是因为它们都是潜藏在背后的某个东西的不同表现。

承认和遵循道德准则牵涉到自我意识的同一性及其理性活动，道德行动者要意识到自身的欲求，要认识法则的内容，知道二者的不同要求，在面对具体处境时要判断采取何种方式遵循何种法则。因此，康德最终由意识的同一性得出了本体性自我的存在，宣称"我们因为道德

---

① Schleiermacher, *Kritische Gesamtausgabe*, Abt. 1, Band 1, Walter de Gruyter, 1984, s. 544.

② Ibid., s. 542 – 543.

法则的缘故处于理智世界之中",而经验自我处于由机械因果性构成的现象世界中。不过,虽然施莱尔马赫承认康德的前提,即道德活动需要自我意识的同一性及其活动,但是康德"现在决不能进一步得出结论说:每个道德主体必须是本体意义上的人,因为行动与法则相符,并且如此是自在的目的,并自为地提出目的,这一切只不过是欲求的准则的确定的同一性;在任何情况下,这使它自身与先验自我意识相关,与我(Ich)相关……"① 依据法则行动并不需要自我是本体性的主体,而只需要在一系列表象的生产中的自我意识的统一性以及欲求的准则的同一性。

欲求的准则这个说法构成了施莱尔马赫与康德的区别。对康德而言,自由意志独立于可欲求的感性世界,并且又能干预和改变这个世界。但是对施莱尔马赫而言,意志和准则都是从基本的欲求中抽出来的②。除非承认欲求在道德中的重要性,否则我们无法解决我们如何能够被激励着去依据法则行动这个问题。施莱尔马赫认为,并没有像先验自由那样脱离因果关系的本体性的原因,包括思想在内的任何东西必须有一个在它之先并且与其同类的原因,我们所做的选择总是牵涉到我们的经验以及与判断相伴的欲求。这种思想就是施莱尔马赫所说的"完备的决定论"(Vollkommen Determinismus)③。他赞同耶可比说斯宾诺莎是宿命论者,但只是在如下意义上:"斯宾诺莎只是在我所说的完备的

---

① Schleiermacher, *Kritische Gesamtausgabe*, Abt. 1, Band 1, Walter de Gruyter, 1984, s. 544 – 545.

② Ibid., s. 537, 233, 289.

③ Ibid., s. 532. 有关施莱尔马赫在对斯宾诺莎研究中的决定论思想的详细论述,可参见 Lamm, Julia. *The Living God*: *Schleiermacher's Theological Appropriation of Spinoza*, University Park: Pennsylvania State University, 1996, pp. 37 – 46。当然,这种决定论在他有关康德的诸多笔记中论述得更为深入。学界对于施莱尔马赫的这种完备的决定论或者说在是否存在着自由意志问题上所持的兼容论立场是否可行有不同的看法,Jacqueline Mariña 和 Jeffery Kinlaw 认为,它在逻辑上并不可行,而 Julia Lamm 和 Albert Blackwell 则认为可行。另外,对于施莱尔马赫是否始终坚持这种兼容论,Lamm 认为是,而 Mariña 则持否定回答,他认为,施莱尔马赫在思想成熟时期与康德一样主张存在先验自由,换言之,施莱尔马赫前后期的立场发生了变化,后期主张非决定论,而非温和的决定论或兼容论。具体可参见 Mariña, Jacqueline, *Transformation of the Self in the Thought of Friedrich Schleiermacher*, Oxford: Oxford University Press, 2008, pp. 39 – 42, 10; Kinlaw, Jeffery, "Freedom and Moral Agency in the Young Schleiermacher", *The Review of Metaphysics*, 4 (2005), pp. 843 – 869; Blackwell, Albert, *Schleiermacher's Early Philosophy of Life*, Scholars Press, 1982, pp. 75 – 78。

决定论的理解上是个宿命论者。"①

总之，施莱尔马赫认为，意识的同一性和统一性的活动并不预设存在与之相应的本体性或实体性自我，但是否定意识活动的主体的实体性存在并不意味着将意识当作速度和广延，将能动的意识活动还原为机械的广延运动。虽然不存在多个实体性自我，然而却存在唯一一个实体，思维和广延都是它在世界中显现的属性，是它的两面，因而否定本体性自我并不意味着将意识活动还原为机械运动。他同样坚持区分二者，只是不将意识的主体看作实体，也拒绝二元论，并不像康德和耶可比那样将世界二分，区分自由因果性所主宰的理智世界与自然因果性所主宰的感性世界。事实上，本体与现象是同一个东西，只有一个实体。思想和广延只是它的两面，它们必然相符：思想、意图能实现于外在世界之中，而它们也能反映外在世界。人的道德行为不是由独立于感性世界的理智主体发动，而是由受到了在先的条件（如欲求和经验）限制的存在者实施，不过，这并不妨碍这个行动是经过他思考和选择并且应该负责的行动。

四　施莱尔马赫与斯宾诺莎和耶可比的关系

施莱尔马赫确实吸收了斯宾诺莎的一些思想，这在他的成名作《论宗教》（Über die Religion）中有鲜明的体现，譬如他使用斯宾诺莎的术语"一和一切"（Eins und Alles）②，说斯宾诺莎是"神圣的"③。这使得人们认为他是斯宾诺莎主义者。但是施莱尔马赫坚持他的学说并

---

① Schleiermacher, *Kritische Gesamtausgabe*, Abt. 1, Band 1, Walter de Gruyter, 1984, s. 532.

② 可参见 Schleiermacher, *Kritische Gesamtausgabe*, Abt. 1, Band 2, Walter de Gruyter, 1984, s. 245。

③ Schleiermacher, *Kritische Gesamtausgabe*, Abt. 1, Band 2, Walter de Gruyter, 1984, s. 213。1802年9月3日，施莱尔马赫在致恋人格鲁诺夫（Eleonore Grunow）的信中说："在斯宾诺莎那里我的确发现了内在生命。"（Schleiermacher, *Kritische Gesamtausgabe*, Abt. 5, Band 6, Walter de Gruyter, 2005, s. 113）

非斯宾诺莎主义。他并不认同人们所说的斯宾诺莎的哲学，即将上帝与世界混同且忽视人的个体性和能动性的哲学，他只是欣赏斯宾诺莎的敬虔。他申辩说："我与任何人一样都不是斯宾诺莎主义者。我将斯宾诺莎作为一个例子，只是因为在他的《伦理学》中人们只会称之为敬虔的倾向始终盛行。"① 为了与他的第一版《基督教信仰》(*Der christliche Glauben*) 的论述一致，施莱尔马赫在1821年的第三版《论宗教》的正文后面添加了"解释"，调和二者，证明自己的观点并未发生改变。他此时仍然不忘为自己申辩："我怎么会料到因为我将敬虔归给斯宾诺莎，我自己会被当作斯宾诺莎主义者？但是事实上我绝没有为他的体系辩护，并且无论我的这本书中存在着何种哲学，这种哲学显然都与他的观点的特征不一致。"② 事实上，正如前面已经论述的，施莱尔马赫确实部分吸收了斯宾诺莎的一元论思想，并且欣赏他的敬虔的倾向。不过，对其形而上学，特别是其独断论的实体观，他是持批判态度的，他的一元论和决定论与斯宾诺莎的思想有明显的差异。因此，如果非要说施莱尔马赫的学说是斯宾诺莎主义，那么，它也是一种经过了现代哲学，特别是康德哲学洗礼的斯宾诺莎主义。

至于耶可比，施莱尔马赫虽然在这里批判他的主张，但是终生都对他有好感③。尽管他与耶可比在思想上有许多共同之处，譬如，都认识到理性的局限性，反对纯粹的思辨，都强调整体主义，并且施莱尔马赫

---

① 1801年5月中旬与6月初之间，施莱尔马赫致其上司萨克（F. S. G. Sack）的信，载 Schleiermacher, *Kritische Gesamtausgabe*, Abt. 5, Band 5, Walter de Gruyter, 1999, s. 131。

② Schleiermacher, *Kritische Gesamtausgabe*, Abt. 1, Band 12, Walter de Gruyter, 1995, s. 132。

③ 1800年7月19日，施莱尔马赫写信给布林克曼，说耶可比是一个"值得爱的人"（Schleiermacher, *Kritische Gesamtausgabe*, Abt. 5, Band 4, Walter de Gruyter, 1994, s. 171），他非常尊敬这位年长的哲学家。1818年，他拜访了耶可比，甚至打算将计划撰写的《基督教信仰》献给他，因为耶可比在1819年去世方才作罢。不过，施莱尔马赫在同时期出版的第三版《论宗教》(1821) 致布林克曼的献词中说："当我……重新加工这部著作时，令我非常痛苦的是我不能将它送给那个我最近还与其长谈过它的那个人。我指的是耶可比，我们两人所欠他的肯定超过了我们所知道的。在一些心烦意乱的日子中我不能在所有方面让他了解我……然而在他去世之前我能够察觉和拥有他的私人的形象，并且表达了我对他的尊敬和爱意，这属于我的生命中的最心爱的记忆。"（Schleiermacher, *Kritische Gesamtausgabe*, Abt. 1, Band 12, Walter de Gruyter, 1995, s. 8 – 9）

自己的神学也是情感神学，甚至在他生前以及后世都被人误解成耶可比的信徒①，但是事实上他并不赞成耶可比对信仰与理性的关系的认识以及他的信仰的跳跃和神秘直观②。他此时的研究已经初现端倪。耶可比将有限与无限分割开来，但是他又想突破这种分割，于是他主张人们只能通过神秘的直观和信仰的跳跃来把握无限。而施莱尔马赫认为，无限与有限虽然是有区别的，但也是有联系的，并不需要诉诸神秘的直观和信仰的跳跃，我们就可以在感性世界中感受到无限。当然感受中把握到的无限只是与有限者相关的无限，因而无限与有限之间的区别仍然存在。换言之，耶可比和施莱尔马赫都意识到二者的区分。不过，前者试图克服它，寻求统一，而后者承认这种分裂不可克服，并不妄求统一③。

Metaphysics in Young Schleiermacher's Studies in Spinoza

(Zhang Yuntao, Wuhan University, 430072)

Abstract: Young Schleiermacher was concerned with the pantheism controversy in the German intellectual world. Through reading Jacobi's writings, he made further investigation into Spinozism. At last he combined

---

① 例如，在1802年的《信仰与知识：对康德、耶可比和费希特的批判》(*Glauben und Wissen. eine Kritik von Kant, Jacobi und Fichte*) 中，黑格尔说："耶可比的原则事实上在［施莱尔马赫的］《论宗教》中达到最高的层次。" (Hegel, *Faith and Knowledge*, trans. by Walter Cerf & H. S. Harris, State University of New York, 1977, p. 150) 但是，在《哲学史讲演集》中，他又将施莱尔马赫视作费希特的信徒（黑格尔：《哲学史讲演集》第四卷，贺麟、王太庆译，商务印书馆1983年版，第335—338页）。

② 1817年，耶可比写信给莱因霍尔德，论述了他对信仰和哲学的认识，并且要求后者将此信转给施莱尔马赫阅读。施莱尔马赫在阅读之后给耶可比写信，清楚地阐述了两人思想的区别。这两封信的部分内容分别收录在 *Aus Schleiermachers Leben in Briefen*, herausgegeben von Ludwig Jonas und Wilhelm Dilthey, Berlin: Georg Deiner, 1858 – 1863, Band 2, s. 349, 349 – 353。

③ 参见 *Aus Schleiermachers Leben in Briefen*, herausgegeben von Ludwig Jonas und Wilhelm Dilthey, Berlin: Georg Deiner, 1858 – 1863, Band 2, s. 353。

the thought of Kant and Spinoza in a creative way, proposed the organic monism and complete determinism, and criticized these two philosophers as well as Jacobi. He revises Spinozist monism and uses the new version of monism which he calls higher realism in his famous book *On Religion*, and is opposed to Kant's dualism and the concept of transcendental freedom. Meanwhile, he makes use of Kant's philosophy of Critique to criticize the dogmatism and mechanism of Spinozism, and defends the individual existence, freedom and dignity. He criticizes Jacobi's mysticism and sensationism by means of his dialectical understanding of the relation between the infinite and the finite. It is true that his spinoza – study has implied his metaphysics which is presupposed by his mature philosophy of culture and theology of feeling.

Keywords: the pantheism controversy; Jacobi; Spinoza; organic monism; complete determinism

分析哲学研究

自然主义是一种需要弱化的社会科学纲领

张离海[*]

摘要：在社会科学哲学领域，自然主义的核心问题是自然对象与社会对象是否根本不同，或者是否一切对象（包括社会对象）都可以还原为自然对象。通过分别审查自然主义的本体论论题、方法论论题、意义论题和价值论题，并且分别评价弗雷格、早期维特根斯坦和胡塞尔关于自然主义的观点，本文得出结论，自然主义是一种需要弱化的社会科学纲领，经过弱化的自然主义更加符合社会科学研究的实际，能够与解释学、批判理论相互补充，分别解决社会科学研究中的不同问题。

关键词：社会科学哲学；自然主义；社会科学纲领；后自然主义

在社会科学哲学领域，自然主义的核心问题是自然对象与社会对象是否根本不同，或者是否一切对象包括社会对象都可以还原为自然对象。通过分别审查自然主义的本体论论题、方法论论题、意义论题和价值论题，并且分别评价弗雷格、早期维特根斯坦和胡塞尔关于自然主义

---

[*] 张离海，武汉大学哲学学院副教授，主要研究社会科学哲学与分析哲学，Email：lhzhang@whu.edu.cn。

的观点，本文得出结论，自然主义是一种需要弱化的社会科学纲领，经过弱化的自然主义更加符合科学研究的实际，能够与解释学、批判理论相互补充，分别解决科学研究中的不同问题。

一 自然主义讨论的核心问题

自然主义宣称，一切对象都是自然对象，一切科学包括社会科学都应该用自然科学方法进行研究。社会科学要是科学，就必须模仿自然科学方法。这里的核心问题是，自然的对象与社会的对象、心理的对象是否根本不同？如果社会对象、心理对象及其结构和规律与自然对象及其规律根本不同，那么，要求把一切研究对象都看作自然对象，用自然科学的方法来研究，就是不合理的，社会科学包括心理学就有理由要求用不同于自然科学的方法进行研究；如果自然对象及其结构和规律与社会对象、心理对象及其结构和规律是根本一致的，都是自然对象，并且都可以还原为最基本的物理对象（这里并不是说物理对象是最简单的对象，而是说，最终还原到的简单对象仍是物理对象，换句话说，物理对象可以是简单对象，也可以是复合对象）。那么，宣称自然科学方法适用于一切科学，一切研究要成为科学的，就必须使用自然科学方法，就是合理的。因此，检验自然主义是否可行，就需要审查我们是否能够成功地把一切对象都还原为自然对象，是否能成功地用自然科学方法研究一切对象。在这个问题上，我采纳一种折中的态度或者说一种后自然主义态度。

自然主义只是一种语言系统和研究框架，是否选择自然主义，取决于研究的便利。只要我们努力，我们完全可以把一切现象纳入自然主义框架中来，但是，这并不能证明，自然主义就是唯一正确或可行的方案，我们还可以有其他的方案，如现象学的、批判理论的、禅宗的等，选取不同的方案，意味着不同的实践模式和效果。这说明，自然主义只是一种研究的语言系统和框架，而不是关于世界的实质性断言。把自然主义的论题作为一种实质性的论题，而不是关于语言框架和研究方案的选择问题,是混淆了卡尔纳普所说的内部问题与外部问题的区别。

但是,从研究的便利性、合目的性上讲,到目前为止,自然主义仍然是最好的和最贯通的,尽管它遇到了一些问题和挑战。它在自然科学大多数领域都取得了巨大成功,在社会科学的某些方面也取得了成功。哲学上的观念论,把外物说成是心的映射,虽然在宗教和伦理上,有利于人的精神性成长,有利于人的内心宁静和精神追求。但是,在哲学上,会导致对外物存在的否认,从而会否认对外部世界进行科学研究的价值;如果外部世界不存在,那么,一切关于外部世界的科学研究都是荒诞不稽的,都是人类的自欺欺人。相反,如果我们采纳自然主义的观点,把自然物看作是唯一存在的,而心、意识、语言、能量等都是物的属性、机能和活动;那么,我们会看到,这种自然主义观点,在贯通一致上,要比观念论更好,在科学实践上,价值更大。这种自然主义甚至可以容纳非自然主义的立场,例如,在承认心、意识和语言的自然基础,以及承认它们可以还原为人这一自然物的行为模式的前提下,可以容许对意识、语言和社会的现象学、解释学的研究。从而建立一种综合的或者后自然主义的科学研究方法论。在这种综合的科学研究方法论中,经过弱化的自然主义主张和非自然主义主张,可以是相互补充的,而不是对立的。

二 自然主义论题

自然主义论题可以分为四个方面:本体论论题、方法论论题、意义论题和价值论题。

(1)本体论论题:自然主义的本体论论题宣称,构成世界的最简单实体是自然对象或物理对象。显然,这是一种原子论和还原论的假设。这一宣称,在本体论上是可行的,但是,在科学研究上,没有实际的价值。比如,根据自然主义的论题,数、集合、命题、力都不是构成世界的简单实体,因而都不能用自然科学的方法来进行研究。那么,研究这些对象的数学和物理学,是不是科学呢?否认这些研究是科学,不符合科研研究的实际，不否认这些研究是科学，我们就需要弱化自然主义的主张。我们做出一个本体论的假设，是为了把它作为实际研究的前提和基础，如果一个本体论上的假设，在哲学上看上去是合理的，但是，在实际研究中是没有价值或不可行的，那么，我们就需要考虑新的可行方案。因此，有必要弱化自然主义的本体论主张。

（2）方法论论题：自然主义的方法论论题宣称，自然科学的方法是唯一科学的方法，社会科学要是科学的，就必须使用自然科学方法，或者数学物理学的方法。

根据这一方法论宣称，即便是最成熟的社会科学——经济学，也不能看作是科学，更不用说社会学、人类学、心理学这些学科了。因此，和本体论论题一样，自然主义的方法论论题也需要弱化，才能反映科学研究的实际。

（3）意义论题：自然主义的意义论题宣称，科学术语必须指称自然对象才是有意义的；科学命题必须是关于自然对象的命题才是有意义的。对于自然科学来讲，这一宣称，在大多数情况下，是合适的。但是，当推广到社会科学领域以及一些新兴交叉学科的时候，问题又出现了。在人的社会生活中，价值、规范和制度是非常重要的，它们规定了人在特定社会情境下的行为方式，实实在在地体现在人的社会活动中。但是，它们不是可观察的，也不是自然存在物或自然对象，表达它们的社会科学术语，是不是有意义呢？在社会科学研究中，有大量的这种表达非自然对象的术语和概念，如果说它们都是没有意义的，那么，这些社会科学研究也是没有意义的，不是科学研究。在严格的自然主义意义论题下，我们甚至不可能有真正关于社会的科学研究。显然，这一宣称过于牵强，不符合科学实践的实际情况，如果想要符合科学研究的实际，自然主义的意义论题也需要进一步弱化。

（4）价值论题：自然主义的价值论题宣称，伦理价值命题可以还原为关于人的自然属性和自然需要的命题。人的价值追求并非独立于人的自然属性和需要，而是安排和满足人的自然属性和需要的一种方式和原则。因此，归根结底，可以把伦理价值命题还原为关于自然属性和需要的事实命题。这里的关键问题是，价值是否能够还原为事实，价值命题是否能够还原为事实命题？如果能够还原，那么自然主义的价值论题就是成立的，如果不能，就是不成立的。显然，这也不是一个实质问题，而是一个语言体系的建构和选择问题。我们可以设想一种语言体系，在其中，价值是可以还原为事实的，价值命题也可以还原为事实命题。但是，到目前为止，我们并没有发现有好的哲学论证和建构，来提供一个这样的语言体系。在实际的科学研究中，也没有发现有这样一种语言体系，被科学实践证明是合适的和可行的。在现行的科学实践中，价值和事实是严格地区分开来的，价值不能够还原为事实，混淆价值和事实，在现行的科学实践中，会造成严重的概念混乱和矛盾。因此，自然主义的价值论题并不是一个有强有力论证支撑的论题。

自然主义的这四个论题在自然主义内部是相互关联和一致的。承认本体论论题必然要求接受方法论论题，接受方法论论题，必然要求假设意义论题。而伦理价值命题是以本体论论题为基础，能够还原为本体论论题。由此可以看出，一种强的自然主义立场，也许在理论上可以说得通，但是，在科学实践上，未必就会获得完全的成功，在科学实践中，存在多种多样实际起作用的途径。因此，我们需要审视科学研究的实践，在此基础上建构一种综合的哲学方法论，以便全面地反映科学研究的实际，并且为评价具体科学研究方案的有效性和合理性提供一种标准。这在当代社会科学哲学中，被称作是实践的转向。

这里的关键问题是，什么是世界？什么是构成世界的基本实体，以及科学含义的确立？在笔者看来，这些都不是实质性问题，而是关于我们的语言体系和研究方案的选择问题。我们可以有一个很狭义的世界概念，也可以有一个很宽泛的世界概念；我们可以有一个很狭义的科学概念，也可以有一个很宽泛的科学概念。采纳哪一种世界概念和科学概念，取决于我们的研究目的和便利。例如，早期维特根斯坦主张世界是由事实构成的，事实由简单的原子事实构成。这样，价值、神、理念，这些都是世界之外的，都不是科学的研究对象。世界之内发生的事件，都可以用自然科学方法给出清楚的"说明"。显然，这样一种本体论的假设，我们不能说它是错的，但要给出它适用的范围，它只是适合非常有限的科学领域，超出这个有限的领域，就会导致谬误和混淆，导致哲学的无谓争论。这个时候，我们需要的不是哲学的争论，而是根据研究的需要，寻找和确立更合适的本体论假设。

因此，本体论假设是一个实际选择的问题，而不是一个理论研究的问题。

三 弗雷格、早期维特根斯坦和胡塞尔关于自然主义的观点

弗雷格是反自然主义者，因为他反对心理主义，主张数学对象是不可感知的实体，也就是非自然的对象。弗雷格在批评心理主义的时候，指出心理的东西与逻辑的东西的区别，认为不能把两者混淆。把逻辑的东西看作思维的内容，有真有假，并且它的真或假不依赖于我们实际的思维过程和心理过程。心理的东西是我们在进行思维时所伴随的心理过程，它与思维的内容根本不同。"一个命题可以被思考，而它也可以是真的；让我们永远不要把这两者混淆了。"① 关于信念产生原因的心理学的或者社会学的探究与关于推理的有效性的逻辑探究的区别，在弗雷格看来，是显而易见的。

笔者认为，弗雷格的这一区分是有问题的。他混淆了命题的内容与我们处理命题的逻辑规则和程序，命题的内容有真有假，我们处理命题的逻辑程序和规则，则完全可以看作是我们心理的机制和过程，它们是一个正常理智的人都会有的，是先天的和自然的。对于逻辑规则的研究，既不能用自然科学的方法，也不能用逻辑推理的方法，只能用反思的方法，也就是后期维特根斯坦的"看"。人和社会的一切模式，都来自人的先天的和自然的机制和模式，都可以用反思方法进行研究。在这里，我不是要宣称一种强的自然主义立场，而是要在反驳弗雷格反自然主义立场的同时，为一种综合的自然主义铺路。

---

① Frege, *The Foundations of Arithmetic*, translated by J. L. Austin, Northwestern University Press, 1968, pp. v^e – vii^e.

早期维特根斯坦和逻辑实证主义者是自然主义者。早期维特根斯坦认为，只有自然科学命题才是有意义的、可说的；自然科学领域的问题才是问题，是有答案的，自然科学领域以外的问题，都不是问题，是没有答案的，说了也是白说，甚至是说了不该说的话。[①] 换句话说，在维特根斯坦看来，用自然科学方法对自然对象进行研究，才是科学研究，否则，就不是科学研究，而是别的活动，像哲学、宗教、美学、伦理学的研究，在维特根斯坦看来，当然不是科学研究。由此看来，早期维特根斯坦是一个彻底的自然主义者。

逻辑经验主义者也是彻底的自然主义者。他们提出了可证实性的意义标准、物理主义和统一科学的主张。这些主张强调科学方法、科学对象和科学语言的统一性，即所有科学都必须使用自然科学的经验实证方法，所有科学对象都可以还原为物理对象，所有科学语言都可以翻译为物理主义的语言。任何研究，如果不能够这样，就不是科学。这样的主张，在哲学上招致很多的反对。卡尔纳普后来认识到，早期逻辑实证主义的争论，其实是关于语言框架的建议，而不是关于实质性问题的争论。如果把逻辑实证主义的主张，包括它的可证实性标准，仅仅看作是一种语言框架或语言系统的建议，那么，这样一种强的自然主义立场，并没有什么不妥，只要我们严格地限定它的适用范围，给出它的句法规则，而不把它当作一种绝对的实质性断言，并且允许其他的科学家根据科学研究的便利，提出他们自己的语言框架，即接受卡尔纳普的宽容的原则，那么，逻辑实证主义的原则在经验自然科学的一定范围内，仍然是一种有效的科学纲领，尤其是在区分科学与形而上学上，逻辑实证主义的工作是卓有成效的。

我们已经看到，弱化逻辑实证主义的主张，把它看作是一种语言的建议，限定它适用的范围，并且在语言框架上采纳宽容的原则，这些已经意味着，我们需要一种经过弱化的综合的自然主义立场，它是能够融

---

① Wittgenstein, *Tractatus Logica – Philosophicus*, translated by D. F. Pears and B. F. McGuinness, Routledge and Kegan Paul, Paul, London; Humanities Press, New York, 1961, p. 151.

合其他研究方案的自然主义立场，而不是极端的自然主义立场。

胡塞尔也对心理主义进行了批判，他要把观念的过程与生理心理的过程区别开来，认为心理主义混淆了两者的区别，作了错误的还原。①这里的问题是，观念的过程与心理生理过程的关系是什么？观念的过程是否独立于心理生理的过程，是否独立于物理过程？看来是很难独立的。说观念的内容及过程独立于人、独立于外在的物理过程，只是西方理性追求的一个神话。观念的生成、应用、证实或有效化，其机制和过程都只能是先天的、自然的机制和过程。

表面上看来，胡塞尔的现象学和自然主义是对立的，一个强调主观，另一个强调客观；前者主张，主观性是客观性的基础，后者认为客观性是主观性的基础，为了获得客观规律，我们甚至要尽可能抛开主观性的影响。但是，我认为，两者并不是对立的，而是互补的，可以融通的。但是，双方都需要弱化自己的主张。现象学和自然主义都主张主观和客观的一致性，只不过，现象学认为一致性的基础是主观性，一切都可以还原到纯粹的意识；而自然主义主张一致性的基础是客观，一切都可以还原为客观的自然的基本实体。但是，如果我们假设主观和客观根本是一致的，我们观念过程的模式根本上就是和客观过程的模式是一致的，因为它们是可以互相还原的，那么，我们是从观念的过程入手，还是从客观过程入手，并不是重要的问题，最后还原为基本的观念模式和机制，还是还原为基本实体的模式和机制，也不重要了，因为它们根本就是一致的，甚至有可能就是同一类型的东西。两种途径，如果成功，都应该可以获得那些最终的统一的机制和模式。

但是，在有一点上，胡塞尔是对的，关于观念，我们不能用经验自然科学的方法进行研究，而必须用直观的方法。因为观念的过程是无法用经验观察的方法进行描述的，但是，可以用现象学的"看"来进行描述。比如，虽然别人观察不到我头痛，但是，我自己可以明白无误地"看到"我在头痛，"疼痛"的经验对我是明白无误的；如果我现在在

---

① Husserl, "Philosophy and the Crisis of European Man", translated by Q. Lauer, in *Phenomenology and the Crisis of Philosophy*, Harper & Row, New York, 1965, p. 177.

想象峨眉山的美景，那么，这种想象的意识过程，对我是明白无误的，虽然别人也是无法观察到的。因此，现象学的方法对于意识研究来讲，不失为一种可选的途径。

四　结论

在自然主义框架中，意识能力、语言能力、社会性可以看作是自然个体的自然属性、先天能力，意识、语言和社会都是个体行为的结果，因而都可以还原为自然个体行为，用自然个体的自然属性和行为模式、条件来说明。但是，由于人的行为不是单纯的自然行为，它是发生在社会中的，受到社会的条件、关系、规范和制度的制约，是在一定条件、关系、规范和制度下发生的自然行为。并且行为人还受到自己的观念、认识的影响，在相同条件下，可能做出与别人完全不同的选择。因此，对于人的行为的说明，只用自然科学的因果说明，是行不通的，必须辅以解释学和社会批判的方法。综合三种途径，才能对人的行为提供全面准确的理解和说明，并且为人类未来的发展提供正确的方向。

把人和社会都看作是自然的一部分，具有自然的属性，是非常重要的，它要求我们回归自然，强调人、社会和自然的和谐，而不是分离，意识只是一种自然实体的生物机能和活动。但是，保留下来的自然主义，必须是一种弱化的自然主义，或者说，是一种后自然主义立场，能够容纳解释学立场和批判理论的立场，三种立场可以互相补充，分别解决社会科学研究中的不同问题。

Naturalism Is a Needing-weakened Program for Social Sciences

(Zhang Lihai, Wuhan University, 430072)

Abstract: In philosophy of social science, the question whether social objects are natural objects at all, or whether all objects including social objects can be reduced to natural objects, is the key question about naturalism. Through examining naturalistic ontological thesis, methodological thesis, theses about meaning and value, and reviewing the standpoints of Frege, early Wittgenstein and Husserl about naturalism, I conclude that naturalism is a legitimate methodological program for social sciences, but it must weaken its claims about social sciences, in order to conform the practice of social scientific studies and be able to complement each other with hermeneutics and social critical theory, toward a comprehensive resolve of problems in social studies.

Keywords: philosophy of social science; naturalism; program for social science; post-naturalism

罗素的亲知理论解析

李高荣[*]

摘要：正是罗素对亲知原则的坚持才形成了逻辑原子主义这种独特的形而上学体系：逻辑原子既是世界结构的终极构成元素，又是语词意义的承载者，因而既简单又可亲知，亲知原则的坚持与否是衡量罗素是否持有逻辑原子主义立场的关键因素。在 1905—1918 年，对哪些东西是可以被亲知的，罗素的观点是有变化的。大体来说，其曾认可的亲知对象可分为三大类：殊相、共相、逻辑形式，但各大类下包含哪些具体对象在学界则仍是争议不断。

关键词：亲知；殊相；共相；逻辑形式

罗素在《逻辑原子主义哲学》第二节探讨名字时说道："一个名字，在其意义是一个殊体这种狭窄的逻辑意义上，仅仅能被用于说话者亲知的一个殊体，因为你不能命名你没有亲知的任何事物。"[①] 也就是说，殊体是可被亲知的对象。在谈到颜色词的意义时，他认为"'红

---

[*] 李高荣，武汉大学马克思主义学院讲师，主要研究分析哲学、英国马克思主义，Email：ligaorong-0401@163.com。本文系作者主持的国家社会科学基金青年项目"早期分析哲学中的形而上学思想比较研究"（14CZX040）的阶段性研究成果。

[①] B. Russwl, "The Philosophy of Logical Atonism", in *Losic and Knowledge*：*Esseys 1901-1950*, R. C. March (ed.), London：Allen & Unwin., 1956.

色'这个词仅仅能通过亲知这个对象而被理解",① 这表明殊体和性质均是可被亲知的。虽然罗素强调,逻辑原子是逻辑分析的最后剩余物,是世界结构的终极构成元素,理论上而言,它们应该是绝对简单的,但由于逻辑原子还是语词意义的承载者,是语言得以可能的前提,因而是可以直接被认识的,是直接经验内的事项,因此,他放弃了对绝对简单的要求,转而只要求相对简单,这就是为何他在承诺绝对简单的同一处文本中他又否认了绝对简单的原因。② 前期维特根斯坦对对象的两个相互冲突的要求——形而上学上的要求和语义学上的要求——是导致其放弃前期体系转向后期哲学的原因之一：他最大限度地强调了对象的形而上学属性——绝对简单、必然存在,因而无法解释人们如何能够找到并命名他所谓的对象。③ 罗素的逻辑原子也包含这两个相互冲突的要求——绝对简单性和可亲知性,但他采取了与前期维氏相反的选择,最终放弃了形而上学上的绝对简单性要求而满足了语义学上的亲知要求。但他对逻辑原子绝对简单的放弃并未损害逻辑原子主义学说的整个理论体系,无论其原子是绝对简单还是相对简单,都处于这一学说框架下,但逻辑原子的亲知这一性质的坚持与否却是衡量他是否仍持有此种学说的关键要素,亲知也是其逻辑原子与前期维氏对象的最大区别之一。如果说逻辑构造的引入是其成熟时期的逻辑原子主义与1912年《哲学问题》中的表象主义立场的区别所在,则可以看作是其学说的起点,那么对亲知原则的坚持与否则可看作是其逻辑原子主义学说与中立一元论的区别所在,可看作是其学说的终点。在1919年《论命题》这篇文章中,罗素抛弃了感觉材料理论,放弃了主体与对象（感觉材料）之间的感觉的二元关系特征,即放弃了亲知关

---

① B. Russwl, "The Philosophy of Logical Atonism", in *Losic and Knowledge*: *Esseys 1901 – 1950*, R. C. March (ed.), London: Allen & Unwin., 1956, p. 195.

② 参见李高荣《试论罗素逻辑原子的两种简单性》,《兰州学刊》2011年第10期,第11—15页。

③ 参见韩林合《维特根斯坦论现象学语言和现象学》,《哲学门》2007年第2期,第155—192页。

系，从而转向中立一元论。① 正因如此，塞恩斯伯里才说亲知原则形成了原子主义这种独特的形而上学。② 下面我们将从三个方面来详细解读罗素的亲知理论。

一 亲知原则的提出

亲知原则的提出最早是在1905年的《论指称》中。"在我们能够理解（apprehend）的每个命题中（即，不仅在那些其真或假我们能判断的命题中，而且也在所有我们能思考的那些命题中），所有的构成成分都确实是我们对其有着直接亲知的存在物。"③ 当然，他对这一原则最著名和最为全面的陈述是在《亲知的知识和描述的知识》及《哲学问题》中。"无论命题是否主要考察那些仅仅通过描述而被我们知道的事物，我们能理解的（intelligible）所有命题完全由我们亲知的构成成分组成，因为我们没有亲知的一个构成成分对我们而言是不可理解的。"④ "在分析包含摹状词的命题中的基本认识论原则是：我们能理解的（understand）每个命题必须完全由我们亲知的构成成分组成。"⑤ 这三个对亲知原则的界定中"理解"一词用的英文虽然不同，但这并不影响这一原则的表述。值得注意的是：在《论指称》中亲知原则是摹状词理论的结果，而在《亲知的知识和描述的知识》和《哲学问题》

---

① 1919年之后罗素仍持有构造理论，直到1927年《物的分析》后他才再次回到他在《哲学问题》中的知觉因果理论立场，因此有些人将1914—1918年间罗素的哲学立场也看作一种中立一元论，这显然是由于他们将中立一元论等同于构造理论所造成的误解。事实上，构造理论跨越了罗素的逻辑原子主义和中立一元论，而亲知理论跨越了罗素的表象主义实在论和逻辑原子主义，逻辑原子主义时期的界定可以说是与逻辑原子的界定有很大关系，是其构造理论和亲知理论的交叉时期，这些理论和学说立场既交叉又不同，因而不能混为一谈。

② R. M. Sainsbury, *Russell* London: Routledge and Kegan Paul, 1979, p. 26.

③ B. Russell, "On Denoting", in *Logic and Knowledge Essays 1901 – 1950*, R. C. Marsh (ed.), London: Allen & Unwin., 1956, p. 56.

④ B. Russell, "Knowledge by Acquaintance and Knowledge by Description", *Proceedings of the Aristotelian Society (New Series)*, 1911 (11): 108 – 128, p. 128.

⑤ B. Russell, *The Problems of Philosophy*, Oxford, New York: Oxford University Press, 1959, p. 58.

中亲知原则是对包含摹状词的命题进行分析的基本认识论原则,这恰好表明亲知原则与逻辑分析在逻辑原子主义中的关联十分密切,从而导致逻辑原子既简单又亲知的双重性质。据此,亲知原则的核心论断可以表述为这样一句话:对命题的构成成分的亲知是我们理解该命题的必要条件。①

亲知原则的存在对罗素而言是自明的,是不需要论证的,他只给出了很简略的辩护:只有知道了我们正在判断或假定的是什么东西,我们才可能做出一个判断或假定,即只有理解了命题中语词的意义才能理解命题,而语词的意义是我们亲知的某个东西。这里,亲知原则的提出引入了一个新的意义观②:一个语词要有意义必须指向某个我们通过亲知而认识的对象,只有亲知的对象才能被语词所意指,语言从亲知获得其意义。1910 年前后罗素否认了命题的实在性转向了真理符合论:在所有真的知识或意义中,在认知者和被认知者之间一定存在某种终极的亲密融合,即某种亲知关系。罗素引入亲知原则之后的意义观是不同于通常理解的指称的意义理论的(referential theory of meaning),后者认为,一个语词的意义即是这个语词代表的对象,这是一个语义学问题,语词与对象之间的关系是语义关系而不是认识关系,但是罗素将意义(meaning)与认知(knowing)紧密结合在一起,甚至在给维特根斯坦的《逻辑哲学论》写的导论中他也将语言与其所指之间的关系问题看成一个认识论的问题,③ 这也是为何说罗素的逻辑原子主义是关于语言、知识和世界的本质的学说的一个复杂混合体,其对世界的形而上学

---

① S. Miah, *Russell's Theory of Perception 1905 – 1919*, London, New York: Continuum, 2006, p. 33.

② 在 1903 年的《数学原则》中罗素持有极端实在论的意义观:一个表达式的意义是这个表达式代表的一个存在物;1905 年亲知原则提出后他对这种意义观进行了限制:理解一个表达式的意义在于亲知作为它的意义的那个存在物。两者都是关于意义的,前者是意义的本质,后者是意义的认识论。显然,在罗素的哲学中意义与理解(或认知)的关系十分密切,一个表达式的意义不会超出通过理解这个表达式而被认知的东西,亲知原则即保证了意义与理解之间的这种关联。参见 R. M. Sainsbury, *Russell*, London: Routledge and Kegan Paul, 1979, p. 13。

③ B. Russell, "Introduction to Wittgenstein's *Tractatus Logico – Philosophicus*", in *Tractatus Logico – Philosophicus*, L. Wittgenstein, London: Routledge and Kegan Paul, 1961, p. ix.

考察离不开他的语言哲学和认识论立场。

二 亲知的性质

自罗素开始反对德国唯心论以来，他就坚定地站到了英国古典经验论传统的一边，但他并不满意他们对"经验"一词的模糊共识，而是从经验中最简单、最普遍的方面（亲知）来重塑了它的含义。"经验"是从日常语言中引入哲学的词汇，是十分模糊的。起初，经验哲学中的经验被约束在通过感官习得的东西，渐渐地，其范围扩大到我们能以任何方式意识到的所有东西，这个词几乎快成为唯心主义的口号了。罗素放弃了"经验"一词中的无立场性（non-committal），他是在很技术的层面上来使用"经验"一词的，将其约束在经验的关系形式中，他用更少中立的"亲知"一词突出了"经验"一词中包含的主体与对象之间的二元关系，他几乎不加分别的使用经验（experience）、亲知（acquaintance）和意识（awareness）。[1]

在《亲知的知识和描述的知识》中他对亲知给出的定义是："当我与一个对象有一种直接的认知关系，即当我直接意识到这个对象本身的时候，我就说我亲知了这个对象。"[2] 亲知是主体和对象之间的一种直接关系，并不包含任何推理的中间过程。我们能亲知的东西是我们直接经验到的东西，不是间接经验到的东西，也不是我们通常认为我们亲知的那些东西，如桌子、椅子等。根据罗素在不同文本中的描述，归纳起来，亲知具有如下几个特征。

---

[1] B. Russell, *Theory of Knowledge: The 1913 Manuscript*, E. R. Eames and K. Blackwell (ed.), London and New York: Routledge, 1984, p. 35.

[2] B. Russell, "Knowledge by Acquaintance and Knowledge by Description", *Proceedings of the Aristotelian Society* (*New Series*), 1911 (11): 108–128, p. 108.

（一）亲知是一种直接的二元关系（dual relation）

罗素采用"亲知"一词来表述认知主体与被认知对象之间的一种直接关系是为了保留主体与对象的二元论，他将二元论看作认知的基本特征。亲知与呈现（presentation）两个词都可以用来表述这种二元论立场，不同之处在于后者强调的是对象和主体之间的关系，易导致强调对象而忽视主体，前者强调的是主体与对象之间的关系，重点强调了主体存在的必要。亲知关系的图式可表示成 S - A - O，这三个字母分别是主体、亲知、对象的英文首字母。

主体是心理的（mental），是亲知对象的存在物，虽然罗素对主体的本性并未给出清楚明白的解释，但可以肯定的是它不是类似于心灵（mind）、自我（self）或笛卡尔式的自我（ego）等一类的东西，很可能它被当作一种心理行为（mental act）[①]。尽管他认为不能亲知主体，也不知其本质，但主体确实是存在的，是亲知关系中的一个域（the domain），作为亲知关系的所指（referents）而被认知，"我"（I）意指的是当下经验的主体。对象是被亲知的存在物，它可能是也可能不是心理的（反省中的对象是心理的）。虽然罗素对主体和对象本性的界定并不清楚，但可以肯定的是他承认两者都是一种存在物，是亲知关系的项，这就承诺了主体与对象的二元区分。

亲知关系是一种直接的、初始的（primitive）、不可还原的、根本的二元关系，是一种认识关系，不同于构成判断的关系。亲知的任何例子都是心理的，是一个主体和一个对象经由亲知关系结合起来的复合物。当一个可被亲知的对象出现在心灵面前的时候，心灵直接亲知了它，不再需要其他东西为中介，只要一个东西曾经或现在出现在一个心

[①] 参见罗素1913年的一篇文章《感觉材料的性质——回应道斯·希克斯博士》（*The Nature of Sense - data—A Reply to Dr. Dawes Hicks*）。自罗素反唯心主义开始直到1919年《论命题》之前的时间里他都坚持行为—对象区分（act - object），这是他坚持亲知二元论的标志，自《论命题》后他反对这种区分，从而也反对其早年认识论的核心概念——亲知关系，认为感觉（sensations）是中立的，走向中立一元论立场。

灵面前，我们就可说亲知了此对象。①

（二）亲知是关于事物的知识，是非判断的（non-judgmental），是所有知识的基础

罗素区分了亲知的知识和描述的知识②，与此相关的一个区分是：关于事物的知识（knowledge of things）和关于真理的知识（knowledge of truths），这些知识都以亲知的知识为基础。在"A 知道……"这种表达式中，省略号后面可用两种不同的语法形式来填充：一个直接的对象或一个由"that"引导的从句，前者即是关于事物的知识，它是外延性的（extensional），后者是关于真理的知识，不是外延性的。当然，在罗素看来，这两对区分并不完全等同，因为在上述表达式中填充一个日常专名或一个限定摹状词，如"苏格拉底"或"法国国王"，表面上我们似乎得到的是关于事物的知识，实际上这些日常专名都是缩略的摹状词，包含它们的表达式实际上包含着一个存在命题，因而它们是关于真理的知识。

当罗素说亲知是关于事物的知识的时候，他指的是我们能认识的感觉材料，感觉材料是直接被给予的（given），不能被定义的，甚至都不能用"被给予"这个性质和事实来定义，一旦用这个词就已经违反了直接性，因为这个词是经由反思而来的。感觉材料就是被给予自身。为什么亲知不包含关于真理的知识呢？因为它们不是形成判断的一种关系，而是形成呈现的一种关系。

我们直接亲知的是当下的感觉材料，没有真假之分，而判断是有真假的。亲知是一种二元关系，其对象可以被命名，而不可被断定，而判断是一个多项关系（multi-term）。虽然亲知本身是非判断的，不是关

---

① 他反对在主体和对象之间存在第三种存在物：内容（content），它们是精神的，是思想和心灵的状态，通过这种中间状态主体理解了对象，他对内容的反驳可参见1913年《知识论》第三章和1919年《论命题》一文。

② 这一区分最早可以在1903年的《数学原则》一书中发现，当然，主要的解释还是在《亲知的知识和描述的知识》和《哲学问题》第五章。

于真理的知识,但它却是关于真理的知识的基础,进而是所有知识的基础,而且,亲知的知识在逻辑上是独立于关于真理的知识的,这种独立性表明他持有意义先于真理的立场,我们可以以理解了一个命题而不知道它的真假,而对一个命题的理解必须已经亲知了包含于其中的感觉材料。①

(三) 亲知是完全的,没有程度上的区别,是非欺骗性的 (non-deceptive)、不可错的

亲知的一个基本功能是一旦一个人亲知了某个东西,那么这个人就完全、充分、全面地认知了这个东西,不需要其他进一步的信息,那些关于这些亲知对象的事实的知识并不能使你对它有一个更全面的理解,没有其他方式比亲知能使你更好地认知那些亲知的对象了,这即是我们经常说的直接经验。

罗素认为,亲知没有程度上的区别,要么亲知,要么没有亲知。②当我们说更好地亲知了一个对象的时候,我们指的是亲知了这个对象的更多的部分,对每个部分的亲知要么是完全的,要么就不存在。

无论主体亲知的是什么,它一定是某个东西,而不是无,亲知的主体总是有对象的,因此,在亲知的任何例子中(无论真实的或虚假的),亲知本身是非欺骗性的,尽管从亲知可以得出错误的推断。这里,罗素的真假标准是:是否有某个东西出现,这就排除了错误的可能性,对于亲知而言没有真假二元论,即使在错觉或幻觉的亲知形式中,我们也完全亲知了"某个东西",只是在对我们的亲知进行描述的过程中才出现了真假。

---

① D. F. Pears, *Bertrand Russell and the British Tradition in Philosophy*, London: Collins, 1967, p. 97.

② B. Russell, *Our Knowledge of the External World*, London: George Allen & Unwin, 1952, p. 151.

（四）亲知的对象是真实的（real）

无论亲知的对象是一个殊相还是一个共相，它们都是真实的，是二元关系的一个项。罗素对此的论证是："对于那样一个（亲知的）对象，假定它是不真实的是无意义的。命名无的一个专名不是一个专名，而是一个无意义的声音。亲知无的一个亲知不是一个亲知，而是一个纯粹的荒谬。"①

有人认为，只有真实的亲知是非欺骗的，其对象是真实的，即使在梦中和幻觉中存在某个直接对象，它们也只是一种"虚假的给予"（illusory given），是不真实的。但罗素并没有如此严格地限制对亲知的使用，他认为，无论亲知的对象是什么，即使在梦中和幻觉中，只要我们没有超出直接的对象，只要这些对象是我们直接意识到的某个东西，它们就都是真实的，就不会产生错误，错误来源于我们把直接的对象（感觉材料）当成某个物理对象存在的依据。

在1919年之前，罗素认为，亲知肯定是一种知识形式，其他哲学家却对此有异议②。在此之后他虽然仍持有某种形式的亲知原则，但他抛弃了感觉材料理论，这使他的亲知概念发生了很大的变化。此前，感觉材料是在感觉中被认知的东西，感觉是直接亲知感觉材料的经验，是一种二元关系，是一种认知；1919年的改变主要不在于他对被感觉的对象（感觉材料）的观点的变化，而在于他抛弃了感觉（亲知）的主体和对象之间存在的那种二元关系，一旦他否认了这种特征，感觉与感觉材料之间的差别就消失了，因而纯粹的感觉也就不是一种认知了，这就使他转向了中立一元论立场而不是二元论立场。

---

① B. Russell, *Theory of Knowledge: The 1913 Manuscript*, E. R. Eames and K. Blackwell (ed.), London and New York: Routledge, 1984, p.48.
② 围绕"亲知的知识存在吗？"这个主题在1919年、1949年有两场讨论会，论文分别发表在《亚里士多德协会论文集》（*Proceedings of the Aristotelian Society*）增刊第11、23期上。除此之外，在20世纪六七十年代还有 P. Hayner、J. Hintikka、S. A. Kivinen、R. Augustine 等人发表了关于亲知知识的文章。

三　可亲知的对象

在1905—1918年，罗素对哪些东西是可亲知的对象的观点是有变化的。在《论指称》中，可亲知的对象包括知觉的对象和具有更加抽象的逻辑特征的对象，不能亲知摹状词指称的对象。在《亲知的知识和描述的知识》中，我们可以亲知两类对象：殊体和共相（或者说是具体的存在物和抽象的存在物）。到《哲学问题》中可亲知的对象是特殊存在的事物（感觉中的外感官材料、反省中的内感官材料、记忆中的内外感官材料及自我）和共相（一般观念）。在《知识论》中，罗素引入了一种新的亲知项——逻辑形式。在《逻辑原子主义哲学》中，我们可亲知殊相、性质和关系。综上所述，罗素曾认可的亲知对象大致可以分为三类：殊相、共相、逻辑形式[1]。

（一）殊相

殊相（particular）[2]指的是特殊的存在物，罗素在不同时期对殊相的范围的问题持有不同的观点，最大的变化是在《知识论》中他将我们自己的心灵和过去遥远的殊相排除在外。在1912—1918年，罗素所认可的殊相大致包含如下几种。

1. 感觉材料

可以亲知的对象最明显的例子就是感觉材料，它们指的是"在感

---

[1] 从亲知的对象可以看出，罗素将对特殊存在物的感知（perceiving）能力（感觉、反省、回忆、想象）和对抽象概念的构想（conceiving）能力都纳入"亲知"这一个词的含义之下。

[2] "particular"这个词一般指的是特殊的存在物，常被译成"殊相"，这是一种宽泛的理解，与共相（universal）相对，罗素这里也是在这种意义上使用这个词的，但他对这个词还有更技术层面的使用，指的是一种特殊的殊相，是感觉材料的一种，绝对简单的东西，是原子命题中主词的所指，也是逻辑原子的一种，为了区别宽泛意义的殊相，在本文中我将这种意义的"particular"译成"殊体"。

觉中被直接认知的东西：诸如颜色、声音、气味、硬度、粗糙度等等"。①也就是说，感觉材料是感觉的对象，是当下展现给我们感官的东西，是我们直接意识到的，它们构成了我们通常理解的日常对象的显象，也可被称为外感官的材料，其共同特征是：都是通过感官直接被给予的东西，对立于被推断的东西。"被给予"这个概念通常与不容置疑性（indubitability）连接在一起，被给予的东西即是我们能绝对肯定的东西。例如，在原子命题"这个是黄色"中，"这个"是专名，指称的是一个特殊的黄色的感觉材料。除了感觉的对象之外，殊相还包括反省、回忆、想象的对象，但这些均以感觉的对象为基础，因此，在很多地方，罗素将感觉材料直接等同于殊相（也可说是狭窄意义上的殊体）来使用。

2. 内感官的材料

在《亲知的知识和描述的知识》《哲学问题》《知识论》中，罗素认为，除了能亲知具体的事物外，如太阳、食物等，还能通过反省直接意识到（亲知到）"我之看见太阳"（my seeing the sun）、"我之意欲食物"（my desiring food）、"我之感到快乐或痛苦"（our feeling pleasure or pain），即除了能直接意识到事物之外，还能意识到对这些事物的意识，这些即是内感官的材料（data of inner sense），这种反省中的亲知即是我们通常所说的自我意识。反省中的亲知是不同于感觉中的亲知的，在感觉中，主体亲知的对象是感觉材料、是具体的事物，在反省中，主体亲知的对象是具有如下一种共同形式的复合物：对——一个—感觉材料—的—自我—亲知（self-acquainted-with-a-sense-datum）。这些反省中的亲知给了我们有关内感官的材料（思想、感受、欲望）的知识，这些材料可以看作是心理殊相（mental particulars）。

3. 包含特殊存在物的复合物

在《亲知的知识和描述的知识》中，罗素认为，我们亲知的殊相不仅包含所有单一的存在物，还包含由一个或多个单一的存在物组成的

---

① B. Russell, *The Problems of Philosophy*, Oxford, New York: Oxford University Press, 1959, p. 12.

所有那些复合物，如"这个—之于—那个—前面"（this - before - that）、"这个—之于—那个—上面"（this - above - that）、"这个—之—黄色"（the - yellowness - of - this）。事实上，上述内感觉的材料是这种复合物的一种特殊情形，自我意识的对象也是一种复合物"对—A—的—自我—亲知"（self - acquainted - with - A），正因为亲知了这种复合物，我们才能知道这个命题"我亲知了 A"（I am acquainted with A）。同理，直接意识到"这个—之于—那个—前面"（this - being - before - that）这个复合物，我们就理解了如下这个命题——"这个在那个前面"（this is before that）。

有人认为，罗素对此复合物的亲知的承诺表明他认为我们可以亲知事实，对一个事实的理解即在于对相应的这种复合物的亲知。这种解释对于 1910 年之前的罗素应该是适用的，此时的他常将事实和与之相应的复合物混为一谈，每个事实（或复合物）都对应着一个复合物（或事实），至于两者是否等同，他的态度并不明确。但根据此后他的一些相关说法，我们可以肯定他并不持有这种观点，尽管这种复合物与事实紧密关联着，但它本身还不是事实。首先，这种观点在解释我们对假命题的理解时并不成功。例如在"盐是甜的"这个命题中，根本不存在"盐—之—为—甜"（salt's - being - sweet）这个复合物，也就不存在对它的亲知，那么我们是如何理解这个命题的意义的呢？其次，从他反复强调命题与事实的关系是不同于名字与被命名的事物的关系来看，事实是不可以被命名的，也不能处于一个逻辑主词的位置，只能通过命题加以描述，而后者则可以加以命名。因此我们认为，此后的罗素应该认可亲知事实的。他对上述复合物的亲知实际上是对个别性质或关系的亲知，即对一个共相的特定例子的亲知，即被例示的特定的共相，是一种殊相，学界称其为特普（trope），如某个具体的事物的颜色、某两个具体的事物之间的关系等。这里涉及如何理解性质和关系的本性的问题，罗素不仅认为有一般的性质和关系（共相），也有个别的性质和关系，两者都可以被亲知，区别在于后者是由包含特殊的存在物组成的具有某种形式的一个复合物。

4. 记忆图像

在《亲知的知识和描述的知识》和《哲学问题》中，罗素认为，除了感觉材料之外，亲知的第一个扩展应是在回忆中的亲知，当我们记得已经见过某个颜色或听过某个声音的时候，我们就直接意识到了那些记得的东西，这些东西可被称为记忆图像（memory image）。至于对过去的对象的亲知的范围问题，等到罗素在《知识论》中时他的观点发生了一些变化①。在此之前他认为只要我们在过去曾经亲知过那些对象，那么，即使不在当下，我们也能在回忆中亲知它们，他此时还没有区分直接回忆（immediate memory）和遥远回忆（remote memory）；在《知识论》第四章中，他对遥远回忆中的亲知产生了怀疑，因为在时间上越遥远的过去越容易出错，是派生出来的，而"在任何认知事件（cognitive occurrence）中错误的可能性表明这个事件不是一个二元关系的一个例子"②，遥远回忆是可错的即已表明它并不是一种亲知关系，也"不属于我们对世界的亲知的基本构成成分"。③ 这表明罗素在1913—1918年有将回忆和知觉合并的倾向。

在《知识论》中，罗素并没有否认直接回忆这种亲知方式，因为直接回忆与当下亲知处于很紧密的联系中（时间上仅间隔数秒或数分钟），是"似是而非的当下"（specious present），是在回忆中对过去的直接经验，因而也具有不可错性。罗素对直接回忆亲知的承诺，主要是因为这种亲知承担着两个很重要的功能：第一，直接回忆是我们能理解"过去"这个概念的来源，例如，几秒钟前听到的声音虽然此刻并没有被听到，也没有作为感觉材料被给予，但仍是亲知的对象（虽然作为

---

① 学界对罗素的回忆理论曾产生过争论：Pears 在其《伯特兰·罗素和哲学中的英国传统》（1967）一书中认为，罗素在 1905—1919 年持有极端实在论的回忆理论——回忆实际上就是与过去被感知到的东西保持接触；而 Urmson 在《罗素论对过去的亲知》（1969）一文中反对此观点，他认为，罗素的专名只在一两分钟内持续；Pears 后来又在《罗素的回忆理论：1912—1921》（1974）一文中对他此前的观点进行了修正。有关罗素回忆理论的争论可参见 Perkins 的两篇文章《罗素论回忆》（1973）和《罗素对遥远回忆的实在论理论》（1975）。

② B. Russell, *Theory of Knowledge: The 1913 Manuscript*, E. R. Eames and K. Blackwell (ed.), London and New York: Routledge, 1984, p.49.

③ Ibid, pp.72, 171.

感觉材料的给予与作为直接回忆的对象的给予是不同的），通过对过去的声音的亲知我们获得了"过去"这个概念；第二，直接回忆为我们的后续知识（subsequent knowledge）提供了材料，"如果过去永远不能在回忆中被直接经验，那么我们一定要问，我们是如何知道此刻在回忆中被经验的对象是与过去的对象完全相似的？如果不能知道这一点，那么我们假定的关于过去的全部知识就成了虚幻"①。

5. 主体

罗素对主体的界定是：能在感觉中意识到事物、在概念中意识到共相的东西，也是进行思维、感受、欲求、相信等的东西。对于是否可以亲知主体自身，罗素的立场在不同时期是有变化的。在《亲知的知识和描述的知识》及《哲学问题》中，他的立场摇摆不定，一方面，他认为，可以在反省中亲知自我（此时的罗素将主体与自我等同），如果假定不能亲知自我，那么我们将很难解释自我意识是如何可能的，以及我们又是如何能理解"我亲知了 A"（I am acquainted with A）这个命题的，而且，如果"我"不可被亲知，对它的非循环定义是很难的。例如，"我"常被定义成"处于对我所意识到的东西的意识状态中的主项"（the subject-term in awarenesses of which I am aware），这肯定是不令人满意的。当然，他认为，这个可以被亲知的自我并不是传统哲学所说的永恒实体，而是亲知了当下感觉材料的那个个体。另一方面，他又否认可以亲知自我，因为在我只对我自己的意识中很难发现什么心灵状态，在对自我进行考察的时候总是涉及具体的思想和感受②。在权衡了双方立场之后，他倾向于承认对自我可以亲知，"我"和"这个"都是严格专名。

但是到了《知识论》中，罗素却认为，我们不能亲知主体自身

---

① B. Russell, *Theory of Knowledge: The 1913 Manuscript*, E. R. Eames and K. Blackwell (ed.), London and New York: Routledge, 1984, p. 26.

② 罗素对自我的怀疑借用了休谟的论证："当我极其亲密地研究我称为我自己的东西时，我总是碰巧找到一些特定的知觉，冷或热、亮或暗、爱或恨、苦或乐。在任何没有一个知觉的时刻我根本不能把握我自己，除知觉之外根本不能观察到任何东西。"(D. Hume, *A Treatise of Human Nature*, Oxford: Clarendon Press; New York: Oxford University Press, 1978, p. 252)

（此时的主体已不同于自我或心灵）。他将亲知界定成主体与对象之间的一种二元关系，这很容易使人认为主体和对象都是可以被亲知的，否则说亲知是一种二元关系是很令人费解的，他在《亲知的知识和描述的知识》及《哲学问题》中就采取了这一立场。但他同时也注意到我们能很容易亲知我们自己的经验，但却似乎永远也不能亲知主体自身，内省中的主体是难以识别的，因而在《知识论》中他否定了对主体的亲知，但这与他对亲知的二元理解总立场又相违背，似乎已经转向了中立一元论，尽管存在这种倾向，但直到1919年之前他的总立场还是一致的：虽然我们不能亲知主体，但只要我们认为亲知是主体与对象之间的一个二元关系，这就保存了主体，尽管我们并不知道其本性，只能通过描述来认知它们，亲知理论并不必然暗含对赤裸主体（bare subject）的直接意识①。他认为"我"是一个摹状词，可被定义成"当下经验的主体"，不是真正的逻辑专名，当我们意识到经验了一个对象 O 的时候，我们得到这样一个事实：某个东西亲知了 O（something is acquainted with O），这里的主体是一个"表面的变元"（apparent variable），它们仅仅被当作亲知关系的所指（referents），并不在亲知中被直接给予。

珀金斯认为，罗素在《知识论》中对是否可以亲知主体持有矛盾的观点：一方面，他否认可以亲知自我，但同时他又承认可亲知包含主体为其构成成分的精神对象，即自我意识，这似乎又承认可以亲知自我②。但事实上，罗素认为，我们完全可能亲知了一个复合物而没有亲

---

① 在《知识论》中他一方面认为亲知是主体与对象之间的二元关系；另一方面又认为主体不可被亲知，是通过描述认识的，是否因为这两者之间存在矛盾才造成了他在《论命题》之后放弃了对亲知的二元解释有待进一步研究，至少在《知识论》及《逻辑原子主义哲学》中他认为两者没有矛盾。

② 参见 Perkins 的文章《罗素关于知识论未出版的书》（1979—1980），他这篇文章对 Blackwell 和 Eames 于1975年在同一本期刊（*Russell*）上发表的一篇题名相同的文章中的观点进行了批评，而 Miah（2006）支持 Eames 的观点，认为罗素这里并没有矛盾，我赞同他俩的观点。参见 S. Miah, *Russell's Theory of Perception 1905 – 1919*, London, New York：continuum, 2006。

知它的任何组成成分。① 例如，我们用 S – A – O 表示一个主体对一个对象的亲知，用 S′ – P – （S – A – O）（P 指对当下经验的经验关系，是 "present" 的缩写）表示自我意识，由于两者亲知的对象不同，因此 S 与 S′在数上是不等同的，对罗素而言，"S – A – O" 作为一个整体是 S′亲知的对象，并不表明 S 和 O 也是 S′亲知的对象。他关于复杂的感觉材料也持有相似的观点：我们能亲知一个复杂的感觉材料而没有亲知它的构成成分。

关于主体的问题是十分复杂的，正如他自己所说，自我意识的本性的问题太过广大，因而在《我们关于外间世界的知识》和《逻辑原子主义哲学》中他并没有再讨论此问题。

（二）共相

除了能亲知殊相外，罗素认为，我们还能亲知共相。共相的本质特征完全不同于感觉材料，是抽象的观念（abstract ideas）或概念，如红色、上下、前后、相似性等，可以区分为两类：性质共相和关系共相。对共相的认知方式是构想（conceiving），包含抽象的过程（abstraction），对共相性质和共相关系的认知都是通过抽象而获得的，罗素将这种认知方式也看作是亲知的一种。

我们不仅意识到具体的黄色，而且如果我们已经看见过足够多的黄色并且拥有充分的理智（intelligence），我们就意识到了共相黄色。

除非我们不仅亲知了一个给定对象在另一个给定对象前面这些实际特殊的实例，而且还亲知了"在……前面"（before），否则很难理解我们是如何能知道关于"在……前面"这样一个事实的。……因此我们必须假定我们亲知了"在……前面"的意义，而不仅仅亲知了关于它的例子。②

---

① B. Russell, "Knowledge by Acquaintance and Knowledge by Description", *Proceedings of the Aristotelian Society* (*New Series*), 1911 (11): 108 – 128, pp. 109 – 110.

② Ibid., pp. 111 – 112.

上述引文表明，罗素将共相区分为共相自身和共相的实例，对前者的认识预设了后者，后者是一种殊相，这就是说，共相离不开殊相，没有独立于特定事物的共相，这表明罗素是亚里士多德意义上的温和实在论者[①]，但罗素的这种观点并不总是一致地出现在他的其他著作中，尤其从他对关系的理解来看，似乎他又是柏拉图意义上的极端实在论者。

除在《亲知的知识和描述的知识》中罗素提到了共相关系的例子外，在其他著作中他却否认共相关系有例子，以至于他在1944年《回应批评》这篇文章中完全忽视了他在《亲知的知识和描述的知识》中的观点，自认从1902年写《数学原则》之后就一直持有"关系没有例子"这个立场，甚至认为性质也没有例子，[②] 这实际上是他进入四十年代以后才持有的立场：除承诺基本关系外，"单有性质就够了，我们无须假设它们拥有实例"。[③] 在1902年之前他持有完全相反的观点：没有共相关系只有共相关系的例子，"实际关联着两个项的任何关系一定不能关联任何其他项；因此，任何特定的关系只能关联一个命题"[④]。到1902年5月开始写《数学原则》时他明确断定关系没有例子，一个关系R在它出现于其中的所有命题中都是严格相同的，不存在R的特殊化例子（particularized instances），存在的只是一个共相。[⑤] 这种对关系的极端实在论立场在其后来的哲学生涯中基本没有改变过（《亲知的知识和描述的知识》除外）。

罗素在1944年上述文章中甚至认为，与其对关系的立场一样，他

[①] 温和实在论的观点是：所有的共相（性质和关系）都必然在过去、现在或将来的某个时间得到现实的例示，不存在独立于殊相的共相，所有的共相均等同于其诸实例，共相是"事物之中的共相"或"事物之间的共相"。参见韩林合《分析的形而上学》，商务印书馆2003年版，第130页。

[②] B. Russell, "Reply to Criticisms", in The Philosophy of Bertrand Russell, P. A. Schilpp (ed.), The Library of Living Philosophers, Vol. 5, 4th ed., La Salle, Illinois: Open Court, 1971, p. 684.

[③] B. Russell, An Inquiry into Meaning and Truth, London: Allen & Unwin, 1940, p. 103.

[④] 参见收藏于麦克马斯特大学罗素档案馆的罗素未发表的文章《差异有不同吗？》（Do Differences Differ?）(1899/1902)，文件编号是220.010870，原始页码第5—6页。

[⑤] B. Russell, The Principles of Mathematics, 2nd ed. London: Allen and Unwin, 1937, pp. 50–52.

在1902年后对性质也持有极端实在论的立场,这种概括显然是片面的,米亚赫认为,至少在1902—1913年罗素在很多地方明确断定了性质可以特殊化①。与许正是由于他认为性质可以被特殊化,因而,相对于关系肯定是一种共相而言,性质作为一种共相可以被争论的(参见《知识论》第八章)。罗素关于性质的看法没有其关于关系的看法明确,除在20世纪40年代罗素否认性质有例子之外,此前他应该都承认性质是有实例的,且每个特殊的被例示的性质彼此都是不同的,即使存在共相性质(尽管可被争论,总体上他仍倾向于承认其存在),性质共相也是不能独立于殊相而存在的,因而在性质问题上,他持有温和实在论的立场,甚至有时被理解成特普论者(后期倾向于极端实在论)。总体上而言,无论是否存在并亲知了性质和关系的具体例子,我们都可以抽象出共相性质和共相关系并亲知它们自身。

(三) 逻辑形式

在《知识论》中,除对殊体和共相的亲知外,罗素引入了一个新的亲知项——逻辑对象,在逻辑经验中我们亲知了逻辑对象,逻辑经验是使我们能理解逻辑项的一种直接知识。格里芬在他的论文《罗素论逻辑的性质:1903—1913》(1980)中将我们可以亲知的逻辑对象区分成三类:逻辑形式、逻辑连接词和逻辑范畴,其中,逻辑形式最为根本,对它们的亲知又被称为逻辑直觉,对逻辑形式的亲知可以帮助我们理解后两种逻辑对象,如"谓词""关系""二元复杂物""或者""并非""全部""一些"等。尽管他自认并不知道这些逻辑词代表的逻辑对象的本质是什么,但他明确承认,既然我们能理智地使用这些逻辑

---

① 如《数学原则》中认为动词(关系)没有例子,而形容词(性质)有例子;在1913年《感觉材料的性质——回应道斯·希克斯博士》这篇文章中他说道:"尽管存在着是一个给定颜色的一个共相,但是也存在着是这个共相的例子的殊体,当这个颜色被看见的时候就是感觉材料";在1912年《论共相和殊相的关系》中认为不仅存在殊体,这些殊体还有性质,这些性质是有例子的。相关观点可参见 S. Miah, *Russell's Theory of Perception 1905 - 1919*, London, New York: continuum, 2006, pp. 30 - 31。

词，它们是有意义的，那么我们一定亲知了包含于其中的逻辑对象。①

逻辑形式的引入是因为罗素认为仅仅亲知了命题的构成成分还不足以理解该命题，还必须亲知其纯形式，他甚至认为，对逻辑形式的亲知比对殊体和共相的亲知更具优先性。罗素的这种观点受到了前期维特根斯坦的批评，虽然维特根斯坦并未否认形式的存在，但否认了逻辑对象的存在，这就是说，形式并不是逻辑对象意义上的存在，因而也就不可能被亲知，只能被显示。事实上，从罗素本人对逻辑形式的解释就可发现其本质是很难界定的，一方面，它不是命题的构成成分，而是构成成分结合的可能方式，不是一个事物，那么就不应该是亲知的对象；另一方面，它又是亲知的对象，肯定是某个东西，而不是无，因而它们自身肯定又是有成分的，可以用逻辑符号表示出来，它们以变元为其构成成分。这一困难就在于逻辑形式作为亲知的对象，他必须给出其表达形式，而这就造成了逻辑形式也是有成分的，从而导致无穷后退，前期维氏的解决方法是，否认它们是对象，给不出形式，只可显示。即使承认逻辑形式可以被亲知，这种亲知显然违背了罗素对亲知的界定：亲知是一种主体与对象之间的二元关系，逻辑亲知的对象——逻辑形式——既是某个东西又不是一个事物，对这种对象如何能亲知呢？对逻辑形式的认识和对殊体和共相的认识肯定是不同的，但他都用"亲知"一词来概括，这显然也是有问题的。

在前期维特根斯坦的批评下，他也否认了逻辑对象的存在，逻辑常项并不指称实际存在的逻辑对象，不再称逻辑形式为"对象"，也不再谈论对它们的亲知问题，似乎又回到了前《知识论》时期的亲知理论：对一个命题的理解只需亲知其构成成分，逻辑形式显然不是命题的成分，因而不再需要对逻辑形式的亲知就可以理解一个命题，至少对原子事实的认识，逻辑（纯形式）无用。事实上，虽然他不再谈论对逻辑形式的亲知，不再将其当作一个独立的对象谈论，实际上他将逻辑形式赋予给了性质和关系，对任何一个性质和关系的理解，实际上都包含了

---

① B. Russell, *Theory of Knowledge: The 1913 Manuscript*, E. R. Eames and K. Blackwell (ed.), London and New York: Routledge, 1984, p.99.

对处于其中的一个形式的理解,[①] 关于逻辑形式的问题笔者已单独写文进行了探讨,即将发表,在此就不再重复论述。

An Analysis of Russell's Theory of Acquaintance

(Li Gaorong, Wuhan University, 430072)

Abstract: Owing to Russell's insistence on the principle of acquaintance he establishes a unique metaphysical system, i. e. logical atomism. Logical atoms are both the ultimate constituents of the structure of the world and the undertakers of meaning of words, therefore they are simple and can also be acquainted. His attitude toward Adhering to the principle of acquaintance is the key factor in judging whether he holds logical atomism or not. During 1905 – 1918, Russell's view on what kinds of things can be acquainted is changing. Totally speaking, Russell has committed three kinds of objects of acquaintance, that is, particular, universal and logical form, but there are many disputes in the academy on what kinds of particular objects each form includes.

Keywords: acquaintance; particular; universal; logical form

---

① B. Russell, "The Philosophy of Logical Atomism", in *Logic and Knowledge Essays 1901 – 1950*, R. C. Marsh (ed.), London: Allen & Unwin, 1956, p. 205.

对称性论题成立吗?

——遵守规则悖论的一个解释

苏德超[*]

摘要： 对称性论题是维特根斯坦遵守规则悖论的一个关键前提。这一前提预设了互斥解释的对等性。互斥解释事实上不对等，因此，对称性论题并不成立，从而遵守规则悖论并不存在。通过引入语义本质主义，我们可以解释遵守规则是如何可能的。

关键词： 遵守规则悖论；对称性论题；维特根斯坦；卡茨

遵守规则悖论是维特根斯坦在《哲学研究》中提出来的针对语义本质主义者的一个悖论。语义本质主义者认为，我们对语言的使用，受到在先的语言意义，也就是语义规则的决定。因此，在某个意义上，追寻语义规则或者说追寻本质就是哲学探究的一项重要任务。语义本质主义的最著名代表是苏格拉底。不过，在维特根斯坦看来，这误入了歧途。不是语义规则决定了我们对语言的使用，恰恰相反，是语言的使用

---

[*] 苏德超，教授、博士生导师，武汉大学哲学学院（430072）。Email：sudechao@whu.edu.cn。本文为教育部人文社会科学研究一般项目"维特根斯坦语言游戏理论研究"（11YJA720020）、国家社科基金一般项目"新内涵主义研究"（13BZX058）的阶段性成果。

决定了语义规则。而语言如何使用，又由我们从属于一个什么样的语言共同体这一点决定。因此，哲学探究的重要任务不是追寻不变的语义规则或本质，而是处处看到家族相似。

遵守规则悖论为维特根斯坦上述观点提供了关键论证。按照这一悖论，如果语义本质主义正确，将会导致以下结果：我们无从判断具体的言语行为是否遵守了语义规则。这将使得，作为本质的语义规则毫无用处。

学者们对于遵守规则悖论的研究可谓汗牛充栋，大致可分成怀疑论解读和非怀疑论解读。前者的主要代表是佛格林（R. Fogelin）和克里普克，这一解释影响最大。后者的主要代表有贾可·辛提卡等人。一般而言，大家普遍将对称性论题视为一个当然的前提。跟这些研究不同，本文试图表明，遵守规则悖论所要求的对称性并不存在。文章将先描述对称性论题与遵守规则悖论的关系；然后复述维特根斯坦的相关论证，指出互斥解释并不具有对等性，在此基础上，得到结论：遵守规则悖论并不存在。附带地在文章最后，通过引入卡茨的语义本质主义，来简要解释遵守规则是如何可能的，并指出卡茨解决的优越性。

一 对称性论题与遵守规则悖论

在《哲学研究》（PI）中，维特根斯坦这样表述遵守规则悖论：

"这就是我们的悖论：一条规则不能决定任何行动方式，因为，可以使得每一个行动方式都跟这条规则相符合。答案是：如果可以使得每一个行动方式都跟这条规则相符合，那么，也就可以使得每一个行动方式都跟这条规则相冲突。因此，这里就没有符合或冲突。"（PI201）[1]

维特根斯坦没有给出遵守规则悖论的完整表述。根据相关文本，这个悖论可以有两种理解。一种是较宽的理解，是关于规则的"遵守"

---

[1] 依据惯例，对维特根斯坦的引用，其出处注明，均采用相应著作的名称缩写+著作内部编号这一方式。为节约篇幅，采用文中夹注。

悖论：事实上，存在遵守规则现象；而在理解中，这种现象不能存在，因此构成悖论。另一种理解较窄，是关于规则的"符合"悖论：如果说某个行动方式符合了某条规则，那么，同时也就可以说，这个行动方式违背了这条规则。不难看出，后一种理解之下的"符合"悖论是前一种理解下的"遵守"悖论的一个关键环节。因为存在符合悖论，并且又存在遵守规则的事实，所以，才有规则的遵守悖论。

而所谓的符合悖论，正是如下这个对称性论题：

任何一个行动方式，都既可以使之跟给定规则相符合，又可以使之跟给定规则相违背。

这一对称性论题是这样给到的。首先，维特根斯坦相信，

符合论题："可以使得每一个行动方式都跟这条规则相符合"；（PI201）

并且，他断言，

符合—冲突关系论题："如果可以使得每一个行动方式都跟这条规则相符合，那么，也就可以使得每一个行动方式都跟这条规则相冲突。"（PI201）

通过肯定前件的推理，我们就可以得到：

冲突论题：可以使得每一个行动方式都跟这条规则相冲突。

将冲突论题跟维特根斯坦相信的符合论题合取起来，就是对称性论题。

二 维特根斯坦的论证

对称性论题要成立，符合论题和符合—冲突关系论题就得成立，或者符合论题与冲突论题成立。从《哲学研究》的文本来看，维特根斯坦就对称性论题所做的论证，采取的是前一种方式：给出符合论题成立的例子；这样的例子需要一种解释，于是便给出这种解释。然后，给出另一种解释，让冲突论题成立。这两种不同的解释地位相同，相互都不具有在正确上的优先性。由此，就可以说，在符合论题成立的意义上，

冲突论题也是成立的。可见符合—冲突关系论题成立。

就具体论证而言，维特根斯坦举过很多例子，比如"立方体"（PI138-142）、"+2"（PI143-150）、"阅读"（PI156-171）等。由于这些例子的论证结构都是相似的，所以，本文将以讨论"立方体"这个例子为主。在讨论之前，有必要再次提醒：一个词语的含义，相当于规则；我们对这个词语的使用，则是跟这个词语有关的一个行动。一般认为，是含义/规则决定，或者至少是引导我们使用这个词语。而维特根斯坦则认为，是我们对这个词语的使用，决定了词的含义。跟维特根斯坦相对的观点，我们称之为语义本质主义。

维特根斯坦关心的是，一个词、一个符号引导人们遵照它来行动，这是怎么可能的？比如说，"立方体"这个词（的表达式），作为一个物理对象，作为一个记号，需要什么样的条件，才能让人们用它来指称立方体呢？这样的物理对象各种各样，我们为什么会用这个记号而不是另一个记号来指称同一个对象呢？我们为什么不会用这个记号指称另一个对象呢？很明显，直觉告诉我们，在词语和对它的使用之间，存在空隙，这个空隙需要填补。填补这个空隙的，有许多候选项。

第一个选项是某种可靠机制的存在。维特根斯坦提出机器类比（参见 PI193）。如果我们知道一台机器的结构及各种部件的运动，那么，就似乎可以说，它的一切都决定好了。推广一下，这种机制可以是物理的，也可以是心理或生理的，比如巴甫洛夫的狗，经过训练，听见铃声就会分泌唾液。类似地，如果对学习者加以一定量的训练之后，他听到"立方体"这个词，就会自动地用这个词去找立方体。换言之，从词语到词语的使用，这个过程是被决定好的，就像机器一样。机制的另一种类似说法是直觉。

第二个候选项是柏拉图主义。词语的含义或者规则是一个柏拉图实体，它的所有使用或者指称，都"摹仿"或"分有"它。换言之，词语的含义包含了这个词语的所有例子。因此，一旦获得了含义，也就获得了其所有的使用或指称。比如，我们一旦理解了"+2"的含义或规则，也就把握到了所有的偶数数列。一旦理解了"立方体"，也就知道了所有的立方体是怎么回事。

这两个候选项，前一个是在补充原因，因为有这样的机制，所以，行动不得不如此。后一个是在补充理由，由于有这样的实体，所以行动就得如此。然而，维特根斯坦排除了这两个候选项。

对可靠机制的排除，源于现实与理想情况的区分。哪怕是机器，其活动也不是被决定好了的。维特根斯坦提醒我们："不要忘了以下可能性：它们会弯曲、断开、熔化等。"所谓被决定好了，只是在工程师的图纸上如此；其实，"当我们反思到机器本来也可以按另一种方式运转，包含在作为符号的机器里的运转方式，就显得比现实中的机器要确定得多"（PI193）。关于训练，也是一样。训练学习者"+2"时，没有任何因素可以决定性的排除后续行动是"+3"。

对柏拉图主义的排除，主要是认识论上的理由。我们可以在一瞬间把握到词语的含义，或者是一条规则，但是，对词语的使用，或者对规则的遵守，此时并没有完全发生，却又是我们已经把握到的。我们如何能把握一个尚不存在的东西呢？"事情变得有点古怪了。"（PI197）在更早的时候，维特根斯坦说，对一个词的使用，是"遍布在时间中的"，而对词的含义的把握，则是一瞬间的，这"明显并不相同"（PI138）。

被排除的这两个选项，它们在一个共同的难题面前失败了：词语的含义或规则是一，而它的所指或者说使用是多，一如何一劳永逸地为多提供了规范？机器或训练不能回答，柏拉图主义似乎也不能回答。

于是，维特根斯坦提出第三个候选项：解释。词语的含义或规则，并不能决定其所指，或者其运用。起决定作用的，是居间的第三者：解释。是解释在二者之间架起了桥梁。含义不能决定的，由无缝的解释加以决定。就好像在学习的时候，总有一位老师站在身边，凡有疑问，便可以提问，并获得正确的回答。老师的回答，其实就是解释。解释跟机制、直觉或者柏拉图主义的回答的最大不同在于：原则上，解释是可补充的、未完成的。因此，理论上看，解释可以填补词语及其运用或所指之间的缝隙。

但是，恰恰是因为解释的可补充性或者未完成性带来问题。在PI139，维特根斯坦连续地讨论了这一问题。当我们理解"立方体"这个词的时候，到底是什么浮上了我们的心头？是一幅立方体的画吗？如果是一幅画，当三棱柱出现在面前时，我们就可以据此判定，它不是立方体。然而，难道我们不能设想出一个投影方法，使得以立方体的图去指称三棱柱也可以变得合适吗？到这里，已经暗示了解释的对等性：既可以用一种投影方法把图解释指向立方体，也可以用另一种投影方法把图解释成指向三棱柱。因此，虽然立方体的图向我们暗示出一种使用，但我们还是可以按不同的方式来使用它。

目前的情形是这样的：在"立方体"和对"立方体"的使用之间，先填入第一个解释：立方体的图。由于解释的未完成性，立方体的图不能决定"立方体"的使用，因此，我们加入第二个解释：投影方法。然而，不同的投影方法是对等的。我们可以引入相互排斥的投影方式，对"立方体"做出不同的解释。

为了消除这种解释上的对等性，我们可以试着让投影方法随着图一起浮现在我们的心头（参见 PI141）。但这种尝试是徒劳的，因为图和对图的投影方法需要进一步的解释以固定"立方体"这个词的使用。在解释地位上，图和图的投影方法一样，不过是一种新的图而已。这样，就带来以下后果：要么，解释永远不能完成，从而行动得不到规则的引导；要么，解释停止在某处，但由于每一个解释都未完成，所以，哪怕它们相互冲突，其解释地位也是对等的，从而让行动同样得不到规则的引导。

因此，结论是："任何解释连同它所解释的东西，依旧悬而未决。"（PI198）由于不能排除相互冲突的解释，所以，我们就可以让同一个行动在一种解释下跟规则相符合，而在另一种解释下跟规则相冲突。也就是说，通过互斥解释的对等性，维特根斯坦得到了对称性论题。

不难看出，对称性论题成立的关键在于互斥解释的对等性。下面，我们将要论证：不同的解释地位并不对等。

三 解释的对等性并不成立

首先必须指出，固有解释具有基础地位，歧异解释必须通过固有解释得到理解。我们所说的固有解释是指，在用以讨论歧异解释的语言中，一个词语或一条规则的常规解释。仍以"立方体"为例。当我们想把"立方体"解释成"正三棱柱"，并同时想要显示这一种解释跟固有解释具有对称的效力时，我们就不得不设定"立方体"指称立方体这一固有解释，这是显而易见的。否则，我们便没有办法理解正在讨论的问题是什么。照此类推，一切歧异解释都必须预设固有解释。或有反驳说，当设定"立方体"指称正三棱柱时，可以跟立方体无关。因为，这里讨论的是"立方体"这个符号串，而不是立方体这个对象。这样说固然没错，却不得要领。因为，如果只讨论"立方体"这个符号串，也就谈不上不同的解释的问题。对于一个符号而言，赋义是任意的。不存在针对任意符号的一则含义，或者一条规则。

固有解释具有基础地位，确实让歧异解释不可能具有对称性。然而，不可否认，维特根斯坦的论证的确表达了某个内容，至少在某些读者那里，造成了歧异解释具有对等性的印象。这是怎样做到的呢？在固有解释和相竞争的歧异解释之外，存在于第三方立场，第三个语言游戏，正是借助于这样的第三者，我们才能看到维特根斯坦论证的实质。这多少有点像维特根斯坦在《逻辑哲学论》中的立场。

"我的命题通过如下方式起到阐明作用：那些理解我的人，如果他已经借由这些命题爬出去了，站在这些命题之上，超越了这些命题，他最终会意识到，我的命题是没有意义的（也就是说，在爬上高处之后，他必须扔掉这架梯子）。"

"他必须超越这些命题；然后他就能以正确的方式去看世界。"（TLP 6.54）

就相互竞争的解释而言，它们的确具有对等性。但这一对等性不是在任何一个解释所在的语言游戏中获得理解的，而是在它们之外、在第三个语言游戏之中获得了理解。

这样的第三方立场，可以通过以下经验或想象得到佐证。比如，我们可以想到，在生活中，某些场合下，会有相互冲突的观点出现。在第三种立场上，相互冲突观点的对等性得到了理解。这方面的经典例子是自然科学对光的解释：波动说与微粒说。另外，我们也可以合理地设想，有另一些人，他们一开始就持有跟我们不同的歧异解释。这对他们的生活不会造成任何困扰。如果他们做哲学思考的话，反倒会认为我们的解释是歧异的。设想一下，有一个访问者，连续地获得了他们语言游戏和我们语言游戏的经验，就会发现：互斥的解释具有对等性。

但是，这一思路行不通。

第一，歧异解释间无法做比较。我们没有办法离开我们的语言游戏去理解完全不同于我们的语言游戏。事实上，一旦我们离开固有的语言游戏，就已经在玩新的语言游戏，根本没有办法比较两个或多个歧异解释。要么旧游戏，要么新游戏，没有居间的第三者。

第二，就算我们设想自己处在第三个语言游戏中，也无法在实质上完成上述比较。假设，人类的语言以"立方体"指称立方体，歧异人类的语言以"立方体"指称正三棱柱。在第三个语言游戏的操作者哲学家的语言中，"立方体"既不指立方体，又不指正三棱柱，而是指 x。相对于人类和歧异人类而言，哲学家的语言中立的第三方语言。困难在于，哲学家的语言如何描述这里的争议呢？它断不会以维特根斯坦的口吻说，人类与歧异人类的语言对"立方体"的解释都是正确的，它会认为，这两种人类在"立方体"这个词的所指上犯了一个错误。事实上，我们总是处在自己的语言游戏中，概莫能外。维特根斯坦所谓的比较，或相关的说法，只是一种虚拟的设想。这多多少少有点像庄子的"辩无胜"：两方辩论，以任何一方的立场去判定胜负都有失偏颇。如果以第三方的立场去判定胜负，则跟辩论双方无关。[①] 这就表明，第三者事实上不可能存在。

[①] 参见《庄子·齐物论》，载《庄子集释》，郭庆藩撰，中华书局1982年版，第107页。

也许有反驳说，维特根斯坦的讨论已经用事实反驳了上述第二点：我们可以谈论关于"立方体"的不同解释，我们可以反思地谈到这一点。然而，维特根斯坦的讨论要以固有解释为基础。如果不先将"立方体"固定成我们语言游戏中通常解释，我们根本就看不明白维特根斯坦在说什么。就像维特根斯坦在《论确定性》（*On Certainty*）中所指出的一样，怀疑只有在"一个语言游戏中"才能起作用（OC24）。在这个意义上，他对遵守规则的怀疑，由于超越了语言游戏，就不是真的怀疑，而只是在表演怀疑。如果不遵守规则，而坚持互斥解释的对等性，维特根斯坦完全不能说出令他自己、令读者理解的话来。

按照这一思路，就连上帝也帮不上什么忙。无限的上帝视角是我们所不能理解的。并且，上帝也必须在"立方体"指称什么的问题上持有一种观点，才能有意义地使用这个词。而他一旦持有某种观点，就不会宣称互斥的解释具有对等性。因为，一旦宣布这一对等性存在，就相当于宣称，他关于这个词所指对象的思考没有意义。除非，互斥解释针对的是同一个对象的不同方面，就像"鸭"或"兔"指向鸭兔图的不同方面一样。然而很明显，"立方体"和"正三棱柱"并不具有这样的特征。

更一般地，第三方立场跟维特根斯坦的一贯主张不符合。维特根斯坦的语言游戏理论，更接近某种语言游戏的原子论，这样的语言游戏是封闭的。[①] 鉴于这样的语言游戏所具有基础地位，我们的思考不能离开所在的语言游戏，因此，我们无法思考第三方立场是怎么回事。所以，恰恰是维特根斯坦所强调的语言游戏，决定了不同解释地位的不对等性，从而决定了对称性论题的不成立。

四 遵守规则悖论并不存在

如果以上论证没错的话，那么，因为对称性论题不成立，那么，在

[①] 参见苏德超《哲学·语言与生活——论维特根斯坦的语言哲学》，湖南教育出版社2010年版，第150—156页。

维特根斯坦意义上的遵守规则悖论也就不存在了。

关于这一悖论在维特根斯坦意义上并不存在，还有一个更为简洁的归谬论证：由于维特根斯坦坚持解释的对等性，主张对称性论题，因此，在他那里，寻求对规则遵守的理解变成一种徒劳。为了消除解释的无穷增生和互斥解释的对等性难题，他的思路是，规则与规则的遵守之间没有空隙需要填补，因而也就不必引入这些成问题的解释。最终达成这样的结论：语言游戏具有基础性，它们不可理解性，我们"盲目地"遵守规则（PI209）。但是，如果我们以上论证正确的话，恰恰是因为语言游戏所具有的基础性，让遵守规则悖论不能成立。这样，就相当于我们做了一个如下的推理：假设维特根斯坦的遵守规则悖论成立，就将导致语言游戏具有基础性这个结论。然而，这个结论，又反过来让遵守规则悖论无法成立。因此，我们有理由认为，遵守规则悖论是错的。

在此，关于遵守规则悖论不能成立，我们就有了两个理由：第一，通常的固有解释是歧异解释的基础，解释上的对称性不存在。第二，如果遵守规则悖论成立，那么，它是不成立的。

五 遵守规则是如何可能的？

不过，在维特根斯坦关于遵守规则悖论的讨论里，还是留下了一个康德式的问题：我们事实上已经遵守了规则；问题是，对规则的遵守是如何可能的？这里需要理解。

维特根斯坦认为，当下具有基础地位的语言游戏是盲目不可理解的。一方面，我们承认，这里有正确的要素：初始点本来就不可理解。生活开始于接受，"某个东西必须被教给我们当作基础"（OC448）。但是，另一方面，我们有充分的理由认为，当下种种具体的语言游戏，并不具有这种基础地位，我们可以对它们进行解释。

我们之所以认为当下具体的语言游戏不具有基础地位，是为了回避维特根斯坦将基础地位赋予它们之后所引起的诸多困难。其中最为显著的一个是，如果我们只是在盲目地遵守规则，那么，规则就不会具有规范性功能。每一个行动者都是盲目的，说不出什么理由来。然而，事实并非如此，比如，我们可以纠正拿"立方体"去意指正三棱柱的行动者，教师也能够在发出"＋2"的指令后，认为做出＋4行为的学生是错误的。为了不跟规则在事实上所具有的规范性功能相冲突，维特根斯坦不得不引入共同体的一致，来解释这一规范性功能的来源。之所以异于固有解释的歧异解释是错的，是因为，后者跟语言共同体不相符合；之后在发出"＋2"的指令后，执行＋4的操作是错的，是因为，后一个行动不为语言共同体所容。遵守规则是一个社会实践，是风俗、习惯和某种体制（参见 PI199 等）。

将规范性功能系于共同体一致之上，将会让维特根斯坦失去对必然性的解释。道理很简单：共同体一致只是一个偶然事实，偶然的东西无法解释必然性。维特根斯坦放弃了必然性，这是他不得不付出的代价。这个代价太大。必然性是存在的，尤其是数学和逻辑的必然性。正如卡茨所言，如果有人通过肯定后件，推出了前件，我们不会像维特根斯坦一样认为，他们是在玩逻辑游戏，只不过这种逻辑游戏跟我们的不同而已。恰恰相反，我们会认为，他们根本就没有玩逻辑游戏！这种必然性需要解释，而不是像维特根斯坦那样放弃掉。[1]

反之，如果回到语义本质主义，我们就可以解释这种必然性。卡茨引入类型与例子的区分，来达到目的。[2] 一个表达式类型在所在语言中是唯一的，其相应例子则是复多的。例如，"立方体"在汉语中只有一个；而我们每使用一次"立方体"这个表达式，就会产生出它的一个例子。对于表达式例子的使用，有的是照字面使用的，即这一使用符合相应表达式类型的含义；有的不是照字面使用的，即这一使用不符合相应表达式类型的含义。当表达式例子被字面地使用时，它的含义和它的所指都是字面的——这是该门语言的一个基本事实，掌握这门语言就意味着知晓这一事实。当表达式例子不被字面地使用时，这样的使用是在

---

[1] 参见卡茨《意义的形而上学》，苏德超、张离海译，上海译文出版社2010年版，第215—216页。

[2] 同上书，第196—213页。

标准含义和语境因素共同作用下完成的。因此，当维特根斯坦说，使用决定了含义时，他是正确的，因为：

使用决定了语言例子的含义。

但同时，他又是错误的，因为：

语言类型的含义调节（mediates）着对语言例子的使用（含义调节指称）。

因此，如果维特根斯坦反对弗雷格式的观点：

含义决定指称（类型的含义决定了例子的含义/指称）。

他是正确的。但他不能反驳所有的语义本质主义，他只反驳了其中的一支。

对卡茨的一个常见反驳是，卡茨的观点是神秘的。[①] 这部分源于柏拉图主义的固有神秘性：表达式类型作为抽象物，不在具体世界中；同时，我们认识者是具体的，难以认识抽象物。但是，现实语言现象从语义开始，而不是从使用开始——这是一个事实。同时，还存在必然性，这是另一个事实。相信语义本质主义，有助于我们解释这两个事实。

对卡茨的另一个反驳是，卡茨引入柏拉图实体后，无法解释表达式含义的流变性。这一流变性正好是维特根斯坦的一个优势：因为含义即使用，因此，使用改变，含义就改变了。但是，我们可以区分语言表达式和概念。意义改变只发生在语言表达式一级，同一个语言表达式，可以在不同的时间表达不同的意义。对于概念而言，不存在内涵/意义的改变。并且，只有假定存在不变的概念，才能理解和解释流变的语言表达式。使用只能侵蚀表达式的含义，却无法改变表达式概念的含义。在某个意义上，我们可以说，概念的意义从来不曾改变。掌握这一不曾改变的含义，是我们掌握了某种语言的一个标志。理论必须有出发点，选择从语义本质主义出发，并无不妥。

[①] 参见苏德超《遵守规则悖论与卡茨解决》，《现代哲学》2014 年第 5 期，第 65—72 页。

六 结语

  维特根斯坦的遵守规则悖论影响很大，对它的解读很多，大多数都预设了对称性论题。根据本文的理解，对称性论题要以互斥解释的对等性为基础。然而，互斥解释不可能具有对称性。因此，在维特根斯坦意义上的遵守规则悖论并不存在。这一悖论的一个附带问题是：遵守规则是如何可能的。关于这一问题，我们可以通过引入卡茨的语义本质主义来加以解释。这一解释具有维特根斯坦解释所不具有的某些优点：符合事实、保留了必然性，同时又为表达式含义的演变提供了空间。

Is the Symmetry Thesis True?

（Su Dechao, Wuhan University, 430072）

Abstract: The symmetry thesis is a key premise of Wittgenstein's argument for the existence of the rule-following paradox and it presupposes that two or more mutually exclusive explanations work independently. But in fact among these explanations there is only one fundamental without which any other will fail to do its job. So, there is no rule-following paradox in Wittgensteinian sense at all. What's more, by introducing a version of semantic essentialism, we can answer how it is possible to follow a rule.

Keywords: rule-following paradox; the symmetry thesis; Wittgenstein; Katz

哲学唯物主义不必拥抱量子力学的多世界解释

李宏芳[*]

摘要：量子力学存在解释问题。哥本哈根解释和多世界解释都存在优缺点。哥本哈根解释对微观客体的描述引发了许多批评和反建议，因此有人认为，哲学上的唯物主义假设实际上迫使人们接受具有破坏性暗示的多世界解释：如果量子力学的假设为真，那么在波函数的不同分支中就存在无穷多个心灵。我们认为，哲学唯物主义不必接受量子力学的多世界解释。量子力学的可供选择的解释不限于多世界解释，退相干纲领和其他解释的结盟就提供了一种新的可能。

关键词：哲学唯物主义；多世界解释；哥本哈根解释；退相干解释

量子力学有着深刻的哲学暗示，但到底暗示了什么，看法并不一致。量子力学的"解释"可谓宗派林立。20 世纪 30—60 年代，"哥本哈根解释"是人们普遍接受的量子力学的标准解释。标准解释的一个显著特征是：赋予"观察者"，即有意识的人，诸如你我，以特殊的地位，因为是我们在观察或测量物理世界。此外，一些杰出物理学家的说

---

[*] 李宏芳，武汉大学哲学学院教授，主要研究领域为物理学哲学、信息技术哲学，Email: lihongfang@whu.edu.cn。

法也加重这种印象：量子力学的标准解释暗示观察者的心智不能用物理学描述或说明；量子力学的标准解释与人类心智的纯唯物主义或物理主义的观点不相容。例如，佩尔斯（Sir Rudolf Peierls）——一位20世纪的重要物理学家——就说："你能用物理学描述一个人，包括他的知识和他的意识的总的波函数的假定，是站不住脚的。这里仍然缺失了一些东西。"诺贝尔物理学奖获得者维格纳（Eugene Wigner）也说，"唯我论可能与现在的量子力学逻辑一致，唯物论却不一致"。[①]

一个物理学理论如何能告诉我们存在非物理的或非物质的实在？在心智的讨论中，需要回答的问题就是：一个物质理论最终如何把我们包含进去？根据标准解释，量子物理学，不像经典物理学，是内禀不确定的。量子理论只能用概率来系统地阐述。概率暗指什么？一种观点是认为概率暗指人的知识状态，或对某一事态的知识缺乏。如果某人对于某一事实不确定或关于事实只有部分知识，那么他就使用概率。反之，如果他知道某事或拥有某一事态的知识，那么他就是一个知者，即一个观察者；知者自然有心智。因此，人们似乎是根据量子力学的概率特征得出，如果不考虑心智，就不能系统地阐述量子力学。但是，说量子力学中的概率纯粹指人的知识状态，这种理解是有待商榷的。既然是内禀的不确定，概率就应该有客观事实的一面，而不仅仅是观察者的知识缺乏。但是量子力学的标准解释经常假定，在量子力学的被测"物理系统"和观察者之间存在一条分界线。这就有了主客体的二元分割。这里的关键问题是：能否把观察者与被测系统整个地看作一个物理系统。佩尔斯、维格纳和其他一些物理学家的回答是"不能"。观察者必须是有意识的人，而不是机器，人是不能单纯用物理学来描述的。

[①] Winger, E. P., "*Remarks on the Mind - Body Question*", in I. J. Good (ed.), The Scientist Speculates, London: Heinemann, reprinted in Eugene P. Wigner, *Symmetries and Reflections: Scientific Essays.* Woodbridge, CT: Ox Bow, 1979, p. 176.

一 量子力学的内禀不确定性与波粒二象性的关联

在量子力学中心智到底起着什么样的作用？在讨论这个问题之前，我们有必要来理解量子力学为何具有内禀不确定性。这需要追溯到量子力学的波粒二象性。19世纪晚期以来，大量的实验证实："光由电磁波组成。"然而，1900年普朗克（Max Planck）发现，通过假设物质只能以某种分立的能量发射和吸收光，可以解释黑体辐射现象。1905年爱因斯坦推广了普朗克的观念，认为光在自由辐射过程中也是一份一份的，即光本身由粒子（光量子）组成，从而解释了光电效应，爱因斯坦因此荣获诺贝尔物理学奖。

这就产生了一个深刻的困惑：一个实体如何能既是波，又是粒子？通过定义，波是在空间中扩展的某物，而粒子是定域在空间中一个特殊点上的某物。波的大小（波幅）是一个连续的变量，而粒子数一定是一个整数。波和粒子的这一对比直接导致了似乎从一开始就有的一个极为明显的矛盾，而不仅仅是一个困惑。为了从这一明显的矛盾中挽救波粒二象性，一种方式是考虑概率的概念。但是，神秘性仍然保留。费曼（Richard Feynman）在他的名著《物理学讲义》中写道，波粒二象性"无论是对于新手还是经验丰富的物理学家，似乎都显得特殊和神秘"。[①] 玻尔（Niels Bohr）曾对一位年轻的同事讲，"如果波粒二象性没有使你的心智感到焦虑，你就对它一无所知"。人们能在著名的"双缝"实验中了解到这一神秘性：当你不去观察粒子是从哪一条缝穿过时，量子性（波动性）展现得十分完美，一旦你去观察粒子走哪一条路径时，量子性随即消失，只呈现粒子性。这就是所谓的量子诡异。然而，波粒二象性产生的困惑不限于此，它们包含很困难的哲学问题。

鉴于这些问题，已有放弃波粒二象性的各种提议。这表明许多职业

---

① Feynman, R. P., Leighton, R. B., and Sands, M. L., *Lectures on Physics*, Reading, MA: Addison-Wesley, 1963-1965.

物理学家也不完全理解或欣赏波粒二象性。但是，波粒二象性一方面使哲学家深感困惑，产生了明显的矛盾；另一方面也是物理学史上一个伟大胜利（在量子场论中实现了物质和力的统一）的基础。这表明放弃波粒二象性可能是合理的，但不是一个很好的提议。

在科学史上，每个伟大的理论进展都在我们的自然图景中产生了一个进一步的统一。牛顿的万有引力定律和力学表明相同的定律支配着天体和地面上的现象。麦克斯韦方程统一了电现象和磁现象，通过表明光是一种电磁现象，也统一了光。爱因斯坦的相对论通过表明时间和空间是一个四维流形中的方向，统一了时间和空间，而且通过一个著名的质能公式 $E=mc^2$ 统一了质量和能量概念，并且通过表明电场和磁场是一个电磁张量场的不同分量，甚至实现了比麦克斯韦更深刻的统一。量子力学或许实现了最伟大的统一：它表明物质和它们之间的相互作用力如同一枚硬币的两面，实际上是相同的潜在实体的两个方面。这种统一依赖波粒二象性：波是一些与粒子相同的不同外观的东西。因此，从量子理论的观点来看，人们最终看到了相同的基本实体，场既是力的起源也是粒子（物质）的起源。诚然，费曼表明，在量子场论中可以把物体之间的力，理解为在物体之间交换的所谓"虚粒子"。

波粒二象性不仅应用于光，而且应用于所有类型的粒子和波。例如，电子在电场中既是粒子又是波。电场与电子通过交换力而相联系。引力与引力子的交换相联系，引力子是与引力场中的波等价的粒子。放弃波粒二象性就意味着放弃这一神奇优美的综合和自然的统一图像。因此，大多数物理学家认为，应该接受波粒二象性。接受波粒二象性就会得出结论，波是概率波。在量子力学中概率波由"波函数"描述，它满足薛定谔方程。概率本身则由波函数的适当部分的平方给出，更精确地说，概率等于波函数的绝对平方值。在量子力学中，波函数是最为根本的数学对象，它包含所研究物理系统的信息。根据哥本哈根解释，物理系统的波函数通常不告诉人们系统将要做什么，它告诉的只是系统做各种事情的相对概率。例如，它告诉你光子收集箱将捕获一个光子的概率。由于量子世界是内禀不确定的，是一个盖然性的世界，人因而显得无知。

二　波函数塌缩和标准解释对心智作用的强调

有人认为，概率的佯谬在于：概率不意味着任何东西，除非一个概率是在某一点，否则它不再仅仅是一个概率，而成为一个确定的事件。除了最终有一个确定的结果外，一个作为结果的概率不意味着任何东西。例如，说某人有40%的概率赢得一场比赛，意味不了什么，除非已经确定在某一时刻或某一地点，他已赢得比赛或没有赢得比赛。换言之，40%必须在某一时刻或某一地点变成100%或0，否则它没有任何意义。必须有一个"确定的时刻"或一个"成为事实的时刻"，赋予概率以意义。在量子理论中，这个时刻传统上叫作"波函数塌缩"。

重要的问题是何时这一时刻发生。考虑薛定谔猫的思想实验[1]。猫死和猫活的概率都是50%。但是，何时一个确定的结果出现？通常会认为，在一个小时内当盖革计数器咔嗒一声响时或没有响时，装有氰化物的瓶子打碎或没有打碎时，猫死或活的确定结果将出现。但是考虑下面简单的原因，实际上并没有产生一个确定的结果。因为任何安装在钢盒中探测猫的死活的机制本身也是一个物理实体，因此它本身也是整个物理系统的一部分。因此它也由扩展系统的总体波函数描述。而波函数除了概率外，绝不会产生其他任何东西。特别来说，这可以描述为在一个小时内有50%的概率盖革计数器咔嗒一声响而猫死，同样也有50%的概率盖革计数器没有响而猫活。没有确定的结果出现，两种可能性仍然同时存在，这是一个深刻的二难困境。如果一个概率有任何意义的话，它最终必须化解为一个确定的结果，然而量子理论的方程应用于任何物理系统时只产生概率而没有确定的结果。

另外，猜想一个人类观察者打开盒子，他看到猫死或猫活。他的心智因此得到了一个确定的结论。显然，这时他的心智已有一个确定的结论，已有一个确定的结果。完全确定地知道猫是死还是活，而不仅仅作

---

[1] 李宏芳：《量子实在与薛定谔猫》，清华大学出版社2006年版。

为一个概率。他的观察已有了一个确定的结果。在量子力学的标准解释中，这是为什么人们通常说被计算的概率是观察或测量结果的概率。当"观察者"知道测量结果是什么时，一个观察或测量随即完成。

因此，当一个人打开盒子看到猫死或活时，概率就让位于一个确定的结果，因为人知道了事情的真相，并能非常确信地确定事情就是这样。但是，只要涉及的仅仅是物理结构和物理机制，无论多么复杂，它们的行为也只能由只产生概率的薛定谔方程描述。这似乎暗示能形成对于事实的理性判断的心智不能仅仅是由物理方程完全描述的物理结构和机制。这一论证线路表明：一个纯粹的物理机制不能扮演"观察者"的角色，而只有一个理性的人才能够扮演"观察者"的角色。这是为什么当有人问佩尔斯：是否一台照相机或其他的非生命装置可能是在量子理论意指意义上的"观察者"时，他回答说不能，观察者必须是某人，不是某物："量子力学的描述是就知识而言的，知识需要其知者——某人。"[①]

当然，这种认识遭到了反对。这种反对是说人本身也是物理系统，人由原子组成，就像我们放在盒中的光子探测装置一样。的确，我们的感官本身恰好是探测装置，我们也经常把人工探测装置认为是我们的感官的简单延伸，即我们的扩展。因此，不清楚"系统"和"观察者"的分界线应该划在哪儿。人们可以把猫看作是物理系统，把人及其感官的延伸，如发射毒气的装置，盖革计数器看作是观察者。也可以把猫和发射毒气的人工装置以及盖革计数器一起看作是物理系统，它们由一个波函数描述，而把人看作是观察者。还可以把猫、人工装置及人的眼球看作是物理系统，人的其余部分，如光学神经、大脑的视觉中枢等，看作是观察者。甚至还可以进一步移动分界线：把人的光学神经和大脑的视觉中枢也看作是物理系统的组成部分。

然而，我们能考虑整个人作为物理系统的组成部分。维格纳说："尽管在意识受到影响的观察者和被观察的物理对象之间的分界线可以

[①] Davies, P. W. and Brown, J. R., *The Ghost in the Atom*, Cambridge: Cambridge University Press, 1986, p. 74.

相当大程度地移向一端或另一端，但是这一分界线不能被消除。"① 因此，如果我们通过把整个人包含在系统中来消除这一分界线，将会发生什么？这时，波函数将描述当人进行观察时发生的所有事件。但是，波函数只产生概率。因此，这意味着有 50% 的概率辐射原子衰变，盖革计数器发出咔嗒声，人看到猫死，有 50% 的概率辐射原子没有衰变，盖革计数器没有发出咔嗒声，人看到猫活。换言之，概率没有转化为一个确定的结果。

在某种意义上，如果把人包含在系统中，人就不再是系统的观察者。因为波函数只产生概率，概率转化为确定值要求某种外在于波函数的实体。观察者必须是一个外在的观察者。正如佩尔斯表达的："波函数的'塌缩'总是只在我们详细描述的'系统'外发生，且属于不是我们的描述的组成部分的观察者的'观察'。"② 因此问题产生：如果系统和观察者的分界线可以移动包含眼睛、光学神经和人类观察者的身体的各个其他部分，那么在分界线的观察者这一边必须保留的是观察者的什么？根据佩尔斯等人的观点，似乎必须保留的是观察者心智的非物理部分（如果它是物理的，我们能把它移到分界线的另一边，用波函数描述它）。特别来说，似乎一定是他的心智部分形成了最终的判断并知道了他的观察结果。正是他所形成的判断能力和认识能力使观察者成为一个观察者。当观察者知道了他的观察结果时，对他来说，这不再只是一个或然性的事件，而是一个确定的事件，因此波函数塌缩发生。正如佩尔斯所说，"在你（观察者）能扔掉一种可能性而只保留另一种可能性（即波函数塌缩）之时，就是你最终意识到实验给出了一个结果之时"③。

根据佩尔斯和维格纳以及其他某些物理学家的看法，量子力学的标

---

① Winger, E. P., "Remarks on the Mind-Body Question", in I. J. Good (ed.), The Scientist Speculates, London: Heinemann, reprinted in Eugene P. Wigner, *Symmetries and Reflections: Scientific Essays*, Woodbridge, CT: Ox Bow, 1979, p. 176.

② Davies, P. W. and Brown, J. R., *The Ghost in the Atom*, Cambridge: Cambridge University Press, 1986, p. 74.

③ Ibid..

准解释的逻辑迫使人们做出结论：人的心智有一些特别的东西，一些不可能用物理来描述的东西。依据冯·诺依曼（John von Neumann）对于量子力学的基础所做的经典分析，物理学家伦敦（Fritz London）和鲍威尔（Edmond Bauer）首先清楚地发展了这个论证①。然而，人们对于量子力学的标准解释及其对于观察者心智所赋予的角色，给出了许多反对。

三 对标准解释的反对及其回应

最通常的反对是：量子力学的标准解释似乎说观察者的心智在创造实在。这是著名的薛定谔猫佯谬的要点。在猫的思想实验中，当盒中的装置探测到原子衰变时将杀死在盒中的猫。整个复合系统的波函数包含辐射原子，杀猫装置以及猫，当辐射原子衰变，杀猫装置释放毒气杀死猫的概率是50%；辐射原子没有衰变，猫没有死的概率也是50%。根据标准解释，只有当一个外在的观察者知道了猫的实际情况时，波函数才塌缩到猫确实死或活的状态。在观察者知道这一个结果之前，两种可能性都存在。这是对概率的不确定性的一种习见解读。人们经常把这种状态陈述为："在观察者知道猫的结果之前猫处于不死不活的状态。"这个结论是荒谬的，许多人因此拒斥标准解释。

然而，这个荒谬的结论真的是标准解释所必然包含的吗？答案是否定的。然而，为了避免荒谬的结论，必须阐明波函数的真实含义。一种很自然的想法是认为，波函数就像经典力学的变量一样，只不过是对"世界真实图景"的描述。如果波函数确实是如此，那么，薛定谔猫佯谬的确说的是：猫处于某种不死不活的中间状态，而不是真的死或真的活，直到外在观察者的心智去察看这一结果，才能确定它究竟是死是活。但是，在大多数量子力学的标准解释的拥护者看来，这不是波函数

---

① Jammer, Max, *Philosophy of Quantum Mechanics*: *The Interpretations of Quantum Mechanics in Historical Perspective*, New York & Toronto: John Wiley & Sons, Inc., 1974, p. 482.

的真实含义。波函数不提供世界的样态是什么，它提供观察者关于世界知道什么，或者，更确切地说，它提供从观察者的所知能推论出的一切。

观察者在获悉猫的实际情形的信息之前，并不知道猫是否活着，因此只能赋予它在0和1之间的一个概率。然而，他的确知道一些东西。他的确知道辐射原子有衰变的可能，以及杀猫装置的构成。因此，他能计算在一小时内有50%的可能原子发生衰变，杀猫装置将猫杀死。然而，在他观察了猫的情况后，或许是通过打开盒子看猫，他就知道了在这之前他所不知道的。他有了更多的信息。他现在赋予猫活的概率就成为1或者为0，这取决于他看到什么。换言之，如果波函数不代表"世界的本来面目"，而是观察者的知识状态，那么这根本就不是一个佯谬，相反，只不过是常识和简单的逻辑：当观察者的知识发生改变时，波函数必须突然改变。

波函数代表观察者的知识，这为许多研究者所持有。例如，海森伯（W. Heisenberg）曾说：量子理论的数学"不描绘基本粒子的行为，而是表示我们关于这一行为的知识"[1]。佩尔斯也说："量子力学只能描述系统外观察者的知识。"[2]

但是，就薛定谔猫而言，如果猫不是在观察者打开盒子时死去的，那么它是何时死去的呢？假定猫是在更早时死去，那么波函数在那时不塌缩吗？根据概率的知识或信息观点，回答是否定的。假定辐射原子放在盒中一小时后，观察者只通过打开盒子查看猫来观察。当辐射原子放置在盒中时，系统（也包含猫）的波函数将显示猫死的概率为50%，猫活的概率为50%。一小时后，在观察者打开盒子之前，观察者知识的波函数将显示50%的死猫概率，50%的活猫概率。当观察者打开盒子时，他将发现猫死或猫活。如果他发现猫死，他也将发现猫死的物理

---

[1] ［德］W. 海森伯：《物理学与哲学》，范岱年译，商务印书馆1999年版，第24、81页。

[2] Peiers, Rudolf, *Observation in Quantum Mechanics and the "Collapse of the Wave Function"*, In Pekka Lahand and Peter Mittelstaedt (eds.) Symposium on the Foundations of Modern Physics, Singapore: World Scientific, 1985, p.194.

态如它的温度表明猫已死了多久。表征观察者知识的波函数随着观察者知识的改变而塌缩。但猫早已在一小时之内死去。这与量子理论的标准理解完全相一致。

量子力学的标准解释提出的另一个问题是：是否有更多的观察者进行观察。如果有几个观察者，那么哪一个通过他的观察塌缩了波函数？维格纳以"维格纳朋友"佯谬的形式表述了这个问题。假定维格纳的朋友看见红色显示器的灯亮着，几小时后维格纳出现在实验室，从他的朋友那里得知红灯亮。如果我们把维格纳的朋友看作是观察者，那么当朋友看到灯亮时塌缩发生。但是，我们也能把维格纳看作是观察者，把他的朋友只看作是实验装置的一部分。那么，当维格纳得知结果时，波函数塌缩，这发生在他的朋友得知这一结果几小时之后。这一佯谬的一个可能的解决方案是：假定只有一个人，充当作观察者。这是维格纳在早期陈述中称为的"唯我论"。

现在流行的提议是：如果我们接受波函数表示观察者关于世界的知识，而不是"世界真的是什么"的观点，那么就可能有一个更好的解决方案。因此，对于一个给定的物理系统，不只有一个波函数，而是有许多波函数，就像有不同知识的许多观察者一样。其中一个波函数表示维格纳关于系统的知识，只当维格纳得知结果时，这一波函数才塌缩；还有一个波函数表示他朋友的知识，当他的朋友得知结果时，这一波函数塌缩。这意味着没有客观的实在吗？不是。不同的观察者可能知道不同的事情，但是，当他们的知识重叠或取得共识时，他们关于世界的知识一定是一致的。除非某人制造了错误。

按照这种理路，许多人之所以认为量子力学的标准解释导致了谬论，是因为这些人对标准解释的真实内涵存在错误的观念；或者说他们没有意识到在标准解释中应该把波函数看作是知识的表征。

对于标准解释的第三个反对是：标准解释不能回答"谁有资格作为一个观察者"的问题。人人同意人可以是观察者。猩猩可以吗？狗可以吗？青蛙可以吗？虫子可以吗？细菌可以吗？病毒可以吗？原子可以吗？似乎没有一个地方不可以划一条任意的分界线。对此的一种回应是：但是划分界线的标准不是任意的，尽管我们可能不知道如何应用这一标准。标准是我们能否认识我们所讨论的实体，更精确地说，我们能否理性地判断我们知道我们所讨论的实体。当我们能确定地确证或否证某一命题时，概率就变为一个确定值，波函数塌缩。但是，命题的确证是作为理性判断的结果实现的。一个温度计能对热做出反应，但是，只有观察温度计的人才能得出关于温度的结论。因此，如果一个猩猩能做出理性的判断，如果他能确证某个命题"是真的"，那么他就是一个观察者。如果秉承传统的观点，认为所在地球上的生物，只有人有理性。那么，我们可以说所有地球上的生物，只有人能进行量子观察。

反对标准解释的另一个论证来源于"宇宙波函数"的观念。猜想把我们正在理解的"物理系统"当作整个物理宇宙，包括居于其间的所有生命体。因此，没有"外在的观察者"。回忆佩尔斯的陈述："量子力学只能描述在系统外的观察者的知识。"如果系统是整个宇宙，那么没有人居于宇宙之外。因此，没有观察者塌缩波函数。如果我们把"宇宙波函数"的观念应用于整个宇宙，标准解释的整个框架就失效了。事实上，它们实际上只应该用于整个宇宙，因为把定律应用于宇宙的任何部分必定会牵涉到近似。这个论证似乎对在量子宇宙学领域工作的人很有说服力，这也导致许多物理学家信奉多世界解释，而不是标准解释。

然而，对于这个论证有一个回答，即在几何学的意义上观察者不必"外在"于系统，而只是在观察者的心智不完全包含在由波函数描述的系统内的意义上，观察者才"外在"于系统。因此，如果波函数只描述物理系统（例如，整个物理宇宙），并且人的心智不能完全还原为物理描述（用佩尔斯的话说，如果仍有一些缺失的东西的话），那么观察者的心智的确部分地"外在于"系统甚至宇宙的波函数。

一些人愿意让上帝成为宇宙的"外在观察者"。但是，上帝不是在量子力学的标准解释中意指的观察者。量子力学中的观察者是把在量子力学中计算出的概率应用于观察者的知识态。但是上帝知道一切，因此对于上帝来说，所有的概率或者为 0 或者为 1。在量子力学中的观察者是用物理方式进行观察，并得知作为观察结果的事物的某人，他不可能是传统一神论意义上的上帝。

但是，这里有一个有趣的问题。什么是正确的宇宙描述？就像一个无所不知的智者所知道的一切？粗略地说，什么是上帝眼中的宇宙观？量子力学的标准解释似乎不能阐明这一点。它所能给出的只是表征居于宇宙中的各种有限观察者的部分知识的波函数，这些知识是观察者通过物理仪器获悉的。代替所有物理实在"如它本来所是"的图像，我们得到的是多个图像的一个拼凑物，每个图像包含某一观察者基于他过去的观察所知道的东西。当没有真正的人看时什么真的发生？如果宇宙中住的是没有感知力的人，他们能获得宇宙的什么部分的什么信息？假如生命从来没有进化，因此没有观察者，又如何呢？难道就没有一些物理实在和对物理实在的一个正确的数学描述吗？这些对于标准解释来说是非常困难回答的问题。

四 量子力学的多世界解释对于波函数塌缩的消减

量子力学的标准解释遇到的主要对手是多世界解释。多世界解释由普林斯顿研究生埃弗雷特（Hugh Everett）于1957年提出，当时叫作"相对态"解释[1]，这一解释不为当时的人所接纳，沉寂了数十年。一直到1970年，在德威特（Bryce De Witt）及其弟子等人的努力下，重新表述了这一思想，才使这一思想名声远扬[2]。在许多方面，多世界解释非常简单。它采取一种实在论的立场，说波函数确实是"关于世界是什么"的一个描述，而不是某个观察者所知道的世界是什么的一个描述。在多世界解释中观察者及其心智不起任何特殊的作用。因此，当某人进行观察时，对于波函数没有特殊的事情发生，"波函数从不会塌缩"。波函数总是由薛定谔方程描述的连续方式随时间演化。

为了理解多世界解释，回到薛定谔猫的思想实验，看如果波函数从

---

[1] Everett, H., "'Relative State' Formulation of Quantum Mechanics", *Reviews of Modern Physics*, 1957 (29): pp. 454–462.

[2] De Witt, Bryce S., and Graham, N. (eds.) *The Many-World Interpretation of Quantum Mechanics*, Princeton, NJ: Princeton University Press, 1973.

不塌缩，将会发生什么。在标准解释中，波函数中一项的波幅的"绝对值平方"是观察者进行观察时看到那项所描述情形的概率。因此，如果我们称波函数两项的波幅为α和β，那么 $|\alpha|^2 = 0.4$ 是观察者看到猫死的概率，$|\beta|^2 = 0.6$ 是观察者看到猫活的概率。在观察者进行了观察之后，标准解释将说观察者已确定地看到猫死或猫活，而不是猫既死又活。如果他看到猫死，那么观察者不再有 0.4 的概率看到猫死，而是有 1.0 的概率看到猫死。因此，观察者应该改变α的值到一个新值α′，这样 $|\alpha'|^2 = 1$，而 $|\beta|^2$ 的值应改变 0。换言之，他应该去掉与他知道不会发生的情况相对应的那项。用佩尔斯的话说，当你最终意识到实验已给出一个结果的事实时，你（即观察者）能去掉一种可能性而只保留另一种可能性。这是波函数的塌缩。塌缩发生是因为波函数表示观察者知道了什么，在他通过观察获悉了一些新的事物时，他的知识突然发生了改变。

然而，在多世界解释中，波函数是关于事物本来面目的东西，而不是关于观察者对于它们的知识。因此，当观察者的知识发生改变时，没有波函数塌缩，波函数的任何部分都不会"去掉"。因此，仅在观察者看到猫死之后，波函数仍然有两项：一项对应于辐射原子衰变，猫死，另一项对应于辐射原子没有衰变，猫活。两项仍然是波函数的部分，因此它们仍然都描述"世界的本来面目"。观察者看到了什么？如果我们想对观察者进行询问，我们必须把他包括在我们对实在的描述之中，这意味着我们必须把他包括在波函数中。于是，当观察者看到猫死之后，波函数中的一项将描述辐射原子衰变，观察者看到猫死，这两项都描述真实的世界。它们不仅仅是可能的结果，它们是世界真正是什么的两个部分。因此，世界劈裂为两个"分支"。观察者也一分为二（分裂为两个），他在不同的分支中经历着不同的事情，这是关键。

这个分岔过程发生许多次，数量多得令人难以置信。每次量子力学表述的一个物理过程发生，就会有 N 个结果，所有 N 个结果同时发生，宇宙的分支数量就是 N 的倍数。例如，每次在宇宙中无论哪里的一个粒子从另一个粒子散射时，分岔就发生一次。这就是为什么这个观念被叫作多世界解释的原因。

但是，在多世界解释中，波幅α和β意味着什么？不是很清楚。宇宙波函数（因为波函数确切地描述宇宙真正像什么）的每个分支有一个共轭因子（波幅）。有人把这些波幅看作是分支的稠密度。因此，辐射原子衰变，观察者看到猫死的分支有α稠密度，猫活的分支有β稠密度。之所以说稠密度是α和β，是因为它们是出现在波函数中的量，而不是概率$|α|^2$和$|β|^2$。如果你是一个观察者，看到猫死，你必须做出结论说在多世界解释中有另一个同样真实的你的副本（在其他分支中）看到猫活。如果你重复实验许多次，40%次你将发现"你自己"在猫死的分支，尽管你的其他副本在其他分支，60%次你将发现你自己在猫活的分支。

这里的一个难解之谜是：为什么你的副本数量应该与位于各项前的这些系数相关？特别来说，为什么在每个分支中你的副本数量与波幅的绝对值平方成比例？对宇宙的每个分支中你的（和你的心智）副本数量的陈述是对实在的陈述。因此，根据多世界解释的基本观点，它们必定是能从波函数推导出的真理。但是，人们不能从波函数或薛定谔方程推导出关于每个人或他的心智在每个分支中的副本数量的陈述。许多人认为这是多世界解释中的一个致命缺陷。

多世界解释有某种优美的简单性。在标准解释中，没有关于物理实在甚或任何特殊的物理系统的单个图像。系统的每个波函数只是某个观察者关于系统知道什么。每个观察者不得不修正他每次使用的波函数。人们只有实在的一个"拼凑物"。然而，在多世界解释中，每个系统只有一个波函数，尽管在这个波函数中有许多项。同样，人们原则上能写出整个物理宇宙的一个波函数。在某种意义上，"多世界"的名称实际上是后来获得的。在多世界解释中，仅仅有许多分支的一个世界，有许多项的一个波函数。而且，多世界解释去除了观察者的特殊地位。波函数以直观的方式描述世界，观察者作为世界的有机组成，像任何其他事物一样，也能由波函数描述。观察不会造成波函数塌缩，波函数始终以薛定谔方程描述的方式演化。

除去在推导概率上的困难外，多世界解释付出的主要代价是：每个人存在无穷多同等真实的副本：有的演讲、有的读书、有的开车、有的运动、有的睡在床上、有的死在墓里。在一些宇宙分支中，你已结婚，在一些宇宙分支中，你已成为寡妇或鳏夫，在另一些分支中，你从未结婚。在一些分支中，你的父母从未相遇，你也就不会被孕育。对你而言，可能发生的符合物理定律的每件事，实际上都对你发生在宇宙的某些分支中。对大多数人来说，包括大多数物理学家，这似乎是疯狂的。因此，大多数物理学家是非常不情愿接受多世界解释的；要不就是没有选择的选择。例如，诺贝尔物理学奖获得者安德森（Philip Anderson）写道："我恐怕我确实相信多世界解释。我赞同惠勒的看法，他曾说多世界解释背负着太多的哲学负累，但是我看不出如何避免这些负累。"[①]

五 结语

量子力学的多世界解释是哲学唯物主义的必然选择吗？我们的回答是否定的。哲学唯物主义不必在标准解释和多世界解释之间做出选择。人们可以在接受量子力学的数学形式的前提下，选择接受一种解释力更强、更可检验的解释，这种解释可以整合或融贯不同解释的合理之处。20世纪70—80年代兴起的量子力学的退相干解释纲领，似乎给人们提供了一种希望。但是，退相干解释独自解决不了量子力学的测量问题，它必须和其他理论或解释相结合，以给出量子概率如何变为经典概率的一种回答。

根据退相干纲领，只要系统是一个开放的系统，就会与环境相互作用，环境可以是系统的内部自由度，也可以是外部的环境。只要系统与环境发生纠缠作用，系统波函数就会自动退相干，把相干性转移到环境中，呈现给我们所观察到的确定状态。就薛定谔猫佯谬而言，在退相干解释中，环境的监控会使死活叠加的猫态瞬时转变为一个确定的死态或

---

① Anderson, P., "Measurement in Quantum Theory and the Problem of Complex Systems", In Jorrit de Boer, Erik Dal, and Ole Ulfbeck (eds.), *The Lesson of Quantum Theory: Niels Bohr Centenary Symposium*, Amsterdam: North Holland, 1986.

活态。量子达尔文主义对于我们看到死猫还是活猫起着自然主义的选择作用。这里没有意识的独断作用，也没有无限多的心灵分裂。但是，环境指什么？环境和仪器、被测系统纠缠作用是如何进行的？在退相干的过程中，量子概率如何转化为确定的经典概率？等等。这些仍然是需要回答的问题，或者需要其他理论来进行补足，比如统计热力学。根据统计热力学，量子概率转化为经典概率，不是我们无知的表现，也不是主观意识参与的结果，而是一个客观的热力学的热化过程。

因此，随着退相干纲领的出现，我们希望通过退相干纲领和其他解释的结盟如统计热力学来对量子力学做出一种更为合理的唯物主义解释，这种解释能避免哥本哈根解释的二元论，也能避免多世界解释意识或心灵多重分裂的玄想。这种解释不把人仅仅看作是一个极其复杂的物理系统，强调人的思维和意识在认识和把握世界的本质和规律上的能动性，承认理论和概念是人类认识客观世界的科学建构，具有思维创造性、动态发展性，但必须接受自然的检验，只有最终获得自然认可的理论和概念才能在科学发展的历史长河上留存，发挥真正的推进作用。量子力学解释需要一种与时俱进的辩证的、历史的唯物论。

Materialism in Philosophy Need not Embrace the Many-world Interpretation in Quantum Mechanics

（Li Hongfang, Wuhan University, 430072）

Abstract: There exists the interpretation problem in quantum mechanics. There are the merits and drawbacks in both the Copenhagen interpretation and the many-world interpretation. The descriptions on micro-objects in the Copenhagen interpretation induce many criticisms and anti-suggestions. As a result, someone says materialism in philosophy actually force people to accept the many-world interpretation which has destructive implication: if the hypothesizes in quantum mechanics are real, the different braches of the wave function exist infinite minds. In my opinion, materialism in philosophy need not accept the many – world interpretation in quantum mechanics. There are many alternative interpretations in quantum mechanics except for the many – world interpretation, the alliance between the decoherence program and other interpretations might provide a new impossibility.

Keywords: materialism in philosophy; many – world interpretation; Copenhagen interpretation; decoherence interpretation

理性和目的的选择

李 勇[*]

摘要：我们对最终目的的追求不是为了任何其他的目的，但是我们仍然可以对最终目的进行选择。我们对最终目的的选择是为了让生活有一个整体值得追求的东西。而我们仍然可以区分好的最终目的和不好的最终目的。那些好的最终目的对于所有人都可能是好的，而个体对于该最终目的的选择取决于个体的喜好。

关键词：最终目的；追求；选择；整体值得追求的东西

通常理性被定义成寻找实现目的的正确的手段，理性和目的的选择没有任何关系。目的是在理性选择之外的。[②] 这里的目的通常涉及最终的目的、工具性的目的、构成性的目的。最后的讨论都只能终结于最终的目的。而对最终目的的选择是无法给予理由的。但是，通常我们的直觉是，有些最终目的是不合理的。如果一个人以整天吸食大麻为最终目

---

[*] 李勇，武汉大学哲学系副教授，主要研究道德哲学，Email：liyonginwuhan@yahoo.com。本文为教育部"留学回国人员科研启动基金"公正和偏爱合理性研究项目（编号230303）阶段性成果。

[②] Aurel Kolnai, "Deliberation Is of Ends", *Varieties of Practical Reasoning*, edited by Elijah Millgram, Cambridge, MA: MIT Press, 2001, p.261.

的，我们认为，这样的最终目的是没有价值的。① 本文讨论的问题是：如何为非工具性的最终目的的选择提供理性的辩护。本文的观点是，非工具性的最终目的的选择，是以一个整体值得追求的东西为目的的。

一　工具理性：手段—目的

我们在进行某些活动的时候，进行这些活动的目的不是这些活动本身，而是有其他诉求。比如，我吃水果，并不是因为我想吃水果，而是因为我想保持健康。或者我去上班，并不是因为我想上班，而是因为我想赚钱。吃水果或者上班只是手段，是为了实现另外的一些目的。

当然，这里的手段—目的的关系不仅仅局限在动机层面，还涉及理由层面。当我在解释为什么吃水果的时候，保持健康是我吃水果的动机。而当我在解释为什么应该吃水果的时候，保持健康作为我吃水果的目的，为我吃水果提供了理由。我吃水果的行为得到了理性的辩护。

不过，动机和理由有时候并不需要重合。我可能是出于健康的动机来吃水果的，也可能是基于水果的口味来吃水果的，但当为吃水果提供理由的时候，健康为我吃水果的行为提供了理性的辩护。这个时候健康作为目的，为吃水果行为作为一种手段提供了理由，并进行了理性辩护。

很显然，即使在手段—目的的模型中，有些手段不仅仅是工具性的，同时也是构成性的。比如，我吃苹果，是因为我想吃水果。很明显，吃苹果是为了吃水果，但是吃苹果本身就是吃水果。这与吃水果是为了保持健康是有区别的。不过，构成性的手段和工具性的手段，在理由的层面，都可以理解成某种手段—目的关系。

这里，我们似乎有这样的预设，即手段的合理性，在一定程度上，

---

① Susan Wolf, *Meaning in Life and Why It Matters*, Princeton, NJ: Princeton University Press, 2010, p. 16. Wolf 认为，有意义的生活应该符合三个条件：行为主体对目的的主观的认同，目的自身在客观上有价值，行为主体对目的的积极的追求。关于有意义的生活能否选择那些自身没有客观价值的目的，本文后面会作讨论。

通过目的的合理性得到了解释。比如，吃苹果的合理性通过健康的合理性得到了解释。当然，这里很自然地产生另外一个问题，即目的的合理性如何解释？是否需要把这里的目的还原为另外一个目的的手段？还是说这里的目的是最终的目的，没有办法还原？

二 最终目的

毫无疑问，有时候我们的行为可以不断地通过还原来寻找理由。比如，为什么家长要把自己的孩子送到最好的幼儿园？这是为了上最好的小学。而上最好的小学，是为了上最好的中学，直至上最好的大学。接受好的教育，很多时候是为了一份好的工作。对于有些人来说，一份好的工作不是最终的目的，最终的目的是衣食无忧。而对于那些已经衣食无忧的人来说，一份好的工作可能就是最终目的。

这里的最终目的指的是，对这个目的的追求，不是为了任何其他的目的。[1] 很明显，在现实生活中，我们进行的一些行为，是作为最终目的来追求的。比如，我们来参加学术会议。当然，同一个活动，有的人可能把它当作最终目的来追求，有的人可能把它当作工具来追求。即使对于同一个人来说，生活的不同境遇和阶段，一个活动是否作为最终目的来追求也可能发生变化。[2]

不过，面对最终目的，我们需要回应如下两个问题。首先，我们无法用工具理性来给最终目的以理由。因为就其定义来说，最终目的追求不是为了任何其他的目的。如果追求它是为了任何其他目的，那么它只是工具性目的（或者构成性的目的）。很明显，工具理性不能解释所有

---

[1] 有人可能会指出，这里所使用的"最终目的"已经脱离了经典的亚里士多德的定义。有学者指出，亚里士多德认为最终目的包含：①自身值得意愿；②不是因为其他的善而被意愿；③所有其他的善是因为它而值得被意愿。（更复杂的讨论参见 Sarah Broadie, 2007, chapter 9 and 10, pp. 135 – 165）本文使用的"最终目的"是在常识意义上使用的：对其的追求不是为了任何其他的目的。

[2] 当然，这里变化的不仅仅是动机，理由也可能发生了变化。饥肠辘辘的时候吃个苹果，和饭后一个苹果的动机和理由也是不一样的。

的行为。① 比如，我去操场跑两圈，进行这个行为并不是为了健身，纯粹是因为我想去跑两圈。或者，有些年轻人想去谈恋爱，这并不是为了结婚，他们只是纯粹想去谈恋爱。在这些时候，进行这些活动本身就是目的，而不是为了更进一步的目的。

其次，如果我们无法给最终目的以理由的话，我们很难辩护自己对最终目的的选择，我们也很难去判断别人对最终目的的选择。② 比如，当我的一个朋友认为生活的最终目的就是职业上的成就，而她生活的全部都围绕着这个中心。她很可能不会在意和父母的感情，不会在意友情，不会在意生活中其他的目的。如果她无须给这个最终目的提供理由的话，她也就无须辩护这个最终目的。如果你觉得这样的最终目的在直觉上没有什么问题，而如果我的这位朋友同时还是一位母亲，但是她不会对自己的孩子投入感情，她觉得亲情和她生活的最终目的没有任何关系。这个时候，你可能觉得这样的最终目的即使不是有问题的，至少也是有缺陷的。当然，生活中很多人把对金钱的追求和欲望的满足作为生活的最终目的，如果最终目的无须理由的话，那么他们的选择也是无须理由的。

三 最终目的的目的

理性是无法容忍最终目的的选择不需要理由。③ 不过，很明显对于最终目的的追求确实不是任何进一步的目的。在回答对最终目的进行理

---

① 更详细的讨论，参见 Christoph Fehige, "Instrumentalism", *Varieties of Practical Reasoning*, Elijah Millgram, 2001, pp. 49–76。

② 有人可能提出如下的批评：首先，如果我们无法辩护我们最终目的是理性，这并不能说明我们最终目的是非理性的。其次，我们虽然无法判断别人的最终目的是不是理性的，我们仍然可以判断别人的最终目的是不是有价值的。关于第一个批评，我的理解是人们通常希望辩护自己的最终目的是理性的，论证的压力是在行为主体身上，而不是在旁观者身上。关于第二个批评，通常我们认为理性的辩护是先于价值的辩护。当然，至于什么是有价值的，也是一个非常复杂的讨论。

③ 有人可能会指出，对于一个工具理性主义者来说，似乎不存在这个问题，他们可以觉得最终目的的选择没有理由，也不需要理由。不过，我的理解是大部分人还是希望对很多最终目的做出（因果性的）说明，甚至是理性的辩护。

性辩护的问题之前，我们可以注意到以下的事实。

首先，我们都有求生的欲望。我们生活中的很多行为，不管是有意识的或者无意识的，都是为了活下来。那么，这些行为的理由，就是为了生存。诸如，我们对健康食物、清洁饮用水、医疗救助的需求，以及为这些需求所付出或者付诸的行为，都可以通过生存这一目的进行解释。

其次，除了求生的欲望之外，我们另外一个很强的欲望就是让个人生活有一个整体值得追求的东西，就是让个人生活充满某种意义或者价值。一个人一年365天，每天起床后，不知道自己该干什么，茫然地面对接下来一天的生活，没有任何目的，生活对这个人显得没有任何继续过下去的必要。活着或者死了，没有太多区别。生活中很多遭遇重大变故中的人，比如，失去孩子的父母，觉得生活的目标已经失去，抑郁或者自杀的念头很可能产生。[①]

求生的欲望和让生活有一个整体值得追求的东西的欲望似乎又是紧密相连的。很明显，求生的欲望是一个给定的生物的事实。这个欲望是我们无法选择的，每个人与生俱来。我们面对危险时具有的许多情绪也是这种生物事实衍生的产物，从进化的角度，帮助我们规避危险。而让生活有一个整体值得追求的东西的欲望恰恰是求生的欲望的一种表现。为什么？当我们的生活资源极度匮乏的时候，生存下来不仅仅是一种自然欲望，而且具有一种理性规范性。一切为了生存下来的活动似乎都具有合理性。诸如，饥荒时代，把孩子送到富人家当佣人。不过，当我们的生活资源不再匮乏的时候，生存下来的目的已不再持续呈现在我们日常生活的视角中的时候，作为一个可能的解释，生存下来的欲望衍生出了让生活有一个整体值得追求的东西的欲望。而后一种欲望实际上也是为了满足生存下来的欲望。当生活资源极度匮乏的时候，生存下来本身就是生活的一个整体值得追求的东西，这个欲望支持个人持续生活下

[①] 有人可能会指出，身边很多人浑浑噩噩地过了一辈子，并没有"抑郁或者自杀"。首先，很难找到身边一个人，这个人完全没有任何整体值得追求的东西。其次，即使这样的人真的存在，我们自然的直觉是，这样的生活没有办法得到理性的辩护。

去。当生活资源不再匮乏的时候,生存下来的直接的和本能的欲望不再呈现为生活的一个整体的值得追求的东西。但是,让生活有一个整体值得追求的东西的欲望的实现是为了生存下来的欲望得以实现。在这样的人生阶段,没有一个整体值得追求的东西的欲望将直接威胁到生存下来的欲望。①

那么,那些最终目的的目的是什么?最终目的的目的就是生存?或者让生活有一个整体值得追求的东西?我认为是的。②

首先,有人会质疑,如果是这样的话,在概念上也是自相矛盾的。最终目的是没有另外的目的的。诸如,当张三渴望爱情的时候,谈恋爱就是最终的目的,对恋爱的追求不是为了任何其他的目的。不过,在这个时候,张三可以选择和小丽谈恋爱,也可以选择和小花谈恋爱。而对恋爱对象的选择是可以有进一步目的的。但是这种选择并不影响谈恋爱之后,把恋爱对象作为一个最终的目的来对待。换句话说,对恋爱对象的选择并不影响对恋爱对象作为一个最终目的来追求。③ 从这里引申出来的一般结论也是有适用性的。最终目的可以进行选择的事实,并不影响最终目的作为最终目的的追求。即最终目的选择背后的目的,并不影

---

① 首先,以上只是一种可能的解释,但大多关于欲望和意志等的讨论都属于解释的范畴。其次,读者可能注意到这里的"欲望"似乎和"目的"交替使用。这里存在一些潜在的复杂的问题,比如目的是否需要被清醒地意识到,是否所有的欲望都是某种目的。这里不作任何关于以上问题答案的预设。

② David Schmidtz 在工具目的、构成性目的和最终目的之外,提出了第四类目的,接生术(maieutic)的目的。他最终是想用这个目的来解释道德是理性的选择。这类目的是帮助我们解释对最终目的的选择,诸如职业的选择、婚姻的选择。一旦我们确定了职业和婚姻的对象之后,特定的接生术的目的就消失了(Schmidtz, *Person, Polis, Planet*, Oxford University Press, 2008, pp. 37 – 62)。本文的解释,没有引入这个范畴,首先因为不需要,其次,这个范畴面临很多概念不清晰而带来的反驳。

③ 有人可能会提出,张三选择和小丽谈恋爱,并不是对最终目的进行了选择,而只是选择了实现最终目的的方式。当然这个观点乍听起来符合直觉,但是仔细一分析就会发现是有问题的。这个观点预设了和小丽谈恋爱是实现谈恋爱的工具,小丽或者和小丽谈恋爱被当成工具来对待。但是只要有恋爱经历的人都知道,在恋爱中,恋爱对象并不是工具,而谈恋爱也不是工具。恋爱对象和谈恋爱本身就是目的。因此,和小丽谈恋爱并不是某种实现谈恋爱的方式,而是最终目的,是我们对谈恋爱这一最终目的的某种选择。

响把最终目的作为最终目的的追求。①

那么，在这里我们就避免了概念上的自相矛盾。我们可以对最终目的进行选择，而对这种选择可以进行合理辩护。我们对最终目的的追求，不是为了任何特定的目的，是为了这个最终目的本身。

接下来一个自然的问题是，即使对最终目的的选择可以进行合理的辩护，即对最终目的进行选择，但是这种选择本身在什么意义上是理性的？② 在谈恋爱的案例中，张三选择和小丽谈恋爱，虽然谈恋爱本身是张三的最终目的，张三仍然进行了选择，张三选择了小丽。当然，这可能是因为张三和小丽在一起更舒服，或者是因为小丽更漂亮，或者是其他原因。不管原因是什么，或者原因的种类是什么，张三可以对选择提供理由。③ 在这个意义上，张三的选择是理性的。④

另外一个自然的问题，张三对恋爱的追求作为一个最终目的，张三选择这个最终目的的目的是什么？难道是为了生存？或者让生活有一个整体值得追求的东西？读者可能有疑问，张三可能根本没有意识到生存或者生活需要有一个整体值得追求的东西。确实如此。不过这里讨论的最终目的的目的不是作为一个动机，而是作为一个理由，一个理性辩护的根据。让生活有一个整体值得追求的东西，涉及亲情、友情、爱情、职业追求、审美追求等。⑤ 当然，并不是每个人都会选择所有的。有些

---

① 参见 Schmidtz 关于最终目的的选择和追求之间更进一步的区分，Schmidtz, *Person, Polis, Planet*, Oxford University Press, 2008, pp. 40–42。

② 上文的理性辩护是指结构上的，即最终目的的选择不是无理由的。即工具目的到最终目的并没有结束，最终目的也可以进行理性辩护。下文的讨论是具体的理由。

③ 有人会指出，这里的选择是没有目的的，是基于欲望的。和小丽在一起满足了张三的特定欲望。而很明显满足欲望和有目的似乎在概念上是有区别的。我的回应是，这里满足欲望似乎给张三最终目的的选择提供了一个理由。但是这个理由并不是以进一步的目的呈现出来的。

④ 当然，这里涉及一个很自然的问题：凡是提供理由的，都是理性的吗？这里似乎可以进行这样的区分：单一的理由和整体考虑的理由（包括了对许多反对意见的考虑）。这里倾向于整体考虑的理由，当然这并不意味着行为主体需要有这样实际的反思过程。

⑤ 另外一个自然的问题：是否所有最终目的都涉及一个整体值得追求的东西的选择。如果不是的话，我们仍然面临该如何解释那些最终目的问题。比如，我纯粹想到操场上跑两圈，这就是最终目的，它的追求不是为了任何其他的目的。那么这个选择是为了一个整体值得追求的东西吗？我认为不是的。有些最终目的是基于本能的，有些是荒诞的，而有些则是理性的。当然，进一步的解释，也涉及如何理解一个整体值得追求的东西。

人选择了职业追求，而放弃了爱情或者亲情。当一个职业形而上学学者为了更专注地研究形而上学问题，选择离群索居，没有亲情、友情和爱情，所有的一切都是为了职业追求，成为最优秀的形而上学家。这个时候，他仍然拥有一个整体值得追求的东西。①

这里，我们似乎在结构上构建了一个圆融的理性选择的系统。我们日常生活的很多行为都是作为工具来实现进一步的目的。这些进一步的目的中有些是为了更进一步的目的，有些自身作为最终目的存在。不过，我们仍然可以对最终目的进行选择，而选择的依据是让个人的生活拥有一个整体值得追求的东西。这就是最终目的的目的。当然，这个最终目的的目的，让我们拥有生存的动力，拥有每天睁开眼睛进行接下来一天生活的勇气。而这是我们去进行其他活动的手段，服务于去上班、吃饭、看病等进一步的目的，而这些进一步的目的，有些是工具性的，有些是最终的目的。至此，我们拥有一个封闭的理性选择的系统，每个部分在结构上都得到了理性的辩护。②

四 最终目的的选择

即使我们能够对工具性目的、最终目的和最终目的的目的构建出一个圆融的理性选择体系，我们仍然需要回应一个基本的问题，即如果某一个最终目的的选择能为个体提供一个整体值得追求的东西，这个最终目的选择就是理性的吗？在大多数情况下，这样的论断似乎没有任何问题。如果一个形而上学家的职业追求为其提供了一个整体值得追求的东西，那么，这个职业追求就是他生活的最终目的，而这个最终目的的选择也是理性的。他可以理性地放弃其他的最终目的，比如亲情、爱情、友情等。

---

① 当然，这里的观点和传统的幸福作为最终目的的伦理学观点有很大差异。在结构上，幸福伦理学并不具有这种封闭的理性辩护系统；在内容上，幸福的概念更丰富。

② 关于理性的辩护和道德的辩护之间的关系，有学者认为，可以通过理性选择理论来解释为什么成为有道德的人是一个理性的选择。本文的讨论不涉及这个问题。

当然，关于一个最终目的的选择能否为一个个体提供一个整体追求的东西，这是一个经验性的问题，还是一个规范性的问题？很多时候，这是一个经验性的问题。比如，我们大多数人可能无法把对职业追求的选择作为为个体提供一个整体值得追求的东西。把自己的生命完全投入职业追求中，生命的价值是残缺的，甚至是没有价值的。① 那么，对于一个不能够把职业追求作为提供生命整体追求的人来说，这个最终目的不能被理性地选择。②

五　最终目的的比较

　　当然，很自然的问题是，一个行为个体所选择的不同最终目的可以进行比较吗？或者不同个体所选择的最终目的之间可以进行比较吗？张三选择亲情作为最终目的，而李四选择当一个形而上学家作为最终目的，哪个更好？我们似乎有理由对这些作为候选项的最终目的进行评判吗？

　　当然，如果我应该尊重你当厨师或者教师的选择，为什么我不应该尊重你成为酒鬼或者瘾君子的选择？答案很简单。选择成为厨师或者教师是一个好的人生选择，但是成为酒鬼或者瘾君子是一个不好的人生选择。我应该尊重好的东西而不是坏的东西。

---

① 学者用来讨论的经典案例是那些为纳粹工作的狂热的天才科学家。
② 有人可能提出下面类似的反例，在电影《初恋五十次》中，女主角露茜患有失忆症，她只记得车祸之前的所有事情，车祸后每天早上起床后都不记得前一天发生的所有事情。如果这个人在每一天起床的时候都有对整体追求东西的向往，但是具体的目标可能在变化，比如爱情、职业、亲情等。我们该如何解读这样的案例？这里似乎有两种可能的答案：第一，露茜没有整体值得追求的东西；第二，露茜有整体值得追求的东西。如果露茜有整体值得追求的东西的话，这个东西每天都在变化。或者即使不在变化，露茜也没有一个连贯的对同一个目标的意识。这个回答潜在的预设就是，行为主体不需要拥有一个相对稳定的整体值得追求的东西，或者行为主体不需要对一个连贯的、对同一个目标的意识。很明显，我们认为，行为主体还是需要拥有一个相对稳定的整体上值得追求的东西。我们的直觉是，露茜的生活还是出了问题。而电影中让露茜重新拥有一个整体上值得追求的东西，是通过把她每一天的生活的主要内容通过录像剪辑的方式，让她在第二天有一个认识。而这种直觉恰恰说明了，相对稳定的整体上值得追求的东西，对其意识是必要的。

当然有人会认为，与当厨师或者教师一样，成为酒鬼或者瘾君子也是一种人生选择。关于人生选择，没有普遍的好坏之分。例如，当厨师可能对于喜欢食物的人来说是好的选择，但是对于讨厌做饭的人来说却是坏的选择。类似地，做老师对于喜欢知识的人来说是好事，但是对于那些不耐烦学生的人来说则不是件好事。有人也许会论证，以上的区分实际上也适用于酒鬼或者瘾君子的选择。只要有人喜欢当酒鬼或者瘾君子的话，那么对他来说，这就是一个好的人生选择。

我不认为成为一个酒鬼或者瘾君子对任何人来说是件好事。这样的生活对身体、心理和情感上的健康都是巨大的伤害。它们将最终摧毁作为一个人甚至作为一个生命体的个体。正是因为成为一个酒鬼或者瘾君子对任何人都是坏事，那么没有人应该尊重他人当酒鬼或者瘾君子的人生选择。

下面是我提出的一个区分原则：如果一个东西不能带来中立于个体的好，那么这个东西也不具有个体相对的好。中立于个体的好是指不依赖于任何特定个体的益处。例如，当老师或者厨师的好，并不取决于任何特定个体的人生选择。个体相对的好指的是与某个特定个体相关的好。例如，虽然当老师具有中立于个体的好，但是当老师只对那些喜欢教书的人具有个体相对的好。

因此，某个东西对于某个人具有个体相对的好有以下两个条件：这个东西具有中立于个体的好，同时这个人喜欢这个东西。如果这个东西对任何人都不具有中立于个体的好，那么任何人都不应该尊重他人对这个东西的选择。当然，有人会问如何确定某个东西是否具有中立于个体的好。目前我并没有一个对中立于个体的好的严格的定义。我认为，只要是对人的身体、心理和情绪健康有好处的都是个体中立的好。例如，跑步、读书、和朋友谈心、和家人享天伦之乐都是中立于个体的好，因为这些行为对我们的身体、心理或者情绪的健康都有好处。不过，如果一个人并不喜欢跑步的话，那么跑步对他来说就不具有个体相对的好。

既然成为一个酒鬼或者瘾君子并不具有中立于个体的好，那么它们对于任何人来说也不可能具有个体相对的好。更进一步来说，如果他们对任何人来说不具有个体相对的好的话，我们也不应该尊重他们成为酒鬼或者瘾君子的选择。

那么,最终目的的选择不存在一个规范性的标准吗?如果有任何标准的话,只要这个最终目的能够为行为主体提供一个整体追求的东西,这个最终目的就是理性的?作为提供一个整体追求的东西,当一个最终目的实现了其功能的时候,我们确实可以评判其实现功能的效率,即其是否能够很充分地、长期地、稳定地提供这样一个整体追求的东西。基于人类的心理事实,有一个基本的集合,大部分最终目的是来自这个集合的。这个集合内容的存在受制于人类的自然存在和社会存在。

Reason and Choice of Ends

(Li Yong, Wuhan University, 430072)

Abstract: Our pursuit of final ends is not for any further ends. However, we can still make choices among final ends. Our choice of final ends is for a further end: in order for our life as a whole being worthwhile. Furthermore, we can still make a distinction between good final ends and bad final ends. Those good final ends could be good for everyone. One's choice of a particular good final end is up to that individual's personal preference.

Keywords: final ends; pursuit, choice; life as a whole being worthwhile

"皮浪问题"与可靠主义的回应

潘 磊[*]

摘要：皮浪主义者认为，知识必须植根于良好的理由之中。根据简单版本的可靠主义，知识是可靠形成的真信念，并非所有产生知识的过程都包含良好的理由。不过，认知过程实际的可靠性并不足以说明信念的认知地位。主体可靠主义则认为，只有植根于认识主体智识德性之中的认知过程，才能产生知识。但是，我将基于三点理由表明，主体可靠主义的回应并不成功。因此，无论是简单版本的可靠主义还是主体可靠主义，都不能成功地回应"皮浪问题"。

关键词："皮浪问题"；可靠主义；运气；意见分歧

我们直觉上都认为，知识必须植根于良好的理由之中。具体地说，一条具体的信念 P 要转化成知识，必须得到一定程度的认知辩护。信念 P 如何得到辩护？最自然的回答是说其辩护来自另外一个信念 Q。然而，信念 Q 如能作为辩护理由起作用，其自身则需要进一步的辩护。如此一来，我们就不得不面临有名的"认知后退问题"。如何回应该问题？亚里士多德在《后分析篇》中为我们提供了三种选择：（1）借助

---

[*] 潘磊，武汉大学哲学学院副教授，主要从事知识论研究，Email：leipan5156@hotmail.com。基金项目：国家社科基金青年项目"认知辩护的符号学向度研究"（12CZX042）。

无限后退的推论链条；（2）借助循环推理；（3）借助建基于某一基础之上的推理。亚里士多德本人明确支持基础主义的观点，因为在他看来，科学知识最终都来源于理性直觉。阿格里帕的五种模式（Agrippa's Five Modes）引起了同样的问题，即通常所谓的"皮浪问题"（Pyrrhonian problem）。

本文关注的重点是可靠主义对该问题的回应。笔者将首先考察以戈德曼（Goldman, A.）为代表的简单版本的可靠主义对"皮浪问题"的回应，并指出这种回应总体上是不成功的；接下来，笔者将重点考察以格里克（Greco, J.）为代表的主体可靠主义（agent reliabilism）的回应。格里克的思路大体上是这样的：他首先考察可靠主义者和皮浪主义者［以索萨（Sosa, E.）为代表］之间的争论；接着指出，皮浪主义者对简单版本的可靠主义的批评并不成功。基于这种论辩上的理由，他得出结论：我们至少可以部分地捍卫简单版本的可靠主义。但是，我们需要对可靠性做出额外的限制：它不仅要求产生信念的过程实际上是可靠的，而且要求认知主体自身也必须是可靠的。在这种意义上，他认为，主体可靠论可以很好地回应"皮浪问题"。但是，同样基于论辩上的理由，笔者将指出，他对皮浪主义的批评并不成功。因此，无论是简单版本的可靠主义还是主体可靠论，都不能成功地回应"皮浪问题"。

一 简单版本的可靠主义对"皮浪问题"的回应

"皮浪问题"通常被认为就是某种版本的怀疑论论证，该论证旨在表明：作为有限的认识主体，我们不可能拥有得到辩护的信念（或知识）。该论证又被称为"倒退论证"，其经典版本是这样的：

某个认识主体 S 要有理由相信某个命题 P，他必须基于良好的理由相信该命题。

良好的理由本身必须是得到辩护的信念。

因此，如果 S 要有理由相信 P，那么他必须基于无限多的良好理由而相信它。

作为有限的认识主体，我们不可能拥有无限多的良好理由。

因此，我们不可能拥有得到辩护的信念。

如果我们承认，认知辩护（epistemic justification）是一个信念转化为知识的必要条件，那么上述论证同时也对知识提出了普遍的挑战。皮浪式的怀疑论者可以论证说：所有的知识都必须植根于良好的理由之中，但是，没有任何理由是良好的理由。也就是说，认识主体S必须有理由相信他的理由是良好的。可是，他提供的理由要么无限倒退，要么兜圈子，要么任意地终止。无论哪种结果，都无法令人满意。因此，知识是不可能的。

简单版本的可靠主义（simple reliabilism，SR）对该问题的回答相当简单。它直接拒斥上述论证所依赖的一个关键假定，即辩护关系本质上是一种推论关系。根据（SR），一个信念在认知上是得到辩护的信念，当且仅当：它是由一个可靠的认知过程形成的。① 相应地，知识也就是可靠形成的真信念。因此，根据（SR），一个信念的认知地位（规范属性）依随于形成该信念的认知过程的可靠性（描述属性）。某一认知过程是否可靠，取决于它所导致的真信念和假信念之间的比率。如果一个认知过程所导致的信念大都为真，那么该过程就是可靠的。所以，一个认知过程是否可靠，完全是一个经验问题。更重要的是，并非所有可靠的认知过程都植根于良好的理由之中。例如，戈德曼明确区分了两种可靠的认知过程：一种依赖于信念，也就是说，某一认知过程的输入（input）包含其他的信念（例如，推理过程），因而其可靠性取决于作为输入的信念是否可靠，所以是有条件的；另一种独立于信念，亦即某一认知过程的输入并不包含其他的信念（例如，知觉过程），因而其可靠性是无条件的。根据这种说明，（SR）的拥护者可以顺理成章地得出结论：并非所有的知识都必须植根于良好的理由之中。所以，皮浪式的怀疑论论证基于一个错误的假定。

---

① Goldman, Alvin. "What Is Justified Belief?" Published in *Epistemology：An Anthology*, edited by Sosa, E. and Kim, J. Blackwell Publishers, 2000, pp. 340－353.

二 "皮浪主义者"① 的反击

（SR）遭受了一些经典的反驳。例如，邦久（BonJour, L.）曾对（SR）提出这样的质疑：

"一个信念是可靠形成的，这一事实如何能够使我合理并且负责地接受该信念，如果我（在认知上）完全无法通达该事实？"②

为了说明这一点，邦久提出了著名的"千里眼"的例子：

"通常情况下，诺曼（Norman）在某些特定的事情上拥有完全可靠的千里眼的能力。这种认知能力是否普遍存在，以及他本人是否拥有这种能力，他既没有支持性的证据和理由，也没有反对的证据和理由。有一天，诺曼（Norman）最终形成这样一个信念，即总统在纽约，即使他没有证据以支持或反对该信念。事实上，该信念为真并且来自他所拥有的完全可靠的千里眼的能力。"③

勒尔（Lehrer, K.）基于类似的理由表达了对（SR）的不满：

"所有外在主义的理论均面临一个普遍的反驳，该反驳……是根本性的：外在关系对认识主体是不透明的，他对如下这一点一无所知，即：一个可靠的信念形成过程……产生、引发或因果上维持其信念。所有外在主义的理论都有一个共同的缺陷，亦即：它们提供的是关于信息掌握的说明，而不是关于知识获得的说明。"④

上述反驳通常被称为"信息而非知识的反驳"（information without

---

① 一个人是一个"皮浪主义者"，并不意味着他一个怀疑论者。相反，本文在使用这个术语时，基本上借鉴了 Greco（2006）的用法，其意思是说：他完全同意皮浪式的怀疑论论证的第一个前提，即知识必须植根于良好的理由之中。但是，他力图表明，我们可以对知识施加某种限制条件，从而有效地避免其结论。详细讨论可参见 Greco, John, "Virtue, Luck and the Pyrrhonian Problematic", *Philosophical Studies*, 130 (2006), pp. 9 - 34。

② BonJour, Laurance, "Externalist Theories of Knowledge", *Midwest Studies in Philosophy* 5, 1980, p. 27.

③ Ibid., p. 62.

④ Lehrer, Keith. *Theory of Knowledge*, (2nd edn.), Boulder: Westview Press, 2000, p. 185.

knowledge objection），勒尔以一个有名的例子阐述了该反驳：

"假设一位外科医生给一个人（Truetemp 先生）做大脑手术，他（神不知鬼不觉地）在 Truetemp 的脑袋里植入一个微小的装置，该装置既是一个精确的温度计，又能激发（关于温度的）想法……假定这个温度装置十分可靠，因而 Truetemp 的想法是关于温度的正确想法。总之，它是一个可靠的信念形成过程。……Truetemp 先生对植入他脑袋里的温度装置一无所知，他只是稍微有点困惑，自己为什么会不由自主地形成关于温度的想法；但是，他从未用温度计来检测这些关于温度的想法是否正确。他未加反思地接受了这些想法，而这些想法只是这个温度装置的结果。因此，他认为并且承认当时的温度是华氏 104 度。的确是的。他知道温度是华氏 104 度吗？当然不知道。他对他本人或者他关于温度的想法是否可靠，完全一抹黑。"①

邦久和勒尔表达了一个共同想法：单凭实际的可靠性（de facto reliability）不足以为知识提供一种完备的说明。索萨（Sosa, E.）完全同意二位的看法，并且借助塞克斯都（Sextus）的一个著名的比喻来说明这一点：

"我们设想：一群人正在一间充满金银财宝的漆黑屋子里寻找黄金。没有任何一个人有令人信服的理由认为自己偶然找到了黄金，即使他实际上已经找到。同样，大量哲学家涌向世界……寻求真理。但是，一个人即使掌握了真理，也应当合理地怀疑他是否已经成功。"②

索萨接着说："多数人并不否认，有些人运气很好，在漆黑屋子里找到了黄金，但是，这显然不如在光亮的地方借助良好的视力来寻找黄金。与前者所带有的运气成分相比，明智的发现（enlightened discovery）更受尊崇。……明智的发现是一种可归功于主体的成功，运

---

① Lehrer, Keith, *Theory of Knowledge* (2nd edn.), Boulder: Westview Press, 2000, p. 187.

② Sosa, Ernest, "How to Resolve the Pyrrhonian Problematic: A Lesson from Descartes", *Philosophical Studies*, 85 (1997), p. 231.

气则不然。"①

借助这个比喻,索萨明确提出了反思性知识与动物性知识的区分。而且,在他看来,只有前者才是真正的知识,才配得上"知识"这个头衔。因为:反思性的知识不仅要求认识主体的信念是可靠形成的,而且还要求他明白自己的信念是可靠形成的。所以,真正的知识和明智的发现一样,要求认识主体对自身认知能力的可靠性,持有某种视点(perspective)。正是在这种意义上,知识才是一种可归功于主体的成功,而且这种成功是值得尊崇的。皮浪主义者之所以拒斥外在主义,原因恰恰在此:

"皮浪主义者拒斥外在主义,因为:外在主义夸大了纯粹的'在黑暗中的摸索',还美其名曰为知识。皮浪主义者强调明智的知识,它是在认识主体对自身的认知行为进行觉识的过程中获得的,并且借助这种觉识得以维持。只有它才配得上'知识'的头衔。"②

在内在主义和外在主义的持久争论中,邦久、勒尔和索萨对(SR)批评至今仍有相当的影响。他们都承认,使得一个信念得到辩护的因素,在认识论的意义上是内在于认识主体的,因此,单纯的可靠性不足以说明一个信念的认知地位。可是,认识主体如何内在地把握这些因素?在这个问题上,他们并未达成共识。例如,邦久认为,认识主体对一个信念的辩护因素的把握,必须借助另外一个得到辩护的高阶信念;勒尔则认为,信念形成过程的可靠性隶属于我们的接受系统,这个系统具有初始的可信赖性,使得一个信念得到辩护的因素必须与这个系统相融贯;索萨则主张,当认识主体处在特定的认知状态时,已经蕴含了该主体对这种状态的反思性把握,它构成了认识主体的某种视点。当然,它未必以明确的信念形式体现出来,但其本身也可以作为辩护理由起作用。

尽管在一些细节上存在分歧,但他们用来反对(SR)的论证具有

---

① Sosa, Ernest, "How to Resolve the Pyrrhonian Problematic: A Lesson from Descartes" *Philosophical Studies*, 85 (1997), p. 231.

② Ibid., p. 242.

一个共同的结构，格里克将其概况为"皮浪主义的推理"① （The Pyrrhonist's Reasoning, PR.）：

知识是一种成功，这种成功可归功于认识主体。

缺少视点的真信念就如同在黑暗中寻找黄金：它是纯粹的运气，因此这种成功并不能归功于认识主体。

因此，缺少视点的真信念不能算作知识。

基于此，皮浪主义者认为，（SR）并不能成功地回应"皮浪问题"。

三 主体可靠主义的回应

皮浪主义与（SR）之间的争论引起了一些值得关注的问题，这些问题主要涉及我们如何看待人类的知识状况。根据（SR），可靠性本身足以刻画人类的知识状况；而皮浪主义者则认为，信念来源的可靠性并不构成知识的充分条件。当然，他们并不否认，知识要求一种最低限度的可靠性。分歧在于：我们到底应该如何评估可靠性的地位？

（SR）的拥护者认为，信念来源的可靠性刻画了信念的认知地位，并且为我们提供了一副完整的知识图景。这幅图景背后隐藏更大的野心：他们企图用某种外在条件取代传统的辩护概念，企图用"原因的描述空间"占领"理由的逻辑空间"。皮浪主义者则力图阻止（SR）的攻击，并直指对手要害：（SR）的支持者将信念的原因与理由混为一谈，因而从根本上是错误的。对此，戴维森的告诫仍具有深远的警示意义：

"感觉（sensation）与信念之间的关系不可能是一种逻辑关系，因为感觉并不是信念或别的命题态度。那么这种关系是什么？我认为答案显而易见：它是一种因果关系。感觉引起信念，在这种意义上感觉是信念的基础或根基。但是，关于一个信念的因果说明并未表明该信念得到

---

① Greco, John, "Virtue, Luck and the Pyrrhonian Problematic", *Philosophical Studies*, 130 (2006), p. 13.

辩护的方式或理由。"①

上文指出，信念来源的可靠性只是知识最低限度的要求。但是，真正将真信念转化为知识的桥梁，绝不是对这种可靠性的某种描述性说明。事实上，根据皮浪主义的观点，这种桥梁存在于认识主体自身的某种内在"觉识"之中。正是通过这种"觉识"，一种规范的辩护关系得以维系。这正是（PR）所要表明的要旨。

不过，格里克最近对（PR）提出了质疑。总体上看，格里克在如下两个方面同意皮浪主义者的看法：第一，信念来源的可靠性不足以说明信念的认知地位；第二，知识是一种成功，并且这种成功可归功于认识主体。但是，他并不同意（PR）的第二个前提，即知识要求认识主体对可靠性持有某种视点。这样一来，格里克的论证负担在于：他必须向我们阐明，缺少"视点"的可靠性如何能够刻画信念的认知地位。为了做到这一点，他提出了"主体可靠主义"（agent reliabilism，AR）的理论。

格里克曾对（AR）做出这样的说明：

"根据我所偏爱的研究进路，知识应当被理解为植根于智识德性（intellectual virtue）之中的真信念，这里所说的智识德性应被理解为一种可靠的认知能力。该进路是可靠主义的一个版本，因为它将知识理解成，由某个可靠的过程所导致的真信念。但是，该进路对那些能够产生知识的可靠过程，施加了特定限制，亦即只有那些植根于认识主体能力之中的过程，才能产生知识。我们给这种立场贴上'主体可靠主义'的标签再恰当不过，因为它更强调认识主体自身的可靠性。"②

根据上述说明，我认为，（AR）至少承诺以下两个紧密相关的论题：

T1. 就认识主体 S 所拥有的任何一条具体的信念 P 而言，"P 转化

---

① Davidson, Donald, "A Coherence Theory of Truth and Knowledge", published in E. LePore (ed.), *Truth and Interpretation: Perspectives on the Philosophy of Donald Davidson*, Oxford: Blackwell, 1986, p. 311.

② Greco, John, "Virtue, Luck and the Pyrrhonian Problematic", *Philosophical Studies*, 130 (2006), p. 27.

为知识"的必要条件是：S 相信 P 为真，是因为 S 出于自身的智识德性而相信 P。

T2. "知识的功劳观"（credit view of knowledge）：就真信念和知识的连接而言，S 所付出的认知努力是首要的考虑因素。

具体地说，任何一个具体的信念 P 都是指向真理的。但是，这一目标的实现，并不必然意味着它自动地转化为知识。因为，有多种因素均可促成该目标，其中不可避免地包含诸多运气成分（正如大量的盖提尔式的反例所揭示的那样）。这样一来，当我们对知识进行分析时，必须排除这些认知运气，因为它们破坏了真信念和知识之间的连接。基于这种考虑，"知识的功劳观"认为，要实现"信念指向真理"这一目标，认识主体自身（其可靠的认知能力）应是首要贡献者。只有这样获得的真信念才是真正的知识；也正是在这种意义上，我们才认为该主体"劳苦功高"，因为，他据此取得了一项巨大的认知成就（epistemic achievement）。

接下来，我们将结合以上两个论题，着重考察（AR）如何应对皮浪主义者（尤其是索萨）对（SR）的批评。为了弄清这一点，我们最好从皮浪主义者对（SR）的指责入手，来进行分析。

当皮浪主义者声称，缺少"视点"的知识并不构成真正的知识的时候，其背后深层的想法是：缺少"视点"的知识尽管是一种成功，但这种成功如同在黑暗中寻找黄金一样，是运气使然；而真正的知识需要排除认知运气。所以，既然格里克旨在论证，缺少"视点"的知识也能算作真正的知识，那么，他必须向我们表明，知识与（某些）认知运气是相容的。这样一来，我们的问题就转化为：在出现认知运气的情况下，知识是何以可能的？格里克对这个问题的回答可分为如下几个步骤。

首先，如何界定认知运气？格里克的回答是这样的："（认知运气）是外在于主体自身的思考、选择和行动的东西。"①

其次，这种意义上的认知运气如何影响我们的认知评价？涉及知识

---

① Greco, John, "Virtue, Luck and the Pyrrhonian Problematic", *Philosophical Studies*, 130 (2006), p. 15.

归于（knowledge attribution）的判断，本质上包含着对认识主体的评价。也就是说，当我们将某一条知识归给某个认识主体 S 时，这种归于实质上是对 S 认知地位（epistemic standing）的评价：S 因一种智识上的成功（获取知识）而配得上相应的认知赞誉。按照格里克的说法，如果认知运气不在认识主体的控制范围之内，那么，它直觉上是与认知责任不相容的。然而，当我们讨论对认识主体的认知评价时，应区分两个不同的方面：①（1）对主体责任（或记录）的评价；（2）对主体价值（或德性）的评价。"主体记录取决于主体实际的所作所为，而主体价值则取决于主体的行为倾向。换言之，前者随着现实世界中所发生的事情的变化而变化，后者随着在现实世界以及在相关的可能世界中所发生的事情的变化而变化。"② 借助这一区分，格里克旨在表明，认知运气只会影响我们对主体记录（agent record）的评价，而不会影响我们对主体价值（agent worth）的评价。因此，即使在存在运气的情况下，关于知识的这种德性论的分析，依然能够对认识主体做出恰当的认知评价。

最后，也是最重要的一点，知识与运气如何能够相容？或者，缺少"视点"的知识何以可能？对这个问题的回答很大程度上取决于我们如何理解知识和运气的关系，而这种理解是否恰当，又依赖于我们对 T1 的解读。根据 T1，S 出于自身的智识德性而相信 P，构成了"S 相信 P 为真"的原因。根据一种解读，它似乎表明：只要 S 出于自身的智识德性而相信 P，S 也就因此而获得了一个真信念，因而也就获得了相应的知识。但是，这种解读是有问题的。原因在于：它忽略了一种常见的"认知失败"（epistemic failure）现象。"盖提尔问题"给我们提供的一个深刻教训就在于：在认识论的实践中，尽管某个人付出了巨大的认知努力（例如，他费尽心力地为信念 P 提供各种理由和证据），但他往往还是会失败，并未因此就获得相应的知识。这种现象表明，在一种特定

---

① Greco, John, "Virtue, Luck and the Pyrrhonian Problematic", *Philosophical Studies*, 130 (2006), p. 23.

② Ibid., p. 24.

的认识论的意义上，付出与回报是不对等的。这种不对等归根结底是由两个概念（辩护和真）的先天分离造成的。当我们说一个信念是得到辩护的，显然是基于认识主体第一人称的视角对信念认知地位的评价；而一个信念是否为真，是一个形而上学或语义的问题，它独立于主体对该信念的认知评价。

所以，在认知实践中，一个人能否成功，即他通过某种方式所获得的真信念能否转化为知识，不仅取决于自身的努力，而且还取决于"世界的合作"。① 正如格里克所正确指出的那样：

"……单凭德性本身从来都不能导致真信念。相反，它（真信念）通常是由德性再加上世界的配合共同导致的结果。……德性自身并不能决定智识上的成功，这种成功通常是德性和促成条件（enabling circumstance）共同作用的结果。"②

至此，我们可以简单勾勒出格里克的想法：

智识上的成功（获取知识）＝智识德性＋世界的合作。

世界是否配合取决于它的实际面貌，外在于认识主体的认知作为，因而是一种运气。

所以，在这种意义上，知识可以与运气相容。

但是，世界的实际面貌只能决定主体的记录（或责任），而不能完全决定主体的价值（或德性）。

所以，运气只能影响我们对主体记录的评价，而不能影响我们对主体价值的评价。

知识从根本上是基于认识主体智识德性的一种成功。

因此，即使缺少某种"视点"，我们依然能够拥有真正的知识。

让我们以格里克本人的一段经典的话来结束这一部分的讨论：

---

① 需要说明的是，这里预设了一种关于"真"的常识看法：一个信念或命题是否为真，在于它是否符合特定的事实或事态。我并不打算质疑这种看法，相反，我认为这种看法是契合我们的直觉的。事实上，无论我们持有什么样的关于"真"的看法或理论，从根本上并不影响认识论的相关讨论。

② Greco, John, "Virtue, Luck and the Pyrrhonian Problematic", *Philosophical Studies*, 130 (2006), p. 28.

"我们现在来思考,一个人在黑暗中寻找黄金,不过,他是借助自己可靠的认知能力来做的。或许,他能够嗅到黄金的气味,或者感觉到它特有的重量。这应不应该被视为'一种纯粹的基于运气的成功'?当然不应该,因为它是基于能力的成功。我们假定,这个人并不能解释,他如何在黑暗中可靠地找到黄金。或者假定,他并不拥有关于其可靠性的信念。这种假定并不对他拥有这种认知能力构成反驳,而且也不能诋毁他的认知声誉,这种声誉来自他基于其认知能力所获得的成功。……来自智识德性的成功可归功于认识主体,并且独立于该主体对这些德性的观点。"①

四 为什么（AR）不能成功应对皮浪主义的挑战？

在这一部分,笔者将基于三点理由说明（AR）不能成功地应对皮浪主义的挑战。前两点借鉴普利查德（Pritchard, D.）对格里克的批评,② 最后一点基于我本人最近对"意见分歧"（disagreement）的一些思考。

第一,正如普利查德所指出的那样,"借助认识主体自身的认知德性,不足以为我们提供一个完备的知识理论"。③ 原因在于:它无法处理一些盖提尔式的例子,因为我们可以设想这样一些情况,在其中,即便认识主体基于自身的认知德性而形成一个真信念,但该信念仍有可能

---

① Greco, John, "Virtue, Luck and the Pyrrhonian Problematic", *Philosophical Studies*, 130 (2006), p. 29.

② 限于篇幅,下文的讨论高度概括,更详细的讨论可参见 Pritchard, Duncan, "Greco On Reliabilism and Epistemic Luck", *Philosophical Studies*, 130 (2006), pp. 35–45。

③ Pritchard, Duncan, "Greco On Reliabilism and Epistemic Luck", *Philosophical Studies*, 130 (2006), p. 38.

是"盖提尔式的"。①

第二,格里克对认知运气的刻画有失偏颇。根据格里克的说法,运气是外在于主体自身的思考、选择和行动的东西。也就是说,一件事情的发生是运气的结果,仅当它并非主体自身的认知所为(epistemic doing)。但是,这种说法显然是错误的,因为"根据这种说法,所有事件均可算作运气。例如,太阳今早升起。这件事显然外在于我的思考、选择和行动,但不能据此认为它是运气的结果"。②

为了更好地刻画认知运气,普利查德提供了一种模态说明。某一事件是一种运气,意味着"尽管它发生在现实世界中,但在大多数与现实世界类似的临近世界中,它并未发生,即使在这些临近世界中,引发该事件的相关的初始条件与现实世界中的(初始条件)并无二致"。③

在这种意义上,如果我们直觉上认为知识需要排除运气,那么,这意味着:我们所追求的关于知识的说明,不仅要求认识主体的信念在现实世界中为真,而且还要求它在大多数临近的可能世界中亦为真。根据这种说明,普利查德区分了两种运气,即客观运气和主观运气。二者的差异取决于我们如何排列可能世界。在对前者进行界定时,我们按照现实世界中的事实所发生的惯常方式,排列可能世界;而在界定后者时,我们则按照主体所持有的关于现实世界的观点来对可能世界进行排列。毫无疑问,认识主体总是透过自身的观点来看待现实世界。通常情况下,主体都有充分的理由认为,哪些事实构成了现实世界中的事实。那么,在界定主观运气时,我们对可能世界的排序,必须依照主体所拥有的这些充分的理由。

借助这种区分,我们得以重新评估格里克和皮浪主义者之间的争

---

① Zagzebski 曾提出这样一个例子:一个人运用她可靠的认知官能,形成一条真信念——"她丈夫在屋里"。但她有所不知的是,她看到的那个人实际上是她丈夫的弟弟(和她丈夫长得非常像),而她丈夫当时正好就坐在他弟弟的身后。所以,按照这种方式所形成的真信念仍旧是"盖提尔式的"。转引自 Pritchard, Duncan, " Greco On Reliabilism and Epistemic Luck", *Philosophical Studies*, 130 (2006), p. 38。

② Pritchard, Duncan, " Greco On Reliabilism and Epistemic Luck", *Philosophical Studies*, 130 (2006), p. 39.

③ Ibid. .

论。假定一个人（S1）只是借助可靠的嗅觉形成一个真信念——"他面前的东西是黄金"。而他的同伴（S2）不仅按照同样的方式形成该信念，而且还拥有关于这种可靠性的视点。根据上文关于客观运气的界定，二者所持有的信念都不是凭运气为真的信念，因而二人均可算作知识主体（knower）。如果仅停留于此，格里克无疑是对的。因为：我们完全可以设想，有一些认识主体，他们即使缺少关于其信念可靠性的视点，但他们按照某种方式所形成的真信念，仍旧不是运气的结果。根据格里克的论证，拥有一种可靠的认知能力，足以使得认识主体形成并非凭运气为真的信念：它们不仅在现实世界中为真，而且在相关的临近可能世界中也为真。更重要的是，拥有这种能力无论如何都不依赖于认识主体所持有的关于其可靠性的视点。

但是，从主观运气的角度看，S1 和 S2 所形成的真信念存在明显的差异，这种差异体现为：由于 S2 拥有关于其可靠性的视点，所以在大多数临近的可能世界中，S2 按照同样的方式形成该信念，他都有充分的理由认为，按此方式所形成信念为真；由于 S1 缺少这种视点，所以，即使他在现实世界中所形成的真信念并非运气，但在大多数临近的可能世界中，他并没有充分的理由认为，按同样的方式所形成的信念为真。

至此，我们已经表明，如果知识从根本上需要排除认知运气，那么，就客观运气而论，（AR）至多和皮浪主义者做得一样好；就主观运气而论，（AR）具有明显的劣势。接下来，我想要指出的是：在面临意见分歧时，（AR）的这种劣势尤为突出。

第三，（AR）不能成功地应对一种基于"意见分歧"的皮浪式的怀疑论论证。意见分歧所引发的一些重要的认识论上的问题，已引起当今认识论学者的广泛关注。简单地说，认识论领域的意见分歧是指：两个同样可靠、同样理性的认识主体，他们都能够对证据做出恰当的回应，面临同样的证据却得出相互冲突的结论。无可否认，同人间的意见分歧在认识论领域甚至在整个哲学领域随处可见。基于此，一种皮浪式的怀疑论论证是这样的：就某一个争论的议题而言，除了争论双方之间实际存在的意见分歧之外，任何一方都没有独立的理由认为对方犯了错。因此，任何一方都无法以一种非乞题（begging-the-question）的方式解决意见分歧。所以，在大量充满争议的问题上，争论双方应当持有一种不可知论（怀疑论的一种形式）的态度：悬置判断。

该论证具有较强的论辩力量。方便讨论起见，我们姑且将格里克所捍卫的观点称为"非反思的知识观"（unreflective view of knowledge, UV），将皮浪主义者所捍卫的观点称为"反思的知识观"（reflective view of knowledge, RV）。直觉上看，在面临意见分歧的情况下，持有（UV）的个体和持有（RV）的个体相比，在认知实践中更可能滑向皮浪式的怀疑论的立场。也就是说，在出现意见分歧的情况下，（RV）至少在论辩上能够更有效地抵制一种怀疑论的结论。假定你和你的一位朋友就某一问题产生意见分歧，而你是（UV）的拥趸。在这种情况下，你当然可以对你的朋友说："我对自己认知能力的可靠性充满自信，而你居然在这个问题上不同意我的看法，所以，我们之间的分歧本身就是你犯错的证据。"可是，问题的关键在于：由于你缺少关于自身可靠性的视点，所以在你的认知实践受到挑战的情况下（意见分歧的情况），你并没有充分的理由相信你的认知能力是可靠的。因此，你们之间的分歧，同时也可能是你犯错的证据。既然你并不拥有这种分歧之外的独立证据，以表明你的朋友犯了某种认知上的错误，同时考虑到这种情况所具有的一种明显的对称性，你和你的朋友似乎都不得不放弃自己原初的信念，其结果往往会陷入一种不可知论（悬置判断）的立场。

可是，假定你面临同样的情况，而你此时是（RV）的忠实拥趸，结果会大为改观。由于你拥有关于自身可靠性的视点，这就意味着，当你的认知实践受到实际的或可能的挑战时，你对自身可靠性的反思，本身也构成你相信自己初始信念的证据或理由。这种证据来自你对初始证据的某种"觉识"（awareness），因而是一种高阶证据。在我看来，在面临意见分歧的情况下，这种高阶证据的规范力量，（至少在论辩上）可以有效地抵制怀疑论的结论。

在谈到有神论者相比无神论者所具有的认知优势时，笛卡尔表达了类似的想法：

"一个无神论者能够'清楚地意识到三角形三内角之和等于两直角之和'，对于这一点，我没什么好争论的。但是，我坚定地认为，这种意识并不是真正的知识,因为:任何能够受到质疑的意识行为,似乎都不能被恰当地称作知识。既然我们假定,该个体是一个无神论者,那么他无法确定:在这些在他看来相当明显的事情上,没有受到欺骗。尽管这种怀疑可能并未发生在他身上,但是,只要另外一个人提及这一点或者他亲自细究这件事,那么它就会出现。因此,除非他承认上帝存在,否则他永远不能免遭这种怀疑。"①

索萨在分析反思性的知识时,曾这样说道:

"如果一个人(反思性地)知道(一件事情),那么他必须相信(至少隐含地相信)自己知道,这意味着:一旦他有意识地面临这个问题(即:他是否知道)时,他会给出肯定的回答。"②

无论是笛卡尔还是索萨都强调,真正的知识必须能够有效地消除可能的怀疑或质疑。而要做到这一点,必须借助认知主体对自己所处的认知状态的反思。

五 结论

皮浪主义和可靠主义之间的争论,从根本上关系到我们应如何看待人类的认知状态。根据前者,人类的认知状态不仅包括初始证据对相关信念的客观支持,而且还包括主体对初始证据支持关系的反思。就人类的认识旨趣而言,对反思知识的追求理应成为我们永恒的事业。放弃对反思性的追求,也就从根本上偏离了整个知识论研究的正确轨道。

---

① *The Philosophical Writings of Descartes* (Vol. 2), edited by J. Cottinghan, R. Stoothoff, and D. Murdoch, Cambridge University Press, p. 101.

② Sosa, Ernest, "How to Resolve the Pyrrhonian Problematic: A Lesson from Descartes", *Philosophical Studies*, 85 (1997), p. 232.

"The Pyrrhonian Problem" and the Reliabilist Response

(Pan Lei, Wuhan University, 430072)

Abstract: The Pyrrhonist holds that all knowledge must be grounded in good reasons. On the contrary, according to the simple version of reliabilism, knowledge is reliably formed true belief. Moreover, not all processes producing knowledge must involve good reasons. On the other hand, according to agent reliabilism firstly put forward by John Greco, only those processes which grounded in agent's intellectual virtue can give rise to knowledge. In this essay, I will show that agent reliabilism can not deal with "the Pyrrhonian Problem" successfully for three reasons.

Keywords: "the Pyrrhnian Problem"; reliabilism; luck; disagreement

疼痛与知觉的不对称性论证未推翻强表征主义

李 楠[*]

摘要：强表征主义需要做出无局限承诺，这种承诺面临着挑战，尤其是诉诸于"不对称性"的论证：在假设知觉的透明性成立的前提下，疼痛的现象特征与知觉经验的现象特征有某种显著的差异，所以不能被强表征主义成功说明。强表征主义者可以对疼痛表征的外在性质进行说明，两类不对称性论证并不成功。结论是，如果强表征主义可以成功地说明知觉经验，那么也可以用同样方式说明疼痛经验。

关键词：强表征主义；现象特征；疼痛的情绪性特征；不对称性论证

一 引言

现象特征是我们的心智状态质的方面，指的是当主体处于某个心智

---

[*] 李楠，大连理工大学人文学院哲学系博士后，主要研究领域为心智哲学，Email：linan@whu.edu.cn。本文得到第55批中国博士后科学基金（2014M551100）与中央高校基本科研业务费专项资金［DUT13RC（3）75］资助。

状态时感觉起来是"什么样的",以我此时头痛为例,头痛经验的现象特征就是头痛之于我感觉起来如何。对于现象特征的说明目前在哲学领域、科学领域都是个困难的问题。一方面,我们似乎不能满意地解释究竟为什么会有现象特征①。另一方面,如何说明不同现象特征之间的区别,学界也没有达成一致意见:看到红色是这个样子,而看到绿色是那个样子,疼感觉起来很难受,痒感觉起来是另外一种"难受"等;这些不同感受究竟是哪(些)方面的差异造成的?对于上述问题,尤其是第二个问题,表征主义(Representationlism)是近年来备受瞩目的一种解答方案。表征主义内部又流派纷呈,各种分支理论的共同点在于诉诸意识的表征内容来解释意识的现象特征。强表征主义(Strong Representationlism)进一步宣称,现象性质就是意向性,就是表征性质;某个经验之所以有如此这般的现象特征是因为这个心智状态实现了特定的表征性质,或,表征了特定的内容。强表征主义的流行部分源自哲学自然主义的兴盛。强表征主义"将现象特征……踢到外部世界"②;如果每个现象特征不过是某种表征内容,那么只要再给出一个自然主义的表征内容理论,现象特征就被彻底自然主义化了③。

强表征主义说明的范围必须是"无局限的"(unrestricted)④,即强表征主义必须做出"无局限性承诺"——将现象性还原为意向性的策

---

① 可设想性论证,如僵尸论证(Zombie Argument),即基于这种思路论证现象意识是非物理的。与可设想性论证的相关讨论可参见 Chalmers, D. J., *The Conscious Mind: In Search of a Fundamental Theory*, Oxford University Press, 1996; "The Two-Dimensional Argument Against Materialism", *Oxford Handbook to the Philosophy of Mind*, eds. McLaughlin, B. P. and S. Walter, Oxford University Press, 2009; 李楠《僵尸论证并不能驳倒物理主义》,《自然辩证法通讯》2012年第4期; 李楠《现象概念与现象属性——为属性二元论申辩》,博士学位论文,武汉大学, 2013年6月。

② Shoemaker, S., "Content, character, and color", *Philosophical Issues*, 13 (1), (2003), p. 256.

③ 但这并不等于说非表征主义理论与自然主义不相容,即使现象性质不能还原为意向性,也可以还原为其他物理性质。例如,反对表征主义的布洛克(Ned Block)同时也坚持物理主义。

④ Kind, A., "Restrictions on representationalism", *Philosophical Studies*, 134 (3), (2007), p. 407.

略必须能够适用于所有的感觉经验①，不仅仅包括视觉、听觉等感官知觉，也包括疼、痒等身体感觉。这样，强表征主义既要成功地解释视觉等知觉（perceptions），又要成功地解释疼痛这样的身体感觉（bodily sensations）。近年来出现的一类对强表征主义的挑战是：疼等身体感觉和视觉等知觉经验之间存在显著的差异，强表征主义不能使用解释视觉经验的模式去类似地说明疼，换言之，对于视觉经验内容的表征主义说明不能一般化到各种其他的经验内容，无局限性承诺失败。我将这类论证统称为不对称论证（Argument from the Asymmetry）。这里要注意的是：不对称论证的使用者都假设强表征主义对于视觉经验的说明是成立的，存在强表征主义对于现象特征的典范说明模式；这是因为，不对称论证的要点就在于疼与视觉经验具有显著差异，不能按照那个典范说明模式被说明。所以下文也以强表征主义能成功说明知觉为出发点，这个假设是强表征主义者和其诉诸于不对称论证的批评者之共同起点。近年来，不对称性论证集中在围绕疼痛经验的争论上。通过重构和回应两类诉诸疼痛经验与知觉经验的"不对称性"论证，本文的结论是目前的不对称性论证并不能推翻强表征主义。

二 从经验的透明性到两类不对称性论证

支持强表征主义的理由主要来自于知觉经验的"透明性"（the transparency of perceptual experience），常被引用的说法来自哈曼（Gilbert Harman）："看一棵树并且努力将注意力转向你视觉经验的内在

---

① 如果表征主义是有局限的，例如，只解释视觉的现象特征（看到红色和看到绿色的经验不同是因为被看到的东西的自然属性不同），而承认自己不能解释身体感觉的现象特征（疼和痒的现象特征不同不是由于被表征的自然属性不同），那么视觉现象特征与身体感觉现象特征之间的差别不能通过表征内容来解释，那么通过什么来解释？也许表征主义者可以借用其他理论，比如与功能主义联合，各自解释一部分现象特征；但是功能主义者无须将自己的解释范围限制于表征主义不能解释的经验类别，即功能主义全面地说明各种经验的现象特征，表征主义成为冗余的。

特征……你会发现你能注意到的仅仅是视野中树的特征。"[1] 据哈曼的说法，透明性论题说的是我们对知觉经验进行反思时直接"透过了"知觉状态本身，觉知到[2]的只有引起经验的外物的性质，而非经验内在的性质。

强表征主义最著名的支持者泰（Michael Tye）也将经验的透明论作为支持强表征主义的一个重要理由，并将这个论证定性为诉诸最佳解释的（Inference to the Best Explanation）论证：对于经验的透明性这一事实的"最好的假设"[3]是强表征主义。

具体来说，视觉经验透明性指的是：

> 当我们对视觉经验进行内省（introspection），即，"观察"我们当下的经验，我们直接关注的对象是被看到的外物，而不是经验本身，这个被经验到的对象是可公共观测的（publicly observable）物理表面；经验本身的特征——即现象特征——并不是被直接觉知到的，而是通过觉知外物的特征而觉知到的，是间接得知的。[4]

知觉经验的透明性是对我们实际上拥有的经验特征的真实描述，是待解释的日常现象，强表征主义者由此做出下述结论。

（一）对于以上事实的最佳解释是经验的现象特征（心理的事物、头脑之中的）等同于某种表征内容——"某些外在的特征进入这些内

---

[1] Harman, G., "The intrinsic quality of experience", *Philosophical Perspectives*, 4 (1990), p. 39.

[2] 坎德将这种关于经验的透明论区分为强的和弱的：坎德认为强表征主义成立需要强的透明论，但哈曼所言的经之"透明"只是弱的。本文论证并不依赖于哈曼的说法，并且如前文所言，本文工作的前提是使用不对称论证的批评者承认强表征主义对于视觉经验的说明是成功的，这体现在批评者承认诉诸视觉经验透明性的论证是合理的。见 Kind, A., "What's so transparent about transparency?", *Philosophical Studies*, 115 (3), (2003).

[3] Tye, M., *Consciousness, Color, and Content*, MIT Press, 2000, p. 48.

[4] Tye, M., *Consciousness, Color, and Content*, MIT Press, 2000, pp. 47–53; Tye, M., "Representationalism and the Transparency of Experience", *Nous*, 36 (1), (2002), pp. 137–143.

容"①。

（二）以上论证步骤对于其他非视觉的知觉经验（如听觉经验）适用，对身体感觉也同样适用。

结论（二）显然过于简单仓促。因为知觉与身体感觉的差异大于不同知觉之间的差异，透明性对于身体感觉，如疼、痒，并不那么明显成立。具体说来，我们将诉诸经验透明性之论证中使用的视觉经验换成疼的经验，从而得到疼痛经验的透明性论题：

> 当我们对疼痛经验进行内省（introspection），即，"观察"我们当下的经验，我们直接关注的对象是被经验到的外物（如疼的身体部位），而不是经验本身，这个被经验到的对象是"可公共观测的"（publicly observable）②；经验本身的特征——即现象特征——并不是被直接觉知到的，而是通过觉知外物的特征而觉知到的，是间接得知的。

强表征主义的反对者认为，上述关于疼痛的透明性论题并不可信。疼痛的不透明，或者疼痛经验与知觉经验的不对称体现在两个方面：被关注的对象——对疼痛经验内省时关注的对象不同于知觉经验，觉知的次序——对疼痛经验内省时觉知的先后次序（外物的特征是直接觉知还是间接觉知）不同于知觉经验。相应地，诉诸不对称性的论证可分为两类：一是诉诸被觉知物的不对称；二是诉诸觉知次序的不对称。

三 诉诸被觉知物的不对称性

第一类反驳的思路是：对视觉经验与疼痛经验分别进行内省，被觉知到的性质具有重要的差异，以至于强表征主义即使能成功说明前者，

---

① Tye, M., *Consciousness, Color, and Content*, MIT Press, 2000, p.48.
② Ibid., p.46.

也不能以类似的说明模式处理后者。现在学界普遍认为,能被内省到的疼痛的现象特征包括两类:疼的部位、剧烈程度等"分辨性"(sensory-discriminative)特征和糟糕的、难受的、负面的"情绪性"(affective)特征[1],正是情绪性特征使得我们想摆脱疼痛。相应地,诉诸被觉知物不对称性的论证又可细化为两类:疼痛的情绪性特征与知觉经验的不对称,疼痛的分辨性特征与知觉经验的不对称。

诉诸疼痛情绪性特征的不对称性论证主要思路是:知觉经验并没有情绪性特征,且我们对疼痛进行内省时能觉知到情绪性特征,这种疼的负面性并不显然表征某个自然的、客观的性质。一般来说,某事物的负面特征体现在我们对该事物的价值评判上,并不等同于或依随于某个特定的自然性质。看完同一部电影,我说这个电影很糟糕,而另一个人说这个电影很好看,这说明电影的好坏这种价值属性并不是等同于、也不依随于(supervene on)电影作为客观事物的自然性质。如果疼的负面特征也不是任何自然性质的表征内容,就意味着疼不能被完全地还原为自然性质,这有悖于强表征主义的初衷。显然强表征主义者有责任说明疼的负面特征表征了什么样的自然性质。

第二类不对称性论证利用的是知觉(如视觉)经验中被觉知的特征与疼痛经验分辨性特征的差异。布洛克(Ned Block)指出,视觉经验中存在"表面性质"(the apparent properties)与"客观可达性质"(objectively assessable)[2]的区分;前者指外物呈现给主体的样子,而后者指外物具有的独立于经验者的性质。以看到红色的视觉经验为例,主体看到红色的感觉与红色事物表面的反射率(被表征物自身的性质)是不同的。然而,疼痛经验中并不存在客观性质与表面性质之分。具体言之,视觉经验中客观性质与表面性质之分体现为。

1. 视觉经验存在幻觉——表面性质表征的不是真实的客观可达

---

[1] Aydede, M., "Pain", *Stanford Encyclopedia of Philosophy*, ed. Zalta, E. N., 2008, section 4.3.

[2] Block, N., "Bodily Sensations as an Obstacle for Representationism", *Pain: New Essays on its Nature and the Methodology of its Study*, ed. Aydede, M., Cambridge Ma: Bradford Book/Mit Press, 2005, p. 138.

性质;

2. 事物的客观可达性质独立于任何表征系统而存在——无人经验也有颜色;

3. 一多呈现性:同一种客观可达颜色具有多种呈现的表象——例如,一面颜色均一的墙壁在不同角度光照之下其不同部分呈现给我们不同的表面性质。

相比之下,疼痛经验的分辨性特征并不涉及客观可达性质与表面性质的二分:

1* 不存在疼痛的幻觉——只要我感到疼,那么我就是真的疼;

2* 疼痛经验的存在依赖于疼痛者的存在——无人经验则无疼;

3* 疼没有一多呈现性——不同的疼的表象就对应不同类型的疼,任意两个不同的呈现给主体的表面性质(例如绞痛和酸痛)就表明存在两种不同的疼,绞痛和酸痛表征的是两种不同的客观性质。

回应

诉诸被觉知物的不对称性论证并不难应对。反对者强调,知觉经验表征的是外部世界的性质,客观可达性质与表面性质之分正是外物本身的性质与其呈现的特征(表征内容或表征性质)之分;强表征主义者只需找到疼痛所表征的自然性质即可,一个合理的论断是:对于疼痛经验来说,这个客观可达性质是导致疼痛感受的身体部位的性质。特别地,强表征主义者对于疼痛经验情绪性特征的最新说明是:疼的情绪性特征,即负面特征表征了失调身体部位的有害性或者有害的倾向;有害性被定义为对某个目的论系统(teleological system)正常功能运行的阻碍[1],作为经验者的人类个体可被看作一个目的论系统。既然一个系统的功能可以被看作自然的性质,那么对这些功能的阻碍也是自然性质。这样,正如看到红色的视觉经验表征的是一个自然性质——物体表面折射某特定波长的光线,疼的情绪性特征表征的也是一个自然性质——失

---

[1] Cutter, B., and M. Tye, "Tracking representationalism and the painfulness of pain", *Philosophical Issues*, 21 (1), (2011), pp. 99–100.

调肌体的有害性。

既然疼痛表征的是外部世界（失调的身体部位）的客观性质，那么疼痛经验也涉及客观可达性质与表面性质的二分。关于疼痛经验分辨性特征的不对称性论证，泰指出，可以通过区分"疼"这个概念的两种用法来回应："疼"这个概念实际上有两种用法，一种指称经验本身，另一种指称疼所表征的客观可达性质，分别标注为"疼$_E$"和"疼$_O$"。①诉诸疼痛分辨性特征与知觉的不对称性论证并不成功，因为疼痛经验也涉及表面性质和客观性质之分，分别由"疼$_E$"和"疼$_O$"指称。更具体地，疼痛分辨性特征，与知觉类似的，有如下表面特征与客观特征的二分。

1** 幻觉的疼痛是存在的——例如幻肢疼。就表征了不真实的客观性质，患者认为疼的部位并不存在，所以疼表征的客观性质并不存在，即使疼的表面性质存在；

2** 无人经验仍有疼$_O$，虽然无人经验则没有疼$_E$；

3** 视觉经验其一多呈现是由于其他因素（如光照不同）影响的结果，类似地，同样一种肌体的性质疼$_O$也会由于其他因素的干扰被表征为不同的疼$_E$——例如，在伤口上撒盐会使得疼痛更加剧烈，而全神贯注的运动员则感受不到肌肉拉伤的疼痛。

虽然强表征主义能找到与知觉的被觉知物平行的、疼痛所表征的客观性质，但是，透明性论题还有一个不可忽视的要求：在内省中直接觉知物是（关于）外部世界的。知觉显然满足这个要求，我们直接觉知的是"花是红色的""天空是蓝色的"；对于疼痛的分辨性特征而言，说我们直接觉知的是相关身体部位的特征——例如，"胸口像被针扎了"——也可以成立；但是，"通过对疼痛的情绪性特征进行内省，我们直接觉知外物的特征"这个说法则不那么自然，这就是第二类不对称性论证。

---

① Tye, M., "Another Look at Representationalism and Pain", *Pain: New Essays on its Nature and the Methodology of Its Study*, ed. Aydede, M., Mit Press, 2005, p. 164.

四 诉诸直接觉知的不对称性

现在假设强表征主义者的说法成立——疼的情绪性特征表征了肌体失调的有害性。疼的情绪性特征（负面性）与知觉经验的现象特征之间仍然存在显著的不对称性：对疼痛情绪性特征的内省时，被直接觉知的并不是外物的有害性；相反，我们直接觉知的是经验的负面性。这种不对称性反映在关于疼的当下判断和信念中。艾迪迪与福克森（Aydede & Fulkerson）指出，我们将疼痛其负面特征"优先地""第一序"赋予经验，而不是相关的身体部位；视觉经验的现象特征则相反，是优先地被赋予被表征物的，二者的不对称性破坏了强表征主义的无局限性承诺。[1]

更具体地，根据我们将经验到的特征优先赋予何物，艾迪迪与福克森区分了两种观点：

外物优先观（Objective View）：现象特征优先地、第一序地被赋予（被经验到的）外物，第二序地被赋予经验本身。

经验优先观（Experience View）：现象特征优先地、第一序地被赋予经验本身，第二序地被赋予外物。[2]

外物优先观与经验优先观的差别可以通过下述例子来进一步说明：当我经受糟糕的头痛，按照外物优先观，这个"糟糕"的性质首先被赋予我的头部，如果说我的疼痛经验是糟糕的，这是因为我的头部状况是糟糕的；相反，按照经验优先观，这个"糟糕"的性质首先被赋予

---

[1] 艾迪迪和福克森使用外物优先观与经验优先观的区分给强表征主义构造了一个两难困境：要么采取外物优先观，要么采取经验优先观；外物优先观是错；经验优先观与强表征主义不相容。本文说明外物优先观是合理的，这足以回应艾迪迪和福克斯的论证，限于篇幅本文不讨论经验优先观造成的困境。

[2] Aydede, M., and M. Fulkerson, "Affect: Representationalists' Headache", *Philosophical Studies*, (forthcoming), p. 3.

我当下的经验，如果说我的头部状况是糟糕的，那是因为我的经验是糟糕的。如何判断我们对某种现象特征采取的是不是外物优先观呢？艾迪迪和福克森提出这样一个标准：关于该现象特征的信念和报告是否符合"语义平行论"。我们针对当下经验的现象特征的直接的判断或信念——感觉判断——是有真值条件的：按照外物优先观，感觉判断是否为真的根源在于外物是否具有那个特征（经验是否具有那个特征只是衍生性的）。另外，我们的经验是真实的还是幻觉也取决于我们的经验内容是否"追踪"（track）[①] 被表征外物的性质。这样，感觉判断为真的条件与经验的真实条件是吻合的，这就是"语义平行论"（semantic parallelism）[②]，下述是一个简洁的说法：

(平行论)：经验 e 直接引起的感觉判断 p 是真的，当且仅当，e 是真实的。

语义平行论对于视觉等知觉经验是成立的。我基于我的视觉经验当下形成感觉判断是"天是灰色的"。这个感觉判断是真的，当且仅当，被我此时看到的天空确实是灰色的，即我的这个经验是真实的而不是幻觉。这样，争论的焦点集中到，对疼痛负面特征的感觉判断是否符合语义平行论？艾迪迪和福克森认为答案是否定的，他们举出了违反语义平行论的反例——有益的疼痛——为自己的答案提供支持。前文已述，根据强表征主义者最新的观点，疼痛经验的负面特征表征的是"在某种程度上是（倾向于）有害的"。所以，若语义平行论之于疼痛负面特征成立的话，则我的感觉判断"这很疼"是真的，当且仅当，相应的失调的肌体组织在某种程度上是有害的；然而，艾迪迪和福克森指出，存在有益的疼痛这类情况，主体的感觉判断是真的，然而相应的肌体组织完全无害。例如，当医生为了避免可能的感染和并发症而除掉疤痕组织，患者感到疤痕部位疼痛，当下形成感觉

[①] Aydede, M., and M. Fulkerson, "Affect: Representationalists' Headache", *Philosophical Studies*, (forthcoming), p. 14.

[②] Ibid., p. 9.

判断"这很疼";虽然引起疼痛的身体部位是无害的,甚至医生的处理对于患者的身体正常运行是有益的,但是患者的疼痛经验仍然是真实的,其感觉判断是真的。"没有(独立)证据能够让我相信'这对我有益但太疼了'是一个语义上矛盾的判断('这'指移除疤痕,'有益'指无害的)"[1]。总之,对于疼痛的负面特征而言,我们似乎总是将其优先地赋予经验本身,而非任何被表征的肌体组织。

回应

"有益的疼痛"这类情况并不是语义平行论、外物优先观的反例。强表征主义者可以承认在这类情况中,感到疼痛的主体其经验是真实的、判断是正确的,但这并不违反语义平行论,因为相关的身体部位确实在某种意义上是有害的。具体来说,"有害"是一个很模糊的范畴,我们至少可以进一步区分为"局部的有害"和"全局的有害",二者的区别在于有害持续的时间、波及的范围以及对于未来整个目的论系统的影响不同。打针时感到的疼痛表征的性质是局部有害的肌体受损;尽管当下被穿刺的皮肤和肌肉组织确实受到了损伤,局部的功能被阻碍了,但是就未来这个系统的正常运行而言,这种局部的受损并不是有害的,即打针疼痛表征的肌体失调是局部有害的,而非全局有害的。对于某一个目的论系统实现其功能而言,短暂的、小范围的功能受阻也许在长远的、全局意义上却是有益的。回到艾迪迪与福克森的例子,去除一块疤痕组织就受损的皮肤和血管而言是局部有害的,但是在全局意义上却是无害的,能够阻止进一步可能的各种并发症等,这就是所谓的"有益的"疼痛——并非全局有害的。如果强表征主义者将疼痛负面特征的表征物进一步限定为局部有害的失调肌体组织,那么有益的疼痛就不再违反语义平行论了。

反对者也许会指出,如果存在局部无害的真实疼痛,那么语义平行论还是会被违反。因为,据语义平行论,如果相关的肌体组织甚至并非

---

[1] Aydede, M., and M. Fulkerson, "Affect: Representationalists' Headache", *Philosophical Studies*, (forthcoming), p. 12.

局部有害（也非全局有害），那么关于负面特征的感觉判断是假的，疼痛经验是不真实的。这需要我们考察一类完全无害（既非局部有害亦非全局有害）的疼痛经验。一个典型的例子是"牙科恐惧"（dental fear）：某些牙病患者在接受补牙等治疗时，尽管被电钻打孔的牙齿已经没有神经，但是患者报告说随着电钻的震动他感到了牙齿被钻处的疼痛。当患者得知牙齿已经没有神经不会产生疼痛感后，再进行电钻，患者就不会再有和之前一样的痛感。对这种现象广泛接受的解释简单来说，是患者对于电钻的恐惧被错误地传达给大脑，最终产生了类似疼痛的反应[1]。对于目前的讨论，"牙科恐惧"例子的关键在于，患者之前的感觉判断"这真疼"是错误的，疼痛的感觉是不真实的，而且患者也愿意承认这一点。天空不灰的事实可以说服我承认看到灰色天空的视觉经验是不真实的、相应的感觉判断是错的，同样的，根本不存在局部有害的肌体组织也可以说服我承认疼痛经验是不真实的。于是，语义平行论没有被违反。另外，"牙科恐惧"的例子还可以作为疼痛情绪性特征的经验优先观的反例，我们对"牙科恐惧"的现象信念和报告表明我们并非优先地将疼痛的负面特征赋予经验本身。

小结一下，通过进一步区分局部的有害性与全局的有害性，强表征主义可以将疼痛负面特征表征的客观性质限定为相关肌体组织的局部有害性，从而能够说明有益的疼痛是真实的，而"牙科恐惧"是非真实的，两类例子都符合语义平行论和外物优先观，这与知觉经验情况一致，即第二类不对称性论证失败。

五 结论

强表征主义可以用说明知觉经验的方式平行地处理疼痛经验，特别地，疼痛的情绪性特征（疼的负面性）并不构成特别的困难；两类不

---

[1] Rosenthal, D. M., "Explaining Consciousness", *Philosophy of Mind: Classical and Contemporary Readings*, ed. Chalmers, D. J., Oxford University Press, 2002, p. 415.

对称性论证都不成功,诉诸透明性的论证可以平行地应用于疼痛的现象特征。需注意的是,这个结论并不等同于承认强表征主义的胜利,因为本文论述的基础是假设强表征主义对于视觉等知觉经验现象特征的说明是成立的,结论也仅仅是,如果这个假设成立,那么疼痛这样的身体感觉并不构成对强表征主义特别的挑战。这个结论,对于强表征主义者来说,意味着无须为不对称性论证烦恼,另外,对于反对者而言,意味着要着眼他处对强表征主义进行批评[①]。

Arguments from the Asymmetry of Perception and Pain Fail to Refute Strong Representationalism

(Li Nan, Dalian University of Technology, 116023)

Abstract: Strong Representationalism has to take the unrestricted form. The unrestricted Representationalism faces the challenge from the argument from the Asymmetry, according to which the significant asymmetries between the phenomenal characters of pain and those of perceptions result into the failure of unrestricted Representationalism, even if the representational account of perception succeeds. There are two types of arguments from the asymmetry between pain and perception. Strong Representationalism can rebut the two arguments by offering a naturalistic account of pain. The conclusion is that if Strong Representationalism is right about perceptions, it can analogously account for pain.

Keywords: Strong Representationalism; phenomenal characters; the affective affect of pain; argument from the asymmetry

---

① 笔者认为,强表征主义真正的缺陷在于:知觉经验的现象特征并不能被表征主义说明,知觉经验并不是透明的,诉诸知觉经验的透明性论证并不成功。当然这需要在另一篇文章里具体论述。

宗教哲学研究

托马斯·阿奎那的人类认知结构

魏亚飞　翟志宏[*]

摘要：托马斯和亚里士多德一样认为我们的经验知识是可靠的，但是亚里士多德并没有对经验知识的可靠性进行辩护，他仅仅是诉诸经验的可靠性，这一点在《后分析篇》中可以看得比较清楚。托马斯却超越了亚里士多德，他以存在论为基础，运用了心理学的方法来探讨经验认识的有效性，最终确定了人类理智认知可以把握形而上学的原则，虽然这种源于经验的把握并不是永远有效的，但是也是可靠的。本文旨在探寻托马斯在存在论的基础之上为经验知识辩护的人类认知模式。

关键词：人类认知结构；存在与本质；经验认知；理智行为

托马斯（Thomas Aquinas，1225—1274）的认知结构问题涉及的是他的理性和信仰的问题，更确切地说是理性的独立认知能力。中世纪按照一般的想法会是一个比较黑暗的、神学占大一统地位的愚昧时代，从哪个方面来讲都应该是，文艺复兴和启蒙运动正是为了破除这种愚昧应运而生，这是我们对于中世纪毫不了解也不愿意去了解的无知认识，

---

[*] 魏亚飞，武汉大学珞珈学院公共课部思政教研室讲师，Email：weiyafei0812@126.com；翟志宏，武汉大学哲学学院宗教学系教授。

中世纪时期就已经开始了对人的地位的重新定位的思考,这种思考也是应运而生的。12世纪到13世纪早期亚里士多德(Aristotle,约前384年—前322年)的著作通过阿拉伯世界回归到欧洲,也经历了对于辩证法是否该进入神学的争论,托马斯着力探寻在理性(源于古希腊的主导地位)和信仰〔始自奥古斯丁(Augustine,354—430)直到教父时代的主导地位〕都不可以单向度统治人的情况下,特别是人的理性越来越被重视、重新认识和肯定的条件下,人的地位和人的理性该如何定义,这是托马斯必须要面对的,本文从托马斯的认知结构入手,以哲学的角度来看他如何在信仰的背景下阐释人在自然知识范围内的独立认知能力,但是我们要清楚托马斯还是一个伟大的神学家,这个话题将会在别的地方继续。

一 人类的地位基础地位简介

在探讨托马斯的认知结构以前,我希望可以简要介绍几个铺垫性的问题,如托马斯的灵肉关系、存在与本质、人类认识能力以及信仰与理性关系的问题,其中我们可以看到托马斯确立了人的有效地位,在人类知识方面我们的认知是有效的,但是这并不代表在信仰方面我们人类的认知也是基础的和有效的。这些问题看似与主题相去甚远,但如果我们想要把托马斯的理论看作一个完整的体系,那么这种分析必不可少,特别是在这些基础问题的分析上,我们不应该单独考察这些基本范畴。

首先,托马斯的灵肉关系是必须要介绍的。我们对中世纪的印象是黑暗时代(当然这个词可以是中性含义,例如指古希腊的古典时代以后,启蒙运动理性时代以前的那段等待破晓的黑暗时期),这个时代一切应该屈从于神学,人的地位是不值得有正面评价的,更何况肉体,这个印象没错,但不适用于托马斯。托马斯高度肯定了人的肉体的意义,尤其是在认识论上面。这其实在阿尔伯特(Albert the Great,1193/1206—1280)——托马斯的老师——那里已经初露端倪。苏格拉底(Socrates,公元前469—公元前399年)认为,人的肉体会妨碍灵魂在理念世界已经认识到的真理,经验世界只是帮助其回忆起来而已,并且经验世界的认识并不是完美的,只是模仿,柏拉图(Plato,约前427年—前347年)更为彻底,强调肉体是灵魂的坟墓、是精神的牢笼,所以在他们那里可靠知识来源于肉体知觉材料的消除。在奥古斯丁那里,灵魂是独立于肉体的精神实体,相比较亚里士多德的经验主义传统,这位希波的主教则是更倾向于柏拉图的先验主义传统,正所谓奥古斯丁洗礼了柏拉图。但是托马斯洗礼了亚里士多德是值得探讨的。我们可以看到托马斯经常是沿袭了亚里士多德的术语和方法,但是却走向了自己的结论,和儒家"我注六经"到"六经注我"的蜕变如出一辙。在托马斯那里,人就是灵肉统一的单一实体。理性灵魂就是肉体的形式,灵魂在肉体被创造出来的时候就注入肉体之中,和肉体结合起来,这种结合不是以两种实体方式相结合,两个部分构成整体的这种方式。这里要注意的是在托马斯那里,灵魂本身就是一个实体[1],就是说在实体之上又重新进行了一次组合,这是为了解决灵魂不死的问题,这也看得到当哲学和信仰相冲突的时候,托马斯是尽量将二者相调和,但是带来的后果就是他的理论有些不统一,甚至是无法解释,只能像一些学者那样做的,分方面来解释。灵肉关系之中我们明确托马斯强调人是灵肉统一的单一实体并且肉体在认识中也起到重要作用这一点就足够了,至于细致分析并不是这里的任务。

关于存在与本质的区分其实是讨论的比较多也比较透彻的一个主题,这里主要是将其纳入认识范畴里面,也就是使得具体事物的形式过渡到存在于我们内在认识之中的关键,换句话说,就是我们对客观事物的认识如何从外在走向内在,这一点其实是托马斯的基础的第一步,个体是有形式和质料统一组成的,但是他们的本质(essence)和存在

---

[1] 参见 Armand A. Maurer, *Medieval Philosophy*, New York:Random House, 1962, ch. XIII, p. 181。另外,对于灵魂的理解,Eleonore Stump 基于亚里士多德的形式(form)的重新理解之上将其理解为配置方式(configurational state),参见 Eleonore Stump, *Aquinas*, London;New York:Routledge, 2005, chs. 6 – 8, pp. 191 – 276。关于灵魂和肉体各自的详细分析以及二者的具体关系,参见 Robert Pasnu, *Thomas Aquinas on Human Nature:A Philosophical Study of Summa Theologiae I*, a. 75 – 89. Cambridge:Cambridge University Press, 2002。

（being）是分开的，只有上帝那里存在和本质是同一的。正是个体的 being 作用于我们感官之中与之相对应的 being，我们的感官才能够感知个体并且通过 phantasia 产生对个体幻象（phantasm），这就为理智提供了认识对象。所以我们看到存在与本质的这一形而上学的区分，在托马斯那里的感性认知阶段也是必不可少的，准确来说是基础性的，这也是托马斯超越了亚里士多德的地方，也是本文的重点，托马斯从一开始就将我们的认知能力探讨打上了浓重的形而上学存在论的烙印，这一点正是为我们的经验认知有效性奠基。

在中世纪哲学史上，关于人类认知能力的探讨引起了众多学者的关注，看法可谓众说纷纭。在对神圣知识的问题上大家都是一致的，人类理智无法独立认知圣神理智，这是需要上帝的恩典的；但是在人类知识的问题上大家就开始了各执己见，有些观点认为，我们在人类知识的范围内也是需要帮助才能完全认知的，有些学者认为我们的理智是有能力独立认识这个世界的知识，这都是取决于对"in the light of nature"的理解。前者认为需要借助理智之光，那么这个理解就不会是自足的，后者认为虽然有理智之光，但是这就是上帝植入我们本性之中的一种倾向，就是人类本身所具有的，人类理智在认识自然知识当然就是自足的。至于如何认识更是有基础主义（依然有学者坚持）、外在主义（多数倾向于）、基础主义和外在主义相结合（认为二者兼有）、信任主义的外在主义和超自然外在主义。关于他们争论的关键在分析认识过程的时候我们会详细探讨，我们始终要提醒自己托马斯并不是基础主义，甚至在他的认识过程中 faith 的比重是比较大的[1]，信仰在托马斯的认识里面占有一席之地，所以詹金斯（John I. Jenkins）认为，《神学大全》是一部教育目的的著作，并非新手入门指导书[2]，换句话说，在托马斯那里，虽然讨论的是知识，但我们要记住信仰在其中起了基础作用。这可

---

[1] 在 Martin Pickavé 这里，knowledge 和 *scientia* 是同一的。参见 Martin Pickavé, *Human knowledge*, the Oxford handbook of Thomas, ch. 23, p. 317, edited by Brian Davies and Eleonore Stump, Oxford; New York : Oxford Universitry Press, 2012。

[2] 参见 John I. Jenkins, *Knowledge and Faith in Thomas Aquinas*, Cambridge, U. K.；New York, N. Y, USA：Cambridge University Press, 1997。

以从两方面来说，首先是知识结构中，即使是基础信念（basic belief）中间也有信仰成分，例如，我们相信太阳每天都会从东方升起，这是基于经验而产生的 faith，在一定程度上也构成了知识有效性的辩护，如果只见过一次太阳升起来就坚信太阳一定会再升起来，这就是单纯信念（mere belief），这个层面 scientia 和 faith 更为接近；其次指基督宗教信仰在托马斯教学中始终贯彻着，这就要求我们看待托马斯阐述问题时要始终带有神学眼光。但人类认知能力在托马斯那里得到了最大的肯定，这一点和奥古斯丁的光照论作一下比较就可以清楚看到了。茂尔（Armand A. Maurer）引用吉尔松（Etienne Gilson）的一段话，在圣托马斯那里，人类继承了奥古斯丁眼中人类能够从上帝那里获得的一切礼物，但是方式不同，奥古斯丁认为，人类理性不会是自足的，这促使人们又必须走向上帝，但托马斯认为，上帝已经将他的礼物——自足理性作为稳定的人类本性注入人类之中，换句话说，人类理智的行为都是有效的，这种对人类独立认知的授权在奥古斯丁及其追随者看来无疑是不可接受的[1]。这个话题讨论到这里已经很充分了，我们要了解的是托马斯，这里讨论知识也不排斥信仰，但是单纯信念（mere belief）是需要警惕的。

最后简单提一下信仰与理性的关系。托马斯认为，理性与信仰并不相悖，因为它们都是来自同一个上帝，二者相互补充，正确来讲，理性可以确保信仰的必要，也会促使我们对信仰的认同，而信仰会提供给我们理性所不能提供的知识，某种意义上来讲，信仰是理性的补充和终点。人类理性有两种：证明和说服。证明理性于信仰无益，它既不能证明信仰的合理，也不能证明信仰的荒谬，但说服不同，它不认为信仰中的教义是自明的，因为这里没有思维的直观操作，它才是理性与信仰不相违背的部分，它不会强迫思维认同信仰，而是留给思维自愿的空间[2]。这里我还想进一步深入探讨，托马斯之所以对知识的基础不作专

---

[1] 转引自 L. K. Shook, *Etienne Gilson*, p. 397. Armand A. Maurer, *Faith, Reason and Theology*, Toronto: Pontifical Institute of Mediaeval Studies, c1987, Introduction D., p. 15。

[2] 参见 Thomas Aquinas, *Commentary on the De Trinitate of Boethius*, trans. Armand A. Maurer, Toronto: Pontifical Institute of Mediaeval Studies, c1987, Q. 2, a. 2, R. 5, p. 53。

门探究，好像知识本身确定无疑一样，是因为在理性解决不了的问题上，托马斯依旧借助了信仰，但是这信仰就是上帝保证的我们的认知的正确性，具体会发生在感觉阶段和理智阶段的第一个，它就是基础，所以我们会看到在托马斯那里看似只是他的论断，其实他已经铺垫了基础。

详细探讨这些问题并非这里的任务，而且托马斯作为一位伟大的原创性思想家，有更多的主题我们应该阐述，但在本文是不可能的了。

二 认知结构

托马斯的知识论术语（epistemic term）并非知识（knowledge），而是认知（cognition），因为托马斯那里知识可以有误，但在现当代哲学里面，错误的知识本身就是相互矛盾的，除了语词上，它就是不可能的。但托马斯却有一个非常强的论断：我们的理智认识是有效的。一方面允许认识可能有错误，另一方面又宣称认知的有效性，如何辩护这个论断就要求我们细致地分析人类认知过程。

托马斯将认识化为两个部分：感觉和理智。这两者都有自己的运作程序和特有对象，在认知的最后一步托马斯得出自己的真理观：真理是认识对认识对象的忠实反映，换句话说，真理就是认知符合认知对象。

感觉认知第一阶段——sensible *species*

托马斯认为，认识是从感性开始的，这一点没有什么疑问，基本上是共识了，我们要探讨的是感觉如何在认识过程中运作。人的认识来源于感性认识，也就是内在感觉通过外在感知器官，如通过眼耳鼻舌身体得到色声香味触的感觉。首先托马斯认为，我们的感官中存在特有认知对象的 being，我们的最初认识就是认识对象通过中介作用于我们的感官，感官中存在与之相对应的 being，从而非精神性物质可以作用于我们的内在感官，完成认知的外在到内在的转变。简要介绍一下，在托马斯文本中都是使用 sensible 这个形容词来代替名词的，例如眼睛看的是颜色。感官也分内在感官和外在感官，外在感官即为眼耳鼻舌身五官，它们具有自己的特殊对象和共同对象，特有对象例如冷热、干湿、颜色、声音等，共同对象就像大小、形状、运动等，它们感知的是非精神实体。

内在感觉包括常识、影像（*phantasia*）、想象、评估和记忆。其中评估能力和动物关于趋利避害的评估能力相似，常识和记忆则是我们从感知对象中获得的感觉材料所储存的地方，而常识其实是超越了感知能力，因为它，例如能告诉我们白和甜是两码事（包含有判断，不仅仅是感知）。对象进入内在感觉则是通过感知物的类（*species*），它其实是剥离了事物的质料的非感觉材料的形式，并非某个存在人内部的精神实体，例如灵魂、鬼魂之类的，但这个类本身并不是感性认知对象，换句话说，它并非某种可感知物，它本身只是一种工具，感性对象凭借其进入内在感觉，作用于内在感官本身，而这内在感觉器官本质上来讲是人的某类物质器官——大脑。这里就很奇怪，非物质形式如何作用于物质器官，这中间如何跨越？虽然托马斯有其相应的理论，但是这个问题依然是存疑的。我们先看一下托马斯如何来解决这个问题的。托马斯设定了我们内在感官会接收其对象传播的一种相似（*similitudo*），这种相似是对象物体中being产生的通过介质（托马斯认为我们认知一定是要通过介质的，像空气或者水之类的。无论多么微小，它一定存在）作用于人的内在感官，内在感官产生与感知物的类似的相似物，托马斯甚至认为这并非是相似，本质上来讲它们就是同质的。这种传播有两种方式：自然传递和超自然传递。自然传递比较好理解，如人感受冷或者热的物体，那么感知主体也一定会发生改变，比如手感觉冰，手也会变冷。我们的感觉除了视觉大多数是这样的。另一种则是超自然的，主要还是视觉，眼睛的特有对象是颜色，但眼睛在认知时并不会变色，当代学者斯坦普（Eleonore Stump）在解释这个问题时用的比喻是地图或者蓝图，我们获得了对象（建筑物）的形式，但是我们的眼睛和地图（就纸质来说）都未发生改变，真实的建筑物也没有发生改变。但是我们应该注意，托马斯始终暗示了这种传播，虽然类和相似都只是手段，并非认知对象本身，但是中间已经发生了某种程度的改变，我们皮肤变热和中间空气媒介的热以及发出热的那团火的热,应该会有些不同,但托马斯认为是同质的。我认为,他坚持同质是要确保传播的可能,但他并未作辩护。另一个问题就是非物质的类(形式)作用于内在感官这种物质性器官,如何可能,这个也并没有作辩护。我认为,托马斯有一种相似的解决手段,他在科学方法中使用的这个方法也应用到了这里:从结果推向原因。我们能感知是事实,这里和亚里士多德是一致的,给予了人类感性认知有效性,在《后分析篇》中亚里士多德就是借用感觉经验和归纳处理的种内第一原则的认知问题,但是在亚里士多德那里仅仅是设定,或者叫断言,而托马斯在这里借用 being 来为亚里士多德的断言辩护,即同质传播必须得到保障,设定以上两种跨越也可以从结果中获得某种程度上的有效性。

我们可以看一下托马斯对先天知识的反驳,以理解这里信仰的真正含义。第一,托马斯认为,持有先天知识观点的人认为,知识已经内在于我们之中,我们需要"回忆"它们,如柏拉图主义,这就奇怪了,身体本质上来讲是人的一部分,人的身体怎么会阻碍作为人的根本特征的理智行为,也就是认知,这是因为他们误解了人的本质、灵肉关系和人本身的认知能力。第二,内在知识持有者认为,感觉经验只是在适当时候唤起理智中的概念、原则等,而且是通过移除自身对理智行为的阻碍,感觉和理智的关系未免也太弱了吧,但是没有感性感知,理性行为也是不可能的,比如盲人无法认知颜色,也就是说理智中并没有与外在物相对应的感觉,所以理智依赖外在感官,而且它本身就像一块白板,需要被写入。第三,托马斯认为,柏拉图错在认为知识只来自内在,爱维森纳(Avicenna,980—1037)误认为知识源出外在,这两者都是有问题的,其实是二者都有,重要的是保持认知的自发性(spontaneity)和接受性(receptivity)之间平衡[①]。其实,这之中暗含了托马斯的一个基本信念:上帝创造了人类,他们有能力认识这个世界。这个就是暗藏

---

① 参见 Martin Pickavé, "Human knowledge", in *The Oxford handbook of Thomas*, ch. 23, pp. 315 – 316, edited by Brian Davies and Eleonore Stump, Oxford; New York : Oxford Universitry Press, 2012。

的另一个理由，也就是信仰。

感觉认知第二阶段——phantasms

在完成第一阶段以后，我们的感观通过类感知到感知对象，但这还远不够，虽然通过非物质形式传播的可能已经储存在理智之中了，但是我们这种把握，这种认知都是当下的，瞬时性的，是不可重复的，但这与我们感觉不符，我们的感觉是可以重复的，甚至是在没有外在对象的情况下，这个时候我们依靠的是对象物的再现，虽然可能发生了改变，但是它的确存在，而且这种再现甚至可以离开客观对象，做梦和想象就是属于这一类，这种类似外在感官的部分托马斯称为 Phantasia，所得到的结果就是诸多相对应的影像（phantasms）。它和第一阶段中的感知对象的区别前面也提到，它更类似于一种再现，是前面直接获得的感知的储存，由此可以推论 Phantasia 主要是产生我们的意识（consciousness），我们对对象物的意识，这是我们认识在第一阶段所获得感觉的途径，但是已经不再与感性对象相关联，但是影像的形成绝对离不开感官对对象的依赖，其实我们可以把这一步看作是认识由外在到内在的一步，这也是关键的一步，没有这一步，我们的理智将不会有认知对象，换句话说，Phantasia 所产生的 Phantasms 将在理智的行为中产生基础性作用，这种基础性作用，在托马斯看来不仅仅是为其提供认知对象，还有它保证了理智对个别事物的认识的可能。理智认知对象是事物的本质，是普遍的，没有对特殊对象的知识，比如理智会有人的知识（人是理性的动物），但是却没有对苏格拉底的知识，但是我们可以通过 Phantasia 认知苏格拉底。

虽然影像有些像记忆功能，但是托马斯又详细区分了两种记忆，第一种即为 Phantasia，与感官相联系，是对直接感觉经验的再现，但是第二种，即与理智相联系，从二者所属的灵魂（the sensitive soul 和 the intellectual soul）来看二者就是有区别的，就 Phantasia 的再现而言，我们仍然可以把它称作直观，因为我们在这里对托马斯作的分析都是逻辑分析，并未涉及认识时间上的推移，这个认识其实是瞬间的。目前为止我们就完成了认知的第一个过程——看（see），但是知识或者判断并非是看，而是在看作（see as）的基础上发生，因为具体事物必须要上升到普遍才可以有知识产生，但是这种上升属于理智的运作范围了，而它的运作方式和感官的运作方式完全相反。

理智认识第一阶段——concepts, ideas or internal words

所谓对认识对象的看（see）到看作（see as）即发生在这个阶段。理智首先需要处理的是 Phantasia 所产生的 Phantasms，因为理智的对象是普遍的，对特殊的认知对象必须要借助 Phantasia 这一感官，从而获得认知对象的理智类（intellectual *species*，与感性类 sensitive *speies* 相对），换句话说，心灵必须借助理智类来认知具体客观事物，它引起的是理智中与具体客观对象的相似物（similitude）发生作用，这样理智就可以获得认知对象的形式。这里值得注意的是托马斯并非认为所有的理智都是与质料无关的，它们虽然与具体事物的质料无法产生联系，但是它们和普遍质料（common sensible matter）产生作用。和感性认知一样，理智类（形式）也是取决于认知者的认知方法和认知能力，也就是说不同的能力主体认知同一对象所得到的结果很可能是有区别的。

Phantasia 的一个主要作用，就是为主动理智提供认知对象，我们可以回顾一下到目前为止我们获得的认知过程：在灵魂的感性认知阶段，有一个因果链，非精神对象影响的是主客之间的媒介，对媒介产生的影响作用于知觉，进而 *Phantasia* 获得认知对象的影像，这影像继续为主动理智提供材料以获得形式，而这形式将储存于消极理智之中，但是主动理智并非和前面一样被动接受，而是作为行为的主体主动完成。它主动"抽象"（abstract），以获得对象的本质[①]。这源于这一事实，我们看到事物经常具有自己独特的本质以区别其他事物，这个必然属性和偶然属性不同，而主动理智就是要将这必然属性从偶然属性中剥离开

[①] 参见 Eleonore Stump, *Aquinas*, London; New York: Routledge, 2005, ch8, pp. 263 - 264.

来①。在这里，托马斯依旧称这种认识为非复杂（或者非复合）认识，这种认识还不是命题式的，仅仅是对个体事物的本质的认识，这与第二阶段的分析和综合将会是不一样的，从概念上来看二者区别就已经很明显了。经由理智形式我们获得认知对象的本质，但这并非我们理智的意向（intention），我们在理智中的意向（intellected intention、concept 或者 internal word）要以已经获得的本质为对象，在一个定义中事物所指的本质才是意向，这其中要求我们还有一个心理活动，这个活动类似于感性认知阶段的意识，意向的形成使得我们理智认识非精神实体成为可能。因为理智的对象是影像，由它抽象出来事物的本质就是外在事物的相似物，这就保证了理智对个体事物的认识。这一切都是建立在认知对象的 being 的基础之上的。

在进入最后一个阶段之前，我们有些问题需要进一步探讨一下。首先是理智在对 Phantasms 进行抽象时，托马斯坚持理智也利用了外在事物的质料，是从质料中抽象出来本质，这基于托马斯的一个论断：形式本身无法自身存在，它必须同质料相结合，必须有一个 Phantasia 获得 Phantasms，使得它认识具体对象成为可能，否则理智的认知对象只能是普遍的。其实这里我们可以看到托马斯和亚里士多德的不同，亚里士多德认为形式可以单独存在，但是托马斯认为不可以，而两位分歧产生的地方在于对于"存在"（being）的不同理解，托马斯虽然发展了亚里士多德的形而上学，但是亚里士多德研究的形式还并非是纯形式，而是形式和质料复合的形式，所以我们姑且称亚里士多德的存在论其实是"being in motion"，而托马斯敏锐地注意到这一点，在把亚里士多德的实体学说发展到存在论的同时，也区分了"being in motion"和"being"的区别。

其次，在刚开始我们说过要澄清托马斯认为我们理智认识是有效的，在第二阶段分析与综合中，托马斯明显是允许错误发生的，我们只能在第一阶段进行辩护。在第一阶段并没有分析或者综合，也就是说，

---

① 参见 Eleonore Stump, *Aquinas*, London; New York: Routledge, 2005, ch8, pp. 263 – 264。

并没有判断的情况下面，我们说认知有没有对错貌似是无意义的，我们在没有对错发生的地方说不可能错是没有价值的。但是我们不是在这个意义上说的。我们要澄清认识的有效性是在认识直接性上面来讲的。我们对客观事物的认知是直接把握，而且把握的就是个体本身，这个过程排除认知感官不完备引起的认知障碍以外，我们的认识就是有效的，托马斯还专门为这个设定了我们的感性认知和理性认知都是来源于那个形式与质料统一的客观对象。所以在这个阶段，我们得到的事物的本质，由形式和质料复合而成，亚里士多德的本质其实就是事物的形式，或者说亚里士多德讨论的"being"① 在托马斯看来其实是"being in motion"，托马斯自己又有自己的方式来探讨"being"。他们两个人还是有很大差异的。

前面也说到，我们会看到在感性认识和理性认识的第一阶段都会有很多问题存在，这些问题都指向了我们认知的直接性，但没有一个质疑可以证明自身的有效性，在托马斯那里，认知并非是单独理智的行为，它是以人类为主体的行为，换句话说，我们把认知分解成我们认为正确的部分来代替整体，特别是以理智行为代替人类认知是不可以的。托马斯更倾向于将以人类作为主体的认知看作一个体系，下属有各个分体系。斯坦普女士总结道：他假设了在我们之中存在认知。他不仅假设了这个世界就是这样，并且客体具有独立于人类认知的本质，而且也假设了人类认知器官和结构也正是如此设计，以至于它能分析实体并且认知到事物的本质②。也就是说，托马斯坚持了认知的非复杂性和直接性，就像我们逻辑上将认知过程分割成各个部分，但是我们无法就此认定我们的认知不是直接的。

理智认知第二阶段——compounding and dividing

在前面三个阶段（我们暂时采用的一个分析方法）我们从最初的

---

① 这个词都是托马斯替亚里士多德发展而来的，亚里士多德强调更多的是种属，强调的是定义，而托马斯向前推进一步，有 being 才会存在亚里士多德的这些理论。

② 参见 Eleonore Stump, *Aquinas*, London；New York：Routledge, 2005, ch8, p. 265。

看（see）上升到看作（see as），确保了我们的认知由个体上升到本质（或者概念）的层面，如此我们的知识成为可能，在单个概念（意向）认知完成后，我们进入到理智行为的第二个阶段——分析和综合。这里就是我们称为命题判断式判断，这个阶段是允许有错误发生的，这个阶段中存在推理（discursive reasoning），也有人称为理智的第三行为，这个行为我们在这里不作深究。

这个阶段才是我们经常所说认识产生的阶段，在托马斯那里在对本质的把握的时候认识早就开始了。所以托马斯那里认识和对本质把握其实还不是一码事情，对一个事物的本质的把握其实是对形式和质料的综合把握，比如对具象的人来把握出人的本质，我们经常说肉体不是人的本质，但是这个在托马斯那里也是人的本质，因为人的形式不可能脱离肉体，所以我们在讨论人的时候其实是没有办法剥离肉体，就像我们要想象一个没有肉体的人，这个其实是不可能的，在前面的阶段我们把握到了人的本质，在此基础上我们开始对各种关系的复合，比如人在十大范畴（本体、数量、性质、关系、位置、时间、状况、属有、主动和被动）各种表现，我们就会形成我们的判断，这个判断其实就是认识，即"that it is"，当认知到达事物的特有原因的时候，我们就得到了知识，即"what it is"，当我们的知识满足了亚里士多德对证明前提的规定的时候，我们得到的就是科学知识，而亚里士多德的理论其实应该是在这个范围以内的，但是他对不可证明的前提，这里我们先不考虑"分支"① 这一概念，是一个假设，是需要靠我们的归纳能力的，在《后分析篇》最后一章有详细的探讨，其实亚里士多德也是遵循心理学的路线来探寻的。亚里士多德认为，证明原则不会先在我们之中，因为如果原则先在于我们之中，而我们并没有意识到，那就是说我们心中已经有了比结论更为清楚的知识，但是我们并不知道，这是不可能的。准

---

① 因为如果考虑"分支"的话，它的不可证明的原则其实是高一级的科学的结论，是可以证明的，情况不一样，我们暂且不考虑，不影响我们的探讨，我们现在考虑就是那些本身哪种方法都没有证明的前提，这里也不是说亚里士多德没有能够证明的托马斯就证明出来了，托马斯并不是要做这个工作，而是要为不可证明前提的认识的有效性作出辩护。

确来讲它是我们的一种能力,所有动物都有①:有些动物可以在思维中保留住认识对象的概念,于是产生出记忆,由记忆产生出经验,在一次经验中,我们有的是很多个个体的记忆,继而由经验产生出整体的普遍,剥离众多的、在众多之中都是一样的整体普遍,存在于灵魂之中,由此我们就会得到技艺和理解的原则,技艺原则处理如何制作事物,理解原则认识(或者理解,原文使用的是 understand)事件本身。所以原则并不是以固定形式存在于我们之中,也不是由一个更具有观察能力的功能产生,它就是产生于我们的观察的。所以我们得到基本原则是通过归纳的方法②。

但是托马斯的综合和分析还不是适用于上述描述,上述描述的是我们的知识和证明原则,应该说在理智第一阶段其实托马斯就已经用以"being"为基础的心理学式人类认知模式阐述了亚里士多德所谓的"归纳"的过程和有效性,两个人都是对人类认知能力充满了信心。托马斯理智第二阶段的分析和综合是形而上学意义上的,比如我们前面讲过人在十大范畴以内的各种表现形成了判断,这里也是形成的判断,但不是对本质的把握,这里的判断类似于亚里士多德说的没有质料的形式,主要是通过分离的手法,比如人是有理性的动物,这一判断,是将人从十大范畴抽象出来,直接指向人的特有形式,是动物,肤色是白的、黑的、黄的都已经不在考虑范围之类了,这个例子也许不是很恰当,但是我们如果熟知托马斯存在(esse)与本质(essence)的区别的话,还是能够说明一定的问题。首先我们能够把握住认知对象的"being",也就是"它存在",因为存在才是最为根本的,其他的一切都是建立在"存在"这一基础之上。托马斯的"being"和亚里士多德的"being in motion"最大的区别就是"运动"(motion),而运动是以"变化"为标

---

① 原文为:"And this evidently belongs to all animals; for they have a connate discriminatory capacity, which is called perception." Aristotle, "Posterior Analytics", *The Complete Works of Aristotle: the Revised Oxford Translation*, edited by Jonathan Barnes. Princeton, N.J.: Princeton University Press, 1984. Book Ⅱ, ch. 19, p. 165。

② 参见 Aristotle, "Posterior Analytics", *The Complete Works of Aristotle: The Revised Oxford Translation*, edited by Jonathan Barnes. Princeton, N.J.: Princeton University Press, 1984. Book Ⅱ, ch. 19, pp. 165 – 166。

志的，所以亚里士多德的纯形式的形而上学在托马斯理智第二阶段才会得到澄清，但是托马斯并非是为了亚里士多德才会有这个阶段设定，托马斯是为了阐述人和上帝的关系才会有形而上学的要求，之前提到过，基督宗教相信这个世界是被创造的，但是哲学证明这个世界应该是永恒①，托马斯说这两者并没有冲突，因为"创造并非变化"（creatio non est mutatio），托马斯将上帝的创造定义为"受造物对受造者的形而上学的依赖"，借由新柏拉图主义的"参与"（participation）一词来完成。虽然我们会把握住形而上学原则，但是这并不代表我们人类的认知能力足以把握住上帝作为形而上学的第一原则，在对托马斯的上帝的证明里面我们会讨论，我们是由"being in motion"以否定的方式进入"being"的讨论，因为"being in motion"是在变化之中，我们强调的是"motion"，即过程，但是"being"用潜能和实现来阐释就是实现，是为实体奠基的基础。

三 人类有效认知的过程性

经过对托马斯的认知结构的大致探讨，我们对于他的认知路线有了一个大体认识，就算我们这样扫描般剖析，也还是未能穷尽托马斯的认知思想，而且不同学者对于术语及其含义都是有些许差异的，茂尔先生把主动理智理解为对永恒真理（uncreated principles）的模仿，那么其他理智行为只能归结为消极理智②，而詹金斯把焦点集中在对第一原则的讨论上，在定义中他找到了我们使用不完全认知作为知识的做法，比如我们定义"雷"为"云中的响声"，但是并非所有云中的响声都是雷，于是我们进一步定义为"云中一种特殊的响声"，用"一种"来代

---

① 详情参见 Thomas Aquinas, *Aquinas on Creation: Writings on the "Sentences" of Peter Lombard*, book 2, distinction 1, question 1, translated, with an introduction and notes, by Steven E. Baldner & William E. Carroll. —Toronto: Pontifical Institute of Mediaeval Studies, c1997。

② 参见 Armand A. Maurer, *Mediaval Philosophy*, New York: Random House, 1962, ch. XIII。

替完全认知,① 这也是我们在这一部分将要详细探讨的人类认知的过程性。詹金斯还充分肯定了托马斯关于感觉认知的理论,他认为,亚里士多德在《后分析篇》开头讲"一切通过理智的教育和学习都依靠原先已有的知识进行的"中"原先已有的知识"就是我们感觉经验获得的知识。托马斯的认知结构并不是完美的,但是我们这也不能减少它的价值,而且它的不完美和"scientia"联系起来就更好理解了,在定义中,我们因为没有办法获得完美无缺的知识,我们只能依靠别的方法以不完美的认知为出发点,比如在定义中用动力因来代替形式因等,对于这些形式的进一步探讨在"scientia"中,本文的目标是"notitia"或者"cognitio"。

过程性这个词我觉得用不完整来说可能会好一些,它包含了两个方面,一方面是人类认知不会是一次性就把握住真理(无论是自然知识还是神学真理)。我们理智的从感觉经验获得第一原则,这些第一原则是不可证明的,我们只能借助直观,但是我们的感觉经验能力是有限的,它并不足以使我们获得普遍有效的知识,普遍有效的知识来源于我们的理智活动,这是在人类知识范围内探讨的,进一步的神学知识则需要上帝的恩典,所以我们的认识起源于经验,但是经验不具有足够能力,我们的认识是需要一个过程,而理性很多时候就是在从经验出发并且检验我们的经验知识,例如不断修正和精确我们对于事物的定义,认识是一个长期的过程,在这个过程中我们会不断纠正自己的认识。另一个方面是指我们具体的个人认知能力是有限的,人类作为具体的认知主体,有能力有效认知,但是凭借自身(指具体的个人,比如亚里士多德、柏拉图等,当然包括托马斯本人)的认知是不完美的,托马斯也引用了迈蒙尼德(Maimonides, 1135—1204)分析的几个原因,这里不作详细介绍,这个结论应该是不会引起歧义的,所以我们人类的认识是相互依赖的,我们需要学习和训练,使得科学认知成为我们的一种习惯,这也是托马斯的亚里士多德认为演绎推理的重要作用之一,就是使

---

① 参见 John I. Jenkins, *Knowledge and Faith in Thomas Aquinas*, Cambridge, U. K.; New York, N. Y, USA: Cambridge University Press, 1997, ch. 4, p. 116。

得学生可以获得思维上的习性。在演绎推理之前，具体指在建立三段论之前，我们会有大量的调查和推导，这些基于经验知识，所以三段论是不会得出新的知识，虽然他能保证我们的知识是确定可靠的，三段论的主要目的是建立科学推导过程，使得学生可以获得思维的习性，而这个习性将会使得我们的思考方式由从结果回溯到原因转变为由原因到结果，这一转变即是突破了我们对于感觉经验的依赖，因为它不是具有足够能力的。关于人类不完整认知在认知中的作用，我们需要在另一个地方进行详细探讨，这里我们要把握的是我们人类有能力进行有效认知，但是这个认知具有过程性。

所以人类认知是有效可靠的，但是人类的不完整认知使得自己的认识需要一个过程来不断完善自身，在这个过程中或许我们的认识会出现错误，但是我们对于事物的本质概念把握是有效的。

在对有效认知的探讨中托马斯引入了主客同一这个概念，我们最后需要介绍一下。主客同一（the intellect is all things）是整个理智的行为，不可以具体在认知阶段来分析，最早是在亚里士多德那里使用的，受到了不少诟病。"我观察牛没必要也变成牛！"托马斯认为，这句话的含义是理智可以获取客观对象的形式，两者在理智中达到统一这个层面来讲的，而且也的确是这样，并且最可靠的认知就是这种主客同一（主观对客观的符合，他的真理观），但这其中又存在认知的不对称性问题，或者叫认知主体的认知模式问题，这里不作分析。

托马斯说我们的认识是可靠有效的，是指我们对于事物的本质的把握，由它出发我们获得推论原则，我们的认知通过可感性的类（sensible species）、影像（phantasms）、概念（concepts, ideas 或者 internal words）再到分析综合，最后在主客同一中达到认知对客体的符合，人类在自然科学的知识范围内有能力进行认知，但是我们的认知是需要一个过程，并不是可以一次性完全把握真理，这就意味着我们的认识也是允许错误的存在，所以托马斯的论断和我们的日常经验没有冲突，相反，他是在努力纠正我们对于经验认识的过度依赖，在完成一个认识的时候我们需要检验自己，需要不断运用理性，这样才是真正符合科学的。

Cognitive Structure of Human Beings in Thomas Aquinas

(Wei Yafei, Zhai Zhihong, Wuhan University, 430072)

Abstract: Along with Aristotle, Thomas Aquinas (1225 – 1274) admits of the validity of knowledge resulted from human experience. But Aristotle left it unjustified. He just appealed to it. This is clear in *Posterior Analytics*. Thomas goes beyond Aristotle in that he talks about the validity of knowledge based on the theory of being in a psychological way. Finally he claims that the intellect of human being is capable of understanding the metaphysical principles, even though this understanding doesn't have the power making itself the most universal and eternal. This paper aims at the cognitive structure of human beings in Thomas Aquinas for justifying the validity of human knowledge.

Keywords: Cognitive Structure; esse and essence; experiential knowing; intellectual operation

论托马斯·阿奎那情感伦理学的理性原则

黄 超 马少琳[*]

摘要：托马斯·阿奎那通过情感分有理性学说，细致区分了情感的自主与受动、自然属性与伦理属性，以情感的层次性理论回应斯多亚派的"情感皆恶论"和安布罗斯主张的"情感无善无恶论"。托马斯认为，正是由于分有了理性，情感得以分有某种自由，具有了伦理意义上的自主性，因此，情感是伦理德行的主体，在道德层面善恶分明。

关键词：托马斯·阿奎那；情感伦理；理性原则

笛卡尔认为，古人教给我们的关于激情的东西很少，而且大部分是不可信的，因此，他认为，不远离古人的道理就不会有任何接近真理的希望[②]。事实证明，不仅笛卡尔抛开所有古典情感理论"白手起家"的做法是得不偿失的，而且他的这种观点直接影响到近现代西方学者对情感概念的"历史无知"和"笛卡尔式错误"。[③] 客观地看，托马斯·阿奎那作为综合古典希腊和中世纪情感理论的集大成者，是所有希望对情

---

[*] 黄超，武汉大学哲学学院宗教学系副教授，Email：hcdj2000@whu.edu.cn；马少琳，武汉大学 2014 级宗教学专业硕士研究生，Email：xmslin@sina.com。本文得到教育部哲学社会科学研究重大课题攻关项目（14JZD034）的资助。

② 笛卡尔：《论灵魂的激情》，贾江鸿译，商务印书馆 2013 年版，第 3 页。

③ Thomas Dixon, *From Passions to Emotions: The Creation of a Secular Psychological Category*, Cambridge University Press, 2006, p. 2.

感进行理性探索的后来者必须跨越而非绕开的一座高峰。本文将集中讨论托马斯情感理论的认识论基础和伦理学意义，凸显托马斯情感理论的理性化特征和情感作为道德主体的人学意义。托马斯将人的灵魂的能力区分为认识能力与意欲能力两种，其中认识能力又可区分为理性认识与感性认识，与此对应，意欲能力则区分为意志与情感。意志是理性意欲，情感则是感性意欲，正如感性认识为人与动物所共有，情感亦为人与动物所共有。围绕理性与情感的关系，托马斯论证了人的情感分有理性，具有区别于动物的层次性，是一种具有伦理意义的自主行为，这种从理性而来的自主性使情感既可以为善，也可以为恶。以此为据，托马斯一方面批判了斯多亚派的"一切情感皆恶论"，另一方面也批判了一些早期教父主张的"情感无善无恶论"。

一 情感理性化的心理机制

情感为人与动物所共有，那么人的情感如何区别于动物的情感呢？柏拉图在其灵魂马车之喻中，正是将人的情感比喻为非理性的黑白两色骏马①。而亚里士多德认识到马车之喻的不足，开始主张人的情感在某种程度上分有理性，并提出著名的"政治统治说"，即理性对情感的支配不是主人对奴隶的"专制统治"，而是君主对自由民的"政治统治"。② 托马斯继承并发展了亚里士多德的情感分有理性学说，明确指出，人的情感不同于动物的情感，在非理性的动物那里，情感的活动出自必然性，而不是出自自由的选择，但是，在人这里，在服从理性的范

---

① 在柏拉图的灵魂马车比喻中，灵魂分为理性、激情与欲望三部分，其中理性是御手，激情与欲望是黑白二色战马。托马斯将情感区分为愤怒情感与欲望情感，这种区分正可以对应于柏拉图所谓的激情与欲望。
② 亚里士多德：《政治学》第一卷第三章，苗力田主编，中国人民大学出版社1992年版。

围内，情感分有某种自由。① 理性化是托马斯情感伦理学的本质特征。

托马斯从认识论出发，认为理性是人类的高级功能，情感是人的低级功能，而低级功能以高级功能为目的，服从高级功能。但是，情感是否如味觉对热饮的反应一样，与我们的理性无直接关系呢？托马斯认为，人的情感是被知性渗透②（Cognitively Penetrable）的，理性与情感之间存在必然的关联。在托马斯的《神学大全》中，有一段被人们广泛引用的关于理性与情感关系的论述："愤怒情感与意欲情感以两种方式服从灵魂较高级部分。首先服从理智或理性，第二服从意志。它们在其自身（内在）的活动中服从理性，正如在其他动物中感性意欲本能地被其估量力推动。例如，一只绵羊因估量到狼是其敌人而害怕。但是，如我们在前面已说明，在人这里，估量力被认知力所取代，有些人称其为'特殊理性'，因为它通过比较联系个别的意向。因此，在人这里，感性意欲本性地被特殊理性推动。但是这同一特殊理性又本性地遵循普遍理性的指挥和推动，因此，在三段论中特殊结论是从普遍命题推出。因此，很明显，普遍理性指挥感性意欲，而感性意欲服从它……任何人都能有这样的切身体验，因为通过运用某种普遍的思考，愤怒或害怕或其他类似情感被减弱或激起了。"③

在托马斯的认识论中，外感官与内感官共同作用，形成感觉象。有人认为，感觉象是感性认识的终点，理性认识的起点，事实上，作为个别意向存在的感觉象虽然是感性认识的最终成果，但是，感性能力的终点并不在此，感性能力还内在地具有沟通理性与感觉象（普遍与特殊）的功能，这一特殊功能由认知力完成，认知力由于其类似理性的功能而被人称为特殊理性。那么，令人费解的是，特殊理性到底只是理性的一种特殊形式，还是具有某种理性功能而又真正属于感性能力呢？托马斯

---

① Thomas Aquinas, *Summa Theologica*, Volume Ⅰ, Ⅱ and Ⅲ, trans. by Fathers of the English Dominican Province, Revised by Daniel J. Sullivan, William Benton, Publisher, Encyclopa Edia Britannica, INC., 1988, p.734.

② Peter King, "Aquinas on the Passions", in *Thomas Aquinas—Contemporary Philosophical Perspectives*, edited by Brian Davies, Oxford University Press, 2002, p.372.

③ St. Thomas, S.T., Ⅰ, 81, 3.

的回答是明确的:"医学学者们为其指定了专门的器官,即人脑的中部。"而对于托马斯来说,理性是没有对应的专门器官的。托马斯心灵哲学的一个基本主题是:感觉处理特殊,理性处理普遍。所以,特殊理性与普遍理性功能的不同表现为:"特殊理性比较个别意向,普遍理性比较普遍意向。"但是,特殊理性的功能是建立在所有其他感性功能基础上,它还有一个独特的推论任务,使普遍概念加入命题判断中,使单个的命题能够从普遍命题中推出。换言之,特殊理性可以支持单个命题与其他单个命题或普遍命题结合,并推出结论。[1]

有了对于特殊理性的认识,我们就可以理解托马斯关于理性与情感的论述了。在非人性的动物中感性和情感的关联是:一个动物只是根据感觉的快乐和不快乐而活动,它必然仅仅根据其感性理解形式而行动。但是一个动物寻找或避免某物,并不仅仅因为在感觉上的适应与不适应。例如,一只绵羊看见一只接近的狼而逃走,不是因为狼的颜色与形状的难看,而是因为它是一个天敌。同样,一只鸟收集树枝不是因为它感觉好,而是因为它筑巢有用。因此,一个动物拥有某种"意向"是必须的,这是外感官所把握不到的。所以必须承认,把握到的可感形式发生了感性的演变。于是,托马斯提出了"估量力"的问题。

动物不仅对出现在其面前的对象的可感形式有反映,它们还对这个对象是有用或无用、有害或无害有反映,而这些不是对象的固有可感形式。绵羊看见狼后逃走,鸟为筑巢而收集树枝,绵羊与鸟的行为不能仅仅根据狼或树枝的可感形式解释,而需要从联系可感形式的"意向"出发。我们需要假定一个功能来得到这些非可感的特性,这一功能即估量力。我们从这里可以看到感性与情感的关联:当一只绵羊通过估量力从狼那里得到了敌人的意向,它就会有恐惧的情感,这是绵羊逃走的最近的原因和解释。也就是说,动物通过估量力将可感对象纳入了情感的形式对象中,而估量力来自动物的本能。

在人这里情况更加复杂。虽然可感知形式对于人与动物是没有本质差别的,因为它们都是从相近的外感官转化而来。但是在意向方面却有

---

[1] St. Thomas, S.T., Ⅰ, 81, 3.

差异，因为其他动物得到这种意向只是通过一种自然本能，反之，人是通过一种比较和联系。所以在其他动物处被称为自然估量力的能力，在人这里被特殊理性取代，它是通过某种比较并与理性的联系来揭示这种意向。

特殊理性通过比较联系"意向"，更准确地说，它通过比较联系单个意向，正如理智功能中的理性通过比较联系普遍意向一样，这个功能是理性与情感之间的中介。在其他动物中感性意欲被估量力所推动，例如，一只绵羊估量到狼的敌意而害怕，但是在人身上特殊理性取代了估量力，它通过比较联系着单个的意向，因此，人的感性意欲倾向于被它推动。而特殊理性自身又有被普遍理性所推动和指导的自然倾向。单个的结论于是通过逻辑从普遍命题中推论而来。所以很明显，普遍理性命令感性意欲，感性意欲接受理性的支配。托马斯在其认识论中指出，思辨理性认识个别事物需要回到感觉象，同理，实践理性推出个别结论也离不开感觉象，它们回到感觉象的过程是通过特殊理性来完成。

通过特殊理性，理性临在于感觉象，将个别的感觉象提升到意识层次，这是托马斯解释感性分有理性的内在心理机制。而感觉象是情感的形式对象，形式对象界定情感，所以，情感亦分有理性。其结果是，理性照亮并完善情感，情感服从理性成为其内在具有的自然倾向，这种服从不同于身体对理性的盲目服从，我们可以形象地比喻为，由于情感是理性化的情感，理性与情感之间通过进行"内在的对话"，使情感对理性的服从是心悦诚服的主动行为。正如托马斯所说："在我们的灵魂中，认知的能力如果不通过意欲的能力这个中介，就不会展开运动；意志如果不通过情感这个中介，也不会展开运动。"[1] "缺乏情感的意志的活动是不完美的。因此，没有情感也是一种恶。"[2]

---

[1] St. Thomas, S.T., Ⅰ, 20, 1.
[2] St. Thomas, S.T., Ⅰ–Ⅱ, 158, 8 & 58, 3.

二 情感的自主性与伦理主体地位

只有自主的行为才具有伦理意义，只有行为自主的个体才具有伦理主体地位。那么，情感是人的自主行为，还是非自主行为，就成为决定情感是否具有伦理善恶的一个非常关键性的问题。托马斯在分析了情感因分有理性而内在地具有服从理性的倾向后，开始讨论情感的自主性问题，他首先列举出反对的意见：某物服从另一物就不会反对它，但是情感反对理性，如《罗马书》第7章第5节中说："肉体中另有一律与心中的律交战。"因此情感不服从理性。对此，托马斯不是进行简单地非此即彼的反驳，而是以人的行为的自主性为切入点，他指出，情感是人的自主行为，情感既可以服从又可以反对理性与意志，而且，即使服从，它还保持相当的自主性。在此，我们必须注意，对托马斯来说，自主即意味着理性，而非动物意义上的随性，动物恰好是受自然本能支配，是不自主的，只有理性可以赋予人选择的自由。

根据托马斯的界定，情感是灵魂的受动潜能，是由外在原因引起并被对象决定的意向性状态。所以，对于非人性的动物而言，由于没有更高级的功能，其活动完全由情感所决定。那么，人的情感与动物有什么差别呢？情感的受动性是否有限度呢？托马斯的讨论是从回答两个方面的异议开始的：第一，情感的受动性使人完全受情感支配；第二，情感是受动的，故情感是非自主的。[1]

首先，对于第一异议，托马斯认为，以恐惧为例，恐惧是一种受动状况，但是它并不说明我们被情感经验的反复无常所支配。这可以区分为两个问题：（1）是否我们的恐惧经验是完全受动的；（2）是否我们在面对偶然经验的恐惧时是完全受动的。前者是当然的，而后者则不一定。确实，感性意欲相对于原因是受动的。因为感性意欲是灵魂的一部

---

[1] Peter King, "Aquinas on the passions", in *Thomas Aquinas—Contemporary Philosophical Perspectives*, edited by Brian Davies, Oxford University Press, 2002, p. 368.

分或功能之一，我们甚至能说我们整个灵魂相对于偶然的恐惧是受动的。但是限定条件"偶然"是重要的。从感性意欲是受动（相对于外因）的事实，并不能推出整个灵魂相对于其感性意欲的状态是受动的，我们不能说恐惧是使整个灵魂处于某种状态的全部现实原因。例如，如果一个战士的手受伤了，战士手的受伤允许我们说他（作为整体）已经受伤了；但是，说他伤了的手导致其余部分受伤，则是不成立的。同理，情感的受动性并不能推出人作为整体受情感支配。

托马斯结合了两个十分不同的情况：在极少数情况下人完全被情感所控制，而在正常情况下，某种程度的理性和意志控制是存在的，他是这样描述的：情感对人的影响表现为两种情形。① 第一，人没有使用其理性，这种情况发生在该人因极度愤怒和欲求而陷入疯狂时——这时伴随着身体其他部分的失控，因为情感不会发生在没有身体改变的情况下。而这种情况无异于野兽，野兽必然被其情感的冲动控制，它们没有理性和意志。第二，有时理性没有完全被情感排斥，而且保留了理性的自由判断，也保持了某种意志的活动，因此，在某种程度上理性仍然是自由的，没有被情感支配，所以意志的活动也仍然不会必然跟随情感的倾向。

因此，托马斯认为，如果情感淹没理性与意志，人就堕入动物的层次，严格来说，此时人的活动根本不是"行为"，而仅仅是对环境的盲目反应。然而，更通常的情况是：主体并没有完全被情感控制，而仅仅是伴随着情感，托马斯说"意志赞同某一情感"。在此情况下，"理性没有完全被情感吞没"。② 至少原则上理智部分的功能能够支配行动抵抗情感。当我们解释张三是因为愤怒而打李四时，我们描述了张三的心理状况。但是，如果张三没有被愤怒淹没而处于盲目，他可能放弃打李四。所以，张三的行为反映出张三作出了一个选择，他选择了某种情感。在正常情况下，张三的愤怒情感不会成为其行为的全部原因，其行为可以受动于其情感，也可以不受动于情感。

---

① St. Thomas, S. T., I-II, 10, 3.
② Ibid..

其次，第二个异议认为情感是非自主的。托马斯承认："一个人不受情感影响时与处于情感状态时会有不同的状况。例如，某人在发怒时认为好的事情，在平静时并不如此认为。"情感影响了我们的行为（即使它没有决定我们的行为），所以当我们的行为处于情感影响下时，并不是完全自主的。为了进一步厘清问题，托马斯分析了行为的自主、非自主和不自主。首先，他提出了自主行为的两个要求：①（1）行为的动因内在于主体；（2）主体明知行为的目的。托马斯指出，内因产生的行为必须有一个目的，目的必须是看起来是某种善（真实的善或者仅仅看起来是善），且该目的作为目的必须是主体明知的，这样的行为才是自主的，不具备两者中的任一个条件就是非自主行为。而情感作为行为的一个背景通常是满足这些要求的，所以，情感的受动性并不排斥它是自主行为。例如张三打李四，他也许会辩护说，只是因为李四刺激他发怒。但是，事实上有一个选择参与进来，只不过他的发怒使他的行为减少了责任，他不是单纯地走向李四并打他，毕竟，他被激怒了，因而，张三的愤怒是张三选择打李四的背景之一，张三的行为不是纯粹的自主行为，就像他在平静时一样。

接下来，托马斯结合行为所处的环境，讨论了不自主行为，这种行为从自身来看，也许是反对其意志的。如亚里士多德在《尼各马可伦理学》②中的例子，当一个船长在风暴袭击时下令丢弃货物。严格说来，这个行为是自主行为，因为它满足上述两个条件。丢掉船上的货物，避免遭受更大损失。而是否丢掉货物决定于船长，船长的命令决定了货物的命运。然而，船长的行为又是不自主的行为，也就是说，出于害怕的行为。因为，在其他情况下，或者说排除这种特定的环境，船长就不会丢弃船上的货物，他肯定会保护它们。因此，虽然他的行为是自主的，但是，在某一方面又是不自主的。在这种情况下，人的意志选择了不愿意的事，环境降低了人的自主性。同理，当张三发怒时，打李四

---

① St. Thomas, S. T., Ⅰ-Ⅱ, 6, 2.
② 亚里士多德：《尼各马可伦理学》，苗力田主编，中国人民大学出版社1992年版，第42页。

看起来不是一个在其他情况下的好主意,但是如果不是李四的挑衅,张三根本不会打李四。但是,张三虽然是受刺激打了李四,但是他仍应该为其行为负责。

而且,与愤怒情感不同,意欲情感是单纯的自主行为,没有任何不自主性在其中,因为主体意愿去做的事是在任何其他情况下都会去做的事。① 欲求的对象在所有情况下都会被选择。所以情感的受动性既不能推出人的行为完全受情感控制,又不能推出情感自身是不自主的。情感的行为是自主行为,但是可能包含有不自主的成分。因此,情感既不必然善,也不必然恶,作为理性主体的个人,我们无可推脱地对自身的情感及行为负有伦理责任。

三 情感的善恶与伦理责任

作为拉丁教父"四大博士"之一的安布罗斯认为,道德的善恶是对人而言的,道德使人成其为人。而情感不仅适合于人,它也是人与动物所共有的,因此,灵魂的情感不具有道德上的善恶。伪狄奥尼修斯也认为,人类的善恶在于与理性的相符和相悖,但灵魂的情感不存在于理性之中,而是存在于感性意欲之中,因此,他们与人类道德的善恶无关。② 而斯多亚派的观点则认为,灵魂中所有的情感在道德上都是恶。如大马士革说:"与本性相符的活动是一种实现的活动,而与本性相悖的活动则是情感。"而与本性相悖的灵魂的活动具有罪恶和道德上的邪恶的特征,"魔鬼就是从与本性相符到与本性相悖"。③ 因此,情感在道德上是恶。

托马斯在明确提出自己的主张之前引用了奥古斯丁的观点,如果我们的爱是恶,情感就是恶,如果我们的爱是善,情感就是善。因为,托

---

① St. Thomas, S. T., Ⅰ-Ⅱ, 6, 7.
② St. Thomas, S. T., Ⅰ-Ⅱ, 24, 1.
③ St. Thomas, S. T., Ⅰ-Ⅱ, 24, 2.

马斯分析道:"我们可以从两个方面考虑情感:首先从情感本身,其次,作为受理性和意志命令的存在主体。如果从情感本身考虑,即,作为非理性意欲的活动,情感没有道德的善恶存在,因为,道德的善恶是取决于理性的。但如果从受理性和意志命令的主体考虑,那么,就存在道德的善恶。因为感性意欲比行为的外在组成部分更接近理性和意志,而外部组成的活动和行为由于它们是自主的而具有道德上的善恶。因此,情感只要是自主的,就可以有道德上的善恶,自主既指服从理性的命令,也指不服从理性的命令。"① 所以,从情感本身考虑,它们是人类与动物共有的,但从受理性的命令的主体考虑,它只适合于人类。就如亚里士多德所说,绝对地考虑,我们既不称赞也不指责我们的情感。但是,只要它们分有理性,就不排除它们会变得值得称赞或指责。所以,亚里士多德还说:"畏惧或愤怒不值得称赞……或指责,而畏惧或愤怒的人,在某种程度上是符合或违背理性的。"

托马斯通过比较斯多亚派与亚里士多德主义逍遥派的分歧来进一步阐述自己的主张。斯多亚派认为,所有的情感都是恶,而逍遥派则认为,适度的情感是善。托马斯认为,两者的区别从字面上看很大,但实际上却很小,或完全没有。由于斯多亚派没有区分感性和理性,因而也没有区分感性意欲与理性意欲。进而,他们没有把灵魂的情感从意志的活动中区分开来,他们把意欲方面的任何合乎理性的活动都称为意志,把任何超出理性之外的活动称为情感。因此,遵从这种观点,斯多亚派的图利才会认为,所有的情感都会纷扰灵魂,一切情感都是灵魂的疾病,是不健全的、疯狂的。而逍遥派则认为,感性意欲的所有活动都是情感,当他们受理性控制时,就被认为是善,不受理性控制时就是恶。图利反对逍遥派的观点,他认为:"每一个罪恶,尽管适度,也应避免。就像身体,尽管有适度的不适,仍然是不健康的,这就意味着灵魂中的情感或纷扰是不健康的。"② 托马斯指出,图利显然是错误的,因为,对于情感来说,没有必要总是与理性的命令相违背。所以,只有与

---

① St. Thomas, S.T., I-II, 24, 1.
② St. Thomas, S.T., I-II, 24, 2.

理性命令相违背的情感才使我们倾向罪恶,但只要它们由理性控制,它们就与美德相关。因此,除非当情感不受理性控制时,否则它们不能被称作是灵魂的疾病或纷扰。

情感除了因为与理性的关系而具有善恶外,托马斯认为,有些情感在属性上就具有善恶。如奥古斯丁曾说同情与美德相关,另外,亚里士多德也说过,害羞是一种值得称赞的情感。因此,有些情感根据其属性而具有善恶。因为,我们应该把情感与行为相联系,即像一个行为的属性一样,情感的属性也应从两方面考虑。首先,从自然属性考虑,那么,道德的善恶就与行为或情感的属性无关;其次,从道德属性考虑,由于是自愿的、受理性约束的,那么,在这个意义上,道德的善恶与情感的属性有关,只要情感趋向的对象自身与理性相符,或相悖,就像害羞是基于畏惧,而嫉妒是由于他人的善而悲伤,因此,情感与作为外部行为的相同属性一致。① 趋向善的情感本身就是善的,如果它趋向的是真正的善,同样,避免恶的情感本身也是善,如果它避免的是真正的恶。另外,具有厌恶善和趋向恶的情感本身就是恶。托马斯甚至还认为,虽然在非理性动物中,感性意欲不可能服从理性,然而,只要它们由一种自然判断力引导,这种能力服从于较高的理性即神的理性,那么,在它们身上就存在与情感相关的某种道德善的相似性。

在讨论了情感自身的善恶以后,托马斯接着就考察情感对行为善恶的影响。他反对任何情感都会减少一个道德行为的善的观点。没有任何符合理性的事物减少善,因此,符合理性的情感不减少道德行为的善。斯多亚派之所以认为任何灵魂的情感都会减少行为的善,是因为他们认为灵魂所有的情感都是邪恶的,而恶的事物要么完全毁灭善,要么减少善。所以他们认为:"通过情感我们除了了解被认为是纷扰或疾病的感性意欲的无序运动之外,再没有其他什么。"② 但是,由理性控制的适度的情感与人的完善有关,因为理性是人类之善的源泉。理性由于在与

---

① St. Thomas, S. T., Ⅰ-Ⅱ, 24, 4.
② St. Thomas, S. T., Ⅰ-Ⅱ, 24, 3.

人相关的更多事物中的延伸而更完善,因此,没有人质疑它与受理性法则控制的外部行为的道德的完善相关。由于情感服从理性,它就与人类善或道德善的完善相关,在这种善之中,情感本身也是被理性完善的。因此,正如人不仅欲善,而且要在行为中实现善一样,人不仅在意志方面趋向于善,而且在情感方面也要如此,才是与道德善的完善相一致。正如《圣经》(诗篇83:3)中说:我的心灵与肉体在上帝那里得到欢乐。托马斯指出,通过心灵,我们理解意志的善,通过肉体,我们理解情感的善。

所以,托马斯认为,情感对行为善恶的影响也是两个方面的:如果情感掩盖了决定道德行为善恶的理性判断,那么,它会减少行为的善。例如,由于理性判断而做一项慈善工作比仅从同情来做更值得称赞。而情感在增加行为善的方面又分为两种情况:首先,以流溢的方式,即因为灵魂中较高级的部分强烈地趋向于某事物时,较低级部分也趋向于此,那么,由此在感性意欲中产生的情感就是意志强度的象征,因此,也表明该行为具有更大的道德的善;其次,以选择的方式,即当一个人通过理性判断,为了与意志配合而做出相应的情感选择,此时,情感增加行为的善。

分有理性,或者说被理性化是托马斯情感思想的最本质的特征。正是由于分有了理性,情感得以成为人的自主行为并具有伦理行为的人性基础,从而也就具有道德上的善恶。因此,我们对自己情感的善恶负有伦理责任,德性教育离不开情感教育,情感教育需要教育与养成并重。奥古斯丁认为,人性的善恶对立是情感与意志的对立;托马斯的对立则是服从理性的情感与反对理性的情感的对立。应该说,这种具有内在张力的情感思想是托马斯真正的意志自由学说,它比奥古斯丁的自由意志思想更符合人的现实本性。

The Studies on the Rational Principle of Thomas Aquinas' Emotional Ethics

(Huang Chao, Ma Shaolin, Wuhan University, 430072)

Abstract: Thomas Aquinas put forth a rational theory about the emotions, distinguishing in a detailed way of their voluntariness and their passivity, their natural nature and their theoretical nature. With his theory of the different levels of the emotions, he responded to Stoics' "evilness of the emotions" theory and to Ambrose's theory that "the emotions are neither good nor bad". Tomas considered that, the emotions, with the element of reason, have a certain freedom, and form a moral perspective can take the initiative. Therefore, the emotions (passions) are the originators of moral action, and on the level of morality, they can be divided into good and evil ones.

Keywords: Thomas Aquinas; emotional ethic; rational principle

卡尔·拉纳的先验人学及其调和特征

李思凡 徐 弢[*]

摘要：先验人学是卡尔·拉纳全部神学理论的基础。该学说的出发点是人的"先验存在"与"历史存在"之间"互为条件与互为中介的关系"，其论题核心是作为"在世之灵"的人所先天具有的对上帝奥秘的无限开放性。在精神实质上，它是基督宗教的思想主流从神本主义转向人本主义的时代背景下，按照神学现代化的需要对圣依纳爵的神秘主义、圣托马斯的人学理论、康德的先验方法和海德格尔的存在哲学进行的一种调和。

关键词：卡尔·拉纳；先验人学；调和特征

作为天主教哲学之"现代化"的推动者和整个基督宗教哲学之"人类学转向"的促进者，卡尔·拉纳（Karl Rahner，1904—1984）素有"二十世纪最伟大的天主教思想家""当代托马斯·阿奎那"和"神学上的原子物理学家"之称，[②] 并且先后获得过德、奥、美、法等国的

---

[*] 李思凡，武汉大学哲学学院博士研究生，武汉商贸学院人文学院副教授，研究方向为基督教哲学，Email：99426@qq.com；徐弢，武汉大学哲学学院教授，研究方向为宗教哲学，Email：peter@163.com。本文为教育部重大课题攻关项目（14JZD034）和国家社科基金重大招标项目（12&ZD120）成果。

② Harvey D. Egan, *Karl Rahner: The Mystic of Everyday Life*, New York: Crossroad Publishing Company, 1998, p.19.

十几所大学颁发的神学、哲学和文学等荣誉博士学位。对于不太熟悉他的写作风格的研究者来说，在探究其神哲学理论时常常面临较大的困难。因为他一生撰写了几千部各类论著（本人发表的有1651部，其他各类译本和翻版约4744部），所以即便是长年研究拉纳的专业学者，要对其思想做出一个全面详尽的介绍也是非常艰难的。

不过值得庆幸的是，在他的全部论著中始终贯穿着一条思想主线，那就是"在神的奥秘中理解人"。因为在他看来，任何神学都必须以一种自下而上的"先验人学"（Transcendental Anthropology）或"神学人类学"（Theological Anthropology）作为前提和基础："这种'基础神学的'人类学就是本来意义上的宗教哲学。我们所研究的东西，假如关涉的是人，便是人类学；假如我们把人理解为一个不得不自由地在其历史中倾听自由的上帝可能发出的福音的生命，它便是'神学的'人类学。假如人对自己的自我理解是他得以倾听事实上已经发生的神学的前提，它便是'基础神学的'人类学。"①

他的这种思考方式不仅启迪过无数的天主教哲学家，也极大地促进了整个基督宗教哲学从"神本主义"（God-oriented）向"人本主义"（Human-oriented）的转变。因此在本文中，我们将通过对他的先验人学的基本方法和理论渊源的考察，来对他的理论特征和精神实质做出一个较为中肯和较为本真的说明。

一 理论定位：作为基础神学的人类学

拉纳曾指出，他的所有理论都可以分为两个相关的部分，即"先验的方面"（transcendental aspect）和"明确的方面"（categorical

---

① 卡尔·拉纳：《圣言的倾听者——论一种宗教哲学的基础》，朱雁冰译，上海三联书店1994年版，第193页。

aspects）。这两个方面共同构成了他的思想体系的"双重架构"。① 这个"双重架构"是以他对两种启示的看法为基础的。

他认为，上帝的启示分为"先验的启示"（transcendental revelation）和"明确的启示"（categorical revelation），前者是每个人（包括非基督徒）在受造之初便具有的一种关于绝对救主的知识，因而属于普遍的自然启示；后者则是基督徒特有的、直接来自《圣经》和"圣传"的特殊启示。② 而按照他本人的解释，他在第一个方面的探究是"一种不考虑相关主题的具体内容的先验性的探究，它所提出的问题是包含在认知主体之中的、使关于一个特殊对象的知识得以可能的条件"③。他把这种"自下而上"的探究称为一种"先验人学"的探究，即不是首先依据《圣经》和其他权威来阐释信仰和教义的内容，而是首先从信仰主体（Subjekt 或 Subject）的先验结构出发来"追问关于每一个教义对象的神学知识的必然条件，并且证明在关于这个对象的知识中存在着一个先决条件"④。

他之所以把"先验人学"称为"基础神学"（foundational theology），一方面是为了突出其作为教理神学之前提和基础的地位，另一方面是为了区别于传统的"思辨神学"，因为他认为，后者只是对信仰的外在形式及其意义的形上学反思，而"基础神学"则是对作为信仰主体的人类主体本质的探究，其所关注的是人类倾听圣言的先验条件。

这种作为基础神学的人类学的出发点是他对人的"先验存在"与"历史存在"之间"互为条件与互为中介之关系"的思考。对此，他在《基督宗教信仰的基础》中解释说："作为主体和位格（person）的人

---

① K. Rahner, "Jesus Christ, IV: History of Dogma and Theology", in *Sacramentum Mundi: An Encyclopedia of Theology*, edited by Karl Rahner, Vol. 3, New York: Herder and Herder, 1969, p. 197.
② K. Rahner, *The Church and the Sacraments*, New York: Herder & Herder, 1963, pp. 57 – 80.
③ K. Rahner, *Theological Investigations*, trans. by C. Ernst, New York: Cross – road, 1961 – 1992, Vol. 11, p. 87.
④ K. Rahner, *Theological Investigations*, trans. by C. Ernst, New York: Cross – road, 1961 – 1992, Vol. 9, p. 29.

是一种历史性的存在,正如他同时也是一个先验性的主体;他的属于无限的先验性的主体本质是以历史为中介而进入他的知识和他的自由的自我实现之中的。"① 他所说的 "先验存在" 指的是一种精神性的存在。"历史存在" 则指的是一种物质性的存在,是前者在时空中的物质世界和人类历史上的表现。尽管这两者之间是一种互为条件和中介的关系,但是从绝对的意义上看,人的先验存在才是最为根本的存在,并且是历史存在所依赖的前提条件。② 正因为如此,他一方面继承了托马斯·阿奎那(Thomas Aquinas, 1225—1274)把灵魂(精神)视为物质身体的形式的观点;另一方面又认为,人在本质上是一个具有 "无限开放性" 的精神(Geist 或 Spirit)。

人的 "无限开放性" 体现在:人总是在思考问题,而且人的每个思考都会引发新的问题,但如果人反问自己为何会不断地思考和提出问题,就会发现真正的问题并不是这个或那个有限的对象,而是作为存在本身的绝对者。只要还没有找到关于存在本身的奥秘,人就要无休止地追问下去,否则便会失去作为人的特性和位格。当人进行这种反思时,就会发现自己的本质是一个向着 "无限的视野"(infinite horizon)不断延伸的精神。用拉纳的话说:"人是精神并有一双开放的耳朵,去倾听任何可能出于永恒者之口的圣言;这是如何从原初把握人的本质的一个命题",但这种精神不是柏拉图主义者的 "独立精神实体",而是一种 "在世的精神"(Geist in Welt),因为 "人是精神,所以他为了成为精神将进入并且从在的角度讲已经进入了他者,进入了物质,从而进入了世界"。③

也就是说,正因人是 "在世的精神",而非独立的精神实体,所以处在时空中的物质身体是人的精神在世界上得到表现和实现的条件。受其影响,人的无限开放性也必须以物质为中介并且受到后者的限制,从

---

① K. Rahner, *Foundations of Christian Faith, An Introduction to the Idea of Christianity*, trans. by W. V. Dych, New York: The Seabury Press, 1978, p. 140.

② Ibid., p. 208.

③ 卡尔·拉纳:《圣言的倾听者——论一种宗教哲学的基础》,朱雁冰译,上海三联书店1994年版,第145页。

而难以仅凭其先验的精神能力来趋向无限的存在,趋向不可理解和不可言说之奥秘的上帝。因此,成为真正的人就是要成为真正的精神,成为真正的精神就是要向"存在本身"开放,并最终向作为存在之源的"神圣奥秘"(上帝)开放。只是人作为一个取了肉体样式的"在世的精神",是不可能把上帝当作一个客体来加以直观的,而只能仰赖上帝在时空和人类历史中的自我通传(self-communication)。

一方面,精神(灵魂)是一个开始意识到自己的存在,并且由此趋向了不可言说之奥秘的人所特有的存在方式,而且只有在人对这种奥秘的自由接受之中和人的不可预测的主体活动之中,人才能趋向其自身的存在。另一方面,物质(身体)是一个人离开其自身而趋向世界上的其他对象并且与时空中的其他"受造之灵"进行交流的条件。不过,尽管在人的精神与物质之间存在实质性的差别,却不能由此把它们视为相互对立的两端,而应该将两者之间的关系看成人作为"向着精神发展的物质的内在本性"。也就是说,人的物质身体并不是人的精神发展的障碍,而是可以参与精神的超越活动,并且朝着精神的方向发展。这种从物质趋向精神的活动又可以称为人的自我超越(self-transcendence),而且它"只有依赖绝对完满的存在(上帝)的力量才能得以实现"。[1]

二 时代背景:从圣依纳爵到新托马斯主义

拉纳之把先验人学作为其神学的基础,并不仅仅是出于个人的学术兴趣,而是对宗教多元化和宗教世俗化的当代处境做出的一种回应。因此,在探讨其先验人学的思想背景时,必须将其放在20世纪基督宗教思想的大背景中加以考察。

在拉纳所活跃的20世纪,越来越多的基督徒思想家开始认识到,

---

[1] K. Rahner, *Foundations of Christian Faith*, The Crossroad Publishing Company, 1978, pp. 184-185.

处于多元主义和人本主义的世俗文化中的基督宗教必须进一步摆脱过去那种片面强调"教会之外无救恩"而忽视基督徒的现世责任的倾向，主动承担起在上帝和人类之间搭建一座桥梁的使命。在20世纪60年代中期召开的"梵二会议"就是这种思潮达到巅峰的标志之一。在这次使信徒人数在基督宗教中位居第一的天主教走上现代化之路的会议上，作为神学顾问的拉纳与孔加尔（Yves Congar）、席勒比克（Edward Schillebeeckx）、孔汉思（Hans Kung）等几位神学家一起排除教内保守势力的干扰，在会议文件中强调了任何神学探讨都不应忽视信仰和教义在人类历史中的意义和作用的原则。①

结合这一时代背景来考察拉纳的先验人学，我们发现它正是这一从"神本主义"转向"人本主义"的思想变革的产物。事实上，当拉纳于1922年进入奥地利的耶稣会初学院接受圣依纳爵（St. Ignacio de Loyola）的"神操"时，在教会学校里仍然盛行着以圣托马斯·阿奎那作为精神导师的托马斯主义。但由于以罗马教廷教育部部长马泽拉枢机（Cardinal Mazzella）为代表的"老托马斯主义者"为了维护托马斯主义的正统性而拒绝对其加以任何改造和发展，甚至禁止把圣托马斯的拉丁著作翻译为其他语言来讲授，从而使后者逐渐变成了阻碍广大神职人员思想创造的桎梏。②

为打破这种桎梏，以曼尔西埃（C. Meicier）、吉尔松（E. Gilson）、马利坦（J. Maritain）等人为代表的一批天主教学者通过对圣托马斯理论的扬弃和改造而创立了所谓的"新托马斯主义"（Neo-Thomists）。与保守的"老托马斯主义"相比，他们的"新"字主要体现在：他们不仅按照"人类学"的标准对圣托马斯的学说进行了重构，而且对其中一些过时的亚里士多德主义因素实行了"历史的扬弃"。在他们看来，这种"历史的扬弃"非但没有歪曲圣托马斯的学说，反而可以让

---

① 武金正：《人与神会晤——拉内的神学人观》，台北光启出版社2000年版，第15—17页。

② 傅乐安：《托马斯·阿奎那传》，河北人民出版社1997年版，第199—200页。

它不被人类认识的发展所淘汰。①

在"新托马斯主义"取代"老托马斯主义"而成为天主教主流哲学的时代,已经正式"发愿"成为耶稣会士(1924年)的拉纳正在德国普拉克(Pullach)的耶稣会学院里实践该会创始人圣依纳爵的"神操",竭力在个人的日常生活中追求和侍奉基督。这些在日常生活中获得的宗教经验对他产生了深刻的影响。如他不仅在当时发表的处女作"我们为何要祈祷"中论述了祈祷在基督徒灵修生活中的重要性,而且在四十二年后发表的《神学论集》第七卷中再次肯定了圣依纳爵的神秘主义对提升基督徒的信仰和敬虔的必要性,他甚至说:"敬虔的基督徒若不能成为一名神秘主义者,那么他就一无是处。"② 也正是由于圣依纳爵的影响,他才在后来的著作中强调,耶稣的"尘世生活"及其奔向上帝之奥秘的生存实践是基督徒成圣和得救的必要条件,所以"效法基督"的关键就是要效法耶稣本身所接近的和实践的"人性生活",因为"基督徒作为基督徒的全部任务,就是依其生活的神秘深度做人,在这一点上,基督徒生活也就是接受人生。接受我们的日常生活,就是效法天主在耶稣身上成为历史的生活这样一个原则,就是天主降生成人"。③

然而,对于作为神秘主义者的圣依纳爵来说,追求基督主要是一种与非理性的生存体验有关的活动,即通过每日的祈祷敬礼、沉思默想和侍奉生活来体验基督的存在和爱德,可是对于作为理性辩护主义者的圣托马斯来说,追求基督则不可能脱离理智的作用,因为只有当上帝的作为才不是不可捉摸的,而是符合某种意义上的"理性法则"时,人才可以"通过对可感事物的原因、本质和关系的哲学推理,来上升到关

---

① 徐弢:《托马斯·阿奎那的灵魂学说探究:从基督教哲学角度的一种解释》,上海人民出版社2007年版,第164—165页。
② K. Rahner, *Theological Investigations*, Vol. 7, Trans. David Bourke, New York: Herder and Herder, 1971, p.15.
③ 转引自金涛《与卡尔·拉纳一道思考基督徒的灵修基础》,载中国天主教主教团教务委员会编《当代神学家卡尔·拉纲》,2005年,第25页。

于上帝存在的神学真理"。① 圣托马斯的这种倾向同样对年轻的拉纳产生了影响,因而他在强调通过奔向上帝之奥秘的生存实践来体验和效法基督的"人性生活"的同时,又总是试图运用理智的方式来认识和说明这种体验以及这种体验的主体——人本身。② 从这种意义上说,他的先验人学是一种对圣依纳爵的神秘主义和圣托马斯的理性辩护主义的调和。

不过他没有像某些"老托马斯主义"者一样停驻在对圣托马斯学说的解释上,而是利用新的方法对后者加以创造性的发展。例如,托马斯认为,人的本质是一个"被赋予了灵魂的肉体",所以灵魂就其本性来说只适合作为肉体的形式与现实性。③ 然而,拉纳虽然也没有把"灵魂"单独作为上帝救赎之恩的受体,但是却更加强调人的精神存在的价值。他认为,"人的本质是对毕竟在的绝对开放性,或者用一个词来说:人即精神"④。

对于这种扬弃,拉纳曾经评价说:"我们主张按照个人的见解来讨论我们应该如何去解释圣托马斯。我们希望能够以这位伟大的天使博士的一名学生的身份来表明自己是如何理解他的。无论我们对于他的理解是适当的还是不适当的,我们都不会徒劳地去强求整个经院哲学的一致性,而只是主张对圣托马斯和他的言论加以重新审视。"⑤

实际上,时常被称为"当代的托马斯·阿奎那"的他为了强调人在宗教生活中的主体性,而利用康德的"先验方法"和海德格尔的"存在分析"(existential analysis)进一步强化了圣托马斯的那些强调人类认识的先验性以及"存在先于本质"的观点,同时又扬弃了那些难

---

① S. Stumpf, *Socrates to Sartre: A History of Philosophy*, New York: McGraw–Hill, 1993, pp. 196 – 198.

② D. Donovan, "Karl Rahner Dies—Retrospect Presented", in *National Jesuit News*, Vol. 13, No 7 April 1984, pp. 10 – 17.

③ Thomas Aquinas, "Commentary on St Paul's First Letter to the Corinthians", in *Aquinas Selected Philosophical Writings*, ed. by T. Mcdermott, Oxford University Press, 1993, pp. 192 – 193.

④ 卡尔·拉纳:《圣言的倾听者——论一种宗教哲学的基础》,朱雁冰译,上海三联书店1994年版,第40页。

⑤ K. Rahner, "Aquinas: the Nature of Truth", in *Continuum*, Vol. 2, No. 1. (Spring, 1964), p. 61.

以适应神学的"现代化"和"人类学转向"的观点。正因为如此,国外学者常常把他的学说称为"先验的托马斯主义"(Transcendental Thomism)。

三 哲学渊源:从康德、马雷夏到海德格尔

拉纳"先验人学"的核心观点认为,在人的精神架构中先天地具有关于一个"绝对救主"的观念,而且这个先验的观念是人类得以理解并信仰基督的先决条件。[①] 从哲学渊源上看,他的这种观点首先受到了康德《纯粹理性批判》一书的启发。

康德的《纯粹理性批判》不仅在哲学中实现了从"人向自然学习"到"人为自然界立法"的"哥白尼革命",也导致了整个西方宗教思想从近代的自然主义向现代的人本主义的转变。因此,尽管该书曾经被罗马教廷列入"禁书目录"(1827),但是短短几十年之后,它便开始在天主教的大学里得到公开研究,并且对包括拉纳的老师马雷夏(Joseph Maréchal,1878—1944)在内的许多天主教学者产生了影响。

在拉纳的先验人学中,来自康德的影响主要表现在两个方面。首先,他像康德一样把作为"先验主体"的人类的知识、自由和其他经验的"可能性的条件"作为关注的重点;其次,他认为,人类的精神和理性活动之所以能得到理解的原因就在于人类的先验精神架构,而不在于那些左右人类的、不断变化的历史条件。

由于大多数哲学家都习惯于按照康德在《纯粹理性批判》中的解释来使用"先验"(transcendental 或 transzendental)一词,所以当拉纳将这个词运用于他的"先验人学"中时,我们也容易误认为他是在套用康德的概念来解释基督宗教的教义。但事实上,当他说人是一种先天具有关于绝对救主的观念的"先验主体"时,他所说的"先验"并不

[①] K. Rahner, *Theological Investigations*, Vol. 11, Trans David Bourke, New York: The Seaburg Press, 1974, pp. 93–94.

完全等同于康德的"先验",而且相应地,他的"主体"也不完全等同于康德的"主体"。而出现这种区别的主要原因是他受到了自己的老师马雷夏的影响。

马雷夏是最早运用康德的先验方法来发展托马斯主义的天主教哲学家之一。但是作为一名神职人员,他又不赞同像康德那样否认关于上帝的"形而上学"知识的可能性,而是试图通过分析"先验判断"的本体论意义来克服康德的不可知论和"现象主义",并且由此把康德的先验哲学与托马斯的自然神学统一起来。出于这一目的,他一方面借鉴康德的先验方法发展了圣托马斯的思想,认为圣托马斯关于积极理智(抽象能力)的论述实际上是关于人的先验能力的论述;[1] 另一方面又按照圣托马斯的自然神学批评了康德先验方法的"不彻底性"及其导致的不可知论倾向,认为人类的每一个认识活动都与一个绝对的客观存在相关联,并且以后者的实现(上帝)作为其得以可能的条件。[2] 就经院哲学的标准进路而言,形上学的问题,就是关于存有的问题,在此进路上,基尔松指出每一件具体的存在的物,其存在都依赖于一个纯粹的存有实现。

马雷夏对康德先验哲学和托马斯自然神学的调和得到了拉纳的赞同,他评价说:"'先验神学'一词是按照先验哲学的模式发展出来的,它表明了先验哲学在(马雷夏之后的)天主教思想中得到的承认及其产生的重要影响。然而它并不意味着先验神学仅仅是先验哲学在神学主题中的一种运用。"[3] 在马雷夏的影响下,他一方面接受了康德关于人的先验认识能力的观点并且承认人不可能仅仅凭借自然理性而达到关于上帝的认识;另一方面又认为,康德的先验论是"未完成的先验论"。例如,康德认为,理智只能通过其先验的范畴去认识来自外部世界的

---

[1] 蔡淑丽:《卡尔·拉纳形上学人类学的思想体系与方法》,载胡国桢编《拉纳的基督论及神学人观》,台北:光启出版社 2004 年版,第 133 页。

[2] 参见 Otto Muck, *The Transcendental Method*, translated by William Seidensticker, New York: Herder and Herder, 1968, p. 73。

[3] K. Rahner, "Transcendental Theology", in *Encyclopedia of Theology: The Concise Sacramentum Mundi*, edited by Karl Rahner, London: Burns & Oates, 1981, p. 1748.

"表象",而不可能认识真正的"物自体",并且由此把"理性神学"所关注的"自由意志、灵魂和上帝"等统统当作不可知的"物自体"而排除在人类认识的界限之外。但拉纳却认为,在人的理智内部有一种努力追求关于上帝(绝对者)的知识的原动力,而当理智在后者的驱使下去努力追求关于上帝的知识时,将不可能不超越出感觉经验的界限。可是康德一方面承认理智可以凭借其先验的范畴来超越感性形式的限制;另一方面又不愿追问这个驱使理智超越感性界限的原动力的神圣起源,从而未能进入真正超验的神学领域而发现作为人的先验存在的来源的上帝。[1] 他则由此提出,只要人不把自己的先验精神能力当作达到这些形而上学知识的道路,而是将其视为自己聆听圣言的可能性条件,那么人就完全有可能达到关于上帝的形而上学知识。[2]

除了圣托马斯和康德之外,对拉纳影响最大的莫过于他在弗赖堡大学攻读博士学位期间(1934—1936)的老师海德格尔(Martin Heidegger)。尽管由于不满海德格尔对纳粹的妥协,他最终选择了另一位天主教背景的教授马丁·昂纳克(Martin Honecker)作为导师,但海德格尔的影响早已在他的思想中扎下根来。实际上,正是由于保守的昂纳克教授认为他的学位论文《在世之灵:关于托马斯·阿奎那的最终发现的形而上学》有用海德格尔的存在哲学曲解托马斯主义之嫌,他才未能如期拿到弗赖堡大学的哲学博士。

海德格尔认为,两千年来的西方哲学一直在谈论"存在者"的问题,却遗忘了存在自身:"如果我们再度回忆一下西方—欧洲思想史,我们就会了解到:存在之问题作为存在者之存在的问题,是有双重形态的。它一方面问:存在者一般地作为存在者是什么?在哲学史进程中,在这个问题领域内的考察是在'存在学'(Ontologie)这个名目下进行的。而另一方面,'什么是存在者?'这个问题也追问:何者是以及如何是最高存在者意义上的存在者?这就是对神性的东西和上帝的追问。

---

[1] 参见胡国桢编《拉纳的基督论及神学人观》,台北光启出版社2004年版,第9页。

[2] K. Rahner, *Foundations of Christian Faith*, The Crossroad Publishing Company, 1978, p. 208.

这个问题的领域乃是神学（Theologie）。"① 在他看来，神学家之所以要逃避对存在自身的关注，主要是为了找到一个"最高存在者"或者"绝对现实性"（上帝）来充当安全保障和信仰对象，但这种对最高存在者的信仰和执着却阻断了他们追问存在的道路，即对于存在本身——的关注。这个存在本身不是任何存在者，当然也不是形而上学的传统神学中的那个作为"至高者"的上帝，而是存在所由以发生的（使存在的）"虚无"，是存在发生的意义事件。而他做出这一存在分析的目的之一就是把上帝从这种"存在者性"的束缚下解放出来，因为"那面向虚无的自我释放，将（此在）自身从人人都有的，并且习惯作为退避之处的偶像解放出来"②。

海德格尔的存在哲学对拉纳的影响甚至超过了康德，因为康德的先验方法对他的启发主要限于认知层面上，即启发了他对人类接受上帝"自我通传"的先验结构的设想，但海德格尔的"存在分析"却引导他进一步将这种先验结构植入了人类的生存活动之中，并且由此探讨了基督在人类历史中的真实存在的意义。例如，海德格尔认为，康德的先验范畴只能运用于对客观知识的认识领域，而不能运用于对存在本身的认识领域，因为后者只能借助另一种完全不同的先验范畴——关于生存结构的本体论范畴来加以认识。③ 受这种认识的启发，拉纳也通过对"此在"的基本结构的探讨而超越了康德先验哲学的知识论限制。

在他的先验人学中，海德格尔的影响主要体现在三方面。第一，他的先验人学所关注的重点是海德格尔的"此在"（Dasein）——提出存在问题的人。他指出："只要从一开始便把所有形而上学问题的这个出发点理解为对人之在的明确表述，那么自然会明白，一般在的所有形而上学问题同时也是提出这个问题的在者的存在问题，即人的问题。……

---

① 海德格尔：《路标》，孙周兴译，商务印书馆2000年版，第526页。
② 转引自吴学国《海德格尔晚期思想中的上帝》，《求是学刊》2002年第4期，第32—34页。
③ 参见刘小枫《走向十字架上的真》，上海二联书店1994年版，第305页。

在问题和提出问题的人本身的问题构成了原初的和恒久完整的统一。"①第二，他也像海德格尔一样反对把上帝视为一种帮助人逃避存在本身的偶像，而是将其视为一条引导人归向存在本身的道路。例如他提出："既然走向上帝的开端（Ausgang）只能存在于作为精神的人的先验结构之中，只能存在于人所固有的超验之中，也就是说存在于他进入自我的内归之中，那么，我们也可以说：人所具有返归自己的可能性，这种返归为人开启在，并进而在其中为人开启上帝，这种返归的可能性只能存在于进入世界——共同世界和周围世界——的外出（Auskehr）之中。"② 第三，他像海德格尔一样认为，有限的人应该向无限的绝对者开放，并在两者之间建立一种对话关系。例如他在《基督宗教信仰的基础》中曾经用比海德格尔更加明确的语言来表述人类向着一个无限的绝对者开放和伸展的先验命运，他指出：作为主体的人类"在根本上和本性上（von sich aus）是对于任何绝对的东西、对于存在的纯粹开放性"。③ 而且他还在《神学论集》中解释说，这种彻底的开放性只能以那个作为完满的存在、内在的无限和不可理解的奥秘的上帝作为其开放的对象和目标，"当我们谈起任何关于可以被描述和定义的我们自身的事情时，我们都根本不是在谈论我们自己，除非我们谈到了或者表达了我们是与不可理解的上帝有关的存在者的事实"④。

当然，以上三点相似性并不意味着拉纳已经变成了一位海德格尔式的存在主义者。严格地说，作为一名神学哲学家的他的基本观点还是更为接近圣托马斯和约瑟夫·马雷夏的神学思想。而海德格尔对他的影响主要是激发了他对于"此在"的基本结构的探讨，并且将这种探讨用作了论证基督宗教的教义的方法。事实上，他的先验人学是在当代神学从神本主义转向人本主义的大背景下，按照实现神学现代化的需要对圣

---

① 卡尔·拉纳：《圣言的倾听者——论一种宗教哲学的基础》，朱雁冰译，上海三联书店1994年版，第38页。

② 同上书，第161页。

③ K. Rahner, *Foundations of Christian Faith*, trans. W. V. Dych, New York: The Seabury Press, 1978, p. 20.

④ K. Rahner, *Theological Investigations*, Vol. 4, trans. Kevin Smyth, Baltimore: Helicon press, 1966, p. 108.

依纳爵的神秘主义、圣托马斯的人学理论、康德的先验方法和海德格尔的存在哲学进行的一种整合。

Karl Rahner's Transcendental Anthropology and Its Conciliation Feature

(Li Sifan, Xu Tao, Wuhan University, 430072)

Abstract: Transcendental anthropology is the basis of Rahner's whole theology. The starting point of this anthropology is the relationship of mutual conditioning and mediation in human existence between what is transcendental and what is historical, and the kernel of it is the spiritual existence of human with a transcendental unlimited openness to the divine secret. In the background of Christian theology's turning from God – oriented to Human – oriented, he conciliated the Mysticism of St. Ignacio, the human theory of St. Thomas, the transcendental method of Kant, and the existential philosophy of Heidegger for the modernization of theology.

Keywords: Karl Rahner; transcendental anthropology; conciliation feature

奥古斯丁和尼布尔的人性论比较

李 艳[*]

摘要： 人性论问题是基督教思想史上一个重要的研究领域。对人的本质属性和人的存在处境的认识和分析，对人与上帝、人与人以及人与自然之间关系的研究最终都指向一个目的，即更深地认识人。奥古斯丁和尼布尔是基督教思想史上两位声名显赫的思想家、神学家，二人对"人性"问题的阐释各有千秋。奥古斯丁认为，人是理性的存在物，人由于骄傲，滥用上帝赋予的自由意志犯罪堕落，并且这一原罪具有决定性的遗传意义。尼布尔则将基督教的传统教义和人类的现实处境结合起来，认为人兼有精神的超越性和自然的有限性，从而不可避免地产生焦虑，进而在受到引诱的时候走向犯罪。他们生活的年代虽相隔久远，但对人性的洞见却既有相似又有截然迥异之处。

关键词： 自由；原罪；人性；骄傲

基督教中有关人性的探讨一直以来是基督教思想史上非常重要的一个研究领域，它对西方人性论的产生和发展有着重要的意义和深远影响。中世纪基督教思想的集大成者奥古斯丁（Saint Augustine，354—

---

[*] 李艳，武汉大学哲学学院外国哲学专业博士研究生，Email：rebekah1987@163.com。

430）被公认为基督教传统人性观学说的开拓者，奠定了西方人性论发展的基调，为其发展"提供了前所未有、不可或缺的思维和理论视野"。20 世纪美国著名的基督教思想家、神学家莱茵霍尔德·尼布尔（Reinhold Niebuhr, 1892—1971）立足于基督教传统人性观的观念，同时又关注人在现实中的生存处境，促成了基督教人性观在现代发展的思想转折。两位思想家人性论思想的形成渊源主要有《圣经·创世记》的神创论、自身的生存经历或体验以及对各自所处时代问题的回应。二人相隔虽时代久远，但对人性论中的核心内容诸如人的自由和罪的共同关注分别对传统和现代的人性学说产生了相应的影响。本文主要从人的本质属性、人的犯罪堕落及人的原罪这三个角度梳理了奥古斯丁和尼布尔在人性观上所持的主要观点，试图通过比较的方式，将二人思想的传承关系以及异同之处清晰呈现出来，从而更好地探视西方人性论在现代的具体转向，启发我们对人性有更为全面和深入的思考和认识。

一 上帝的形象：理性与精神自由

奥古斯丁和尼布尔立足于基督教信仰，对于人的来源及其本质属性，二人都回到《圣经·创世记》中的记载，对"人是按照上帝的形象造的"做了分析。尼布尔的观点深受奥古斯丁的影响，在很大程度上与之保持一致，但是二人在释经原则上的分歧使得尼布尔更多地转向从生存处境的视角对此加以诠释。

（一）奥古斯丁：人是理性的存在者

奥古斯丁是在与佩拉纠主义的论战中，出于护教的需要，围绕人的受造本性展开对人性问题的探讨的，并且与原罪、恶、自由意志、恩典、预定等问题紧密相关，它们一道构成了奥古斯丁人性论的核心内容。彼得·伯内尔曾对此有很好的总结，他把奥古斯丁的人性论分为六个主要论题——人的基本组成：身体与心灵；人的心灵之合一与多元；

思想、情感、意志、记忆等；人的处境：罪与恩典；人的美德：爱；人的社会：上帝之城与地上之城；人的定位：上帝的形象。①

奥古斯丁的人性论是在对《圣经·创世记》中记载的上帝创造天地万物和人的注释分析中逐步形成的。在《创世记字义》一书中，奥古斯丁对人受造本性的原初自然状态、人的犯罪堕落、人类历史的起点和形成进行挖掘，因为在他看来，《创世记》一书中蕴含着对人性这一问题的伟大回答。

奥古斯丁从《创世记》的记载中分析了人的产生和最初存在的状况。受造界的一切存在都是上帝从虚无中创造的，他们的存在都依赖于上帝，与上帝是创造者和被造物的关系，且有存在等级的区别。上帝在创造好一切万物之后，于第六天创造了人。上帝按照自己的形象和样式，用地上的尘土造了亚当，并且将生气吹在他的鼻孔里，使他成为有灵魂的活人。这意味着人是所有受造物中的一部分，但同时也表明他在受造物中的地位是独特与尊贵的，人是一切被造之物中最高的存在。于是，亚当不仅具备形体而且还拥有灵魂，"因为上帝给人造了一颗有理性和理智的灵魂，其他生灵均没有得到这样的天赋，上帝用来造人的气息就是灵魂"②。这就是人与其他受造物与众不同的本质区别。奥古斯丁认为"上帝的形象"只与人的内在灵魂有关，只有在灵魂中，才能体现上帝的形象。艾利克森将上帝的形象具体解释为人理智的思考和自由决断能力，他说："这一形象乃人格中的某些能力，它使每个人都能像上帝那样，成为一个能与其他人互动，能够思想和反思，有自由意志的人。"③ 这与奥古斯丁将人视为拥有自由意志的理性存在物的观点是一致的。奥古斯丁认为，人的本质包括身体和灵魂两部分，且本性为善，因为上帝所造的一切都是好的，上帝造人的目的是彰显上帝的荣耀，如若人按照上帝的心意生活就是善的，反之就是恶的。于是在上帝

---

① 谭国才：《意志与神人的关系——奥古斯丁论人的处境》，载林鸿信编《基督宗教之人观与罪观——兼论对华人文化的意义》，台大出版中心2013年版，第23页。
② 奥古斯丁：《上帝之城》（上卷），王晓朝译，人民出版社2006年版，第536页。
③ 米拉德·J. 艾利克森：《基督教神学导论》（第二版），陈知纲译，上海人民出版社2012年版，第208页。

和人类之间，即创造主和受造物之间，就有了一种依存性的关系。从人类存在的角度看，他的存在和价值是需要持续不断地依靠创造主，将意志定义在上帝身上，从上帝那里获得维持生命的真理。"因为除了上帝以外，再没有别的方法可让有理性或有理智的被造物得蒙福乐。"①

（二）尼布尔：人是自由与有限的统一

尼布尔的人性观是对当时在美国盛行的乐观主义人性观的扭转。他深刻洞察到《圣经》和奥古斯丁思想中对人性论述的真知灼见，加之他在底特律牧会期间的亲身经历，底层工人的悲惨境遇深深撼动了之前他一贯坚持的乐观主义的神学立场，残酷的现实迫使他重新反思自己的信仰并且寻求新的出路。在其著作《人的本性与命运》一书中，尼布尔详细阐述了自己人论的思想内核，以致一位评论家下结论说："尼布尔对当代基督教神学的重述，最大的贡献为他对人论的探讨。"② 由此可见，尼布尔人论思想的重要性以及研究的必要性。概括来讲，尼布尔人论思想的核心是对人类矛盾特性细致入微的洞察了解。

尼布尔赞同奥古斯丁对"上帝的形象"的理解，只是他具体的分析解释更多的是受存在主义思想的影响，着眼于从人的处境出发，将其解释为人的自我超越的能力。这一存在论视角的解读最先源于存在主义的开山鼻祖克尔凯郭尔，尼布尔承袭发展了克尔凯郭尔的思想。在《人的本性与命运》一书开篇，尼布尔对人的处境做了独到的分析。人"处于自然与精神的交汇处，周旋于自由与必然之间"。③ 一方面，人是被造者，是有限的受造物，置身于自然界中并且受制于自然法则和因果规律的制约；另一方面，人是受造物中唯一有上帝形象的存在物，尼布尔认为，这是一种人可以自我超越的能力，是理性也是灵性的自由，

---

① 奥古斯丁：《上帝之城》（上卷），王晓朝译，人民出版社2006年版，第443页。
② 葛伦斯、奥尔森：《二十世纪神学评介》，刘良淑、任孝琦译，上海三联书店2014年版，第120页。
③ 尼布尔：《人的本性与命运》，成穷、王作虹译，贵州人民出版社2006年版，第165页。

"灵性自由表现在人不但能对自然界的诸种生命形式提出询问和挑战，而且也能对人自身为自然界下的定义和解释做出批判性的反思"[1]。人的理性对此有高度清醒的意识能力。人就是这两方面的统一，既有上帝的形象——灵性的超越性，又是受造物——自然的有限性。尼布尔认识到人这种悖谬式的存在，他说道："人类自我认识的这些悖谬，虽不容轻易地作更简单的解释，但全都指出有关人的两个事实：一个事实比较明显，另一个则不那么明显。这两个事实通常也不为人们同等地领会。那个明显的事实是：人乃自然之子，服从自然的规律，受自然的必然性所驱遣，受自然的冲动所迫使，限于自然所允许的年限之内，因各人的体质不同而稍有伸缩，但余地却不太多。另一个不太明显的事实是：人是一种精神，他超出了他的本性、生活、自我、理性以及世界。"[2] 人就是自由与有限的矛盾体，因为人既具有上帝的形象这一独特之处，同时人又是自然界中的受造物。

由此可以看出，奥古斯丁和尼布尔都是从基督教信仰的立场出发建构及审视人性观。根据信仰，是上帝创造了这个世界和其上的一切万物，而且上帝所创造的一切都是好的。人是上帝按照自己的形象和样式创造的，上帝和人之间的关系是创造者和受造物的关系，这意味着人是有限的存在物。但二人对人有限的强调角度不同：尼布尔从人所处的自然出发，认为人在自然中必然要受到自然规律和生命形式的约束和限制，不可能为所欲为。奥古斯丁认为，人的有限是相对于无限绝对的上帝来说，上帝是不受时空限制的全能的存在者，但是人作为受造物肯定不及上帝。简言之，尼布尔讲人的有限是处境的有限，奥古斯丁则从根本上看到人与神在存在等级次序和能力方面的有限。在人的自由问题上，尼布尔非常强调人类超越自身有限处境的自由。罗宾·洛汶认为，尼布尔把自由看作是人本性的一个组成部分。"尼布尔提出，任何对于人类本性的适当解释，都必须不把自由看作是与人类固定的本性相反的

---

[1] 陈跃鑫：《试论尼布尔关于人性的阐释》，《金陵神学志》2006年第3期。
[2] 尼布尔：《人的本性与命运》（上卷），成穷、王作虹译，贵州人民出版社2006年版，第3页。

东西，而是恰恰应当把自由看作是人类本性的一个部分。"[1] 奥古斯丁则将自由视为意志的属性，是上帝为了让人正当生活而赋予人的能力。

二 人的堕落：骄傲抑或焦虑

"罪"是基督教的一个核心术语。围绕罪所展开的相关讨论诸如罪是什么、罪是如何发生的、罪的遗传性问题、罪与人的自由意志等一直是探讨基督教哲学避不开的问题，罪论也构成了基督教人性论的神学基础。

（一）奥古斯丁：骄傲是邪恶意志的开端

奥古斯丁从伊甸园中始祖犯罪堕落的记载入手，对这一原罪行为进行了深入的辨析，对人性进行了可谓是鞭辟入里的透视。他从自身的经历思考出发，看见罪恶的普遍存在和人类深陷其中不能自拔的可怜光景。这促使他深层次地思考邪恶的根源问题，这一问题是人生存在性的终极议题。

奥古斯丁认为，本体论上的恶是不存在的，即恶不是实体，它只是善的缺乏。这仍需要从上帝的创造问题谈起。奥古斯丁提出了上帝创造的两个特征，即上帝从无中创造了一切，一切受造物都是好的。但在创造者上帝与受造物之间是有区别的。从本性来讲，上帝是"至善"，这个善是"单纯的"，"不变的善"，也是至高的存在，没有任何事物的存在可与之相比。受造物就其本性来说也是善的，因为每个事物都有自己受造之初的种与属和某种内在的和谐。但是这种本性绝不是至善（只有上帝自身是至善），这就意味着受造物善的本性是可变的和可朽坏

---

[1] Robin W. Lovin, *Reinhold Niebuhr and Christian Realism*, Cambridge: Cambridge University Press, 1995, p.122. 转引自张诏阳《论莱茵霍尔德·尼布尔的人性观——以"自由"为核心的考察》，上海师范大学硕士学位论文，2012年。

的,这种善的但又是变动的本性相比于至善和至高存在的上帝而言就是一种缺陷,也正是这种缺陷为意志转向恶提供了可能。在《忏悔录》中奥古斯丁明确说道:"'恶'这个词,当指称受造物时,指的是一种缺乏,在本该有善的地方,缺失了善。""当我想知道什么是邪恶时,才意识到这并不是一个实体,而是背弃您转向低级事物的意志。这便是抛弃自己高尚的内心,转而贪婪地对外膨胀。"[1] 而上帝之所以会允许这样的缺乏发生,他这样解释到,从受造物的整个秩序来看,造物中的这种不完善并非都该受谴责,一个事物停止存在,会有另一事物替代,而且在这个动态的过程中,有美和秩序存在于其中,就像言语是由一个音节的止息和后一个音节的后继这样许多音节组成的,也就是说,从整体上看都服从完善的秩序。

恶是善的缺乏,而不是实体,为了说明罪恶的来源,奥古斯丁转向对意志的分析,最先将人的自由意志和犯罪堕落建立起因果关系。从他对上帝创造的描述中可以推出,自由意志的存在本身也是好的。原初的自由不是罪,而是上帝给予人的善的馈赠,是为了让人正当生活而不是成为受制于上帝的毫无自由的人,是出于爱而甘愿冒险的举动。上帝本是完全出于爱,将自由意志赐予人,让人正当地生活行动,但人却滥用了自由意志而走向堕落。故我们会问从上帝所造的善的意志中为何竟会有亏缺以致生出恶来?在此,奥氏从自由意志本身的特性着手分析。他把自由意志界定为一种中等之善。处于中等之善地位的自由意志,其自身自由的决断、意愿便完全以自由意志这种能力为前提。意志决断的结果有善恶之分,意志既能正当地也能错误地被人运用,也即人有犯罪的可能和不犯罪的可能。在《上帝之城》中,奥氏也对善的事物如何成为邪恶意志的动力因给出了进一步的解释:"当意志放弃优于它本身的东西而转向劣于它的东西时,意志就变成邪恶的。这不是因为它转向的那个东西是邪恶的,而是因为转向本身是邪恶的。所以,低劣的东西没有使意志变成邪恶,倒不如说,是意志本身由于邪恶地、放纵地想要得

---

[1] 奥古斯丁:《忏悔录》,徐蕾译,中国社会科学出版社2007年版,第285、303页。

到低劣的东西而使本身变得邪恶。"① 由此可见，当意志不是依附最高的存在转而追求低一级事物，放弃自身本应属于的种与属，这就是罪了。

自由是意志的属性。人的意志是可以自由地决断意愿任何东西的，没有任何东西像意志本身这样完全在意志的权能之下，所以人的意志是自由的意志。自由意志是一种选择善恶的能力。拥有理性的人的恶是基于他的选择和行动。奥古斯丁在《论善的本性》中说："罪不是对恶的事情的自然欲望，而是对好的事物的放弃，这本身就是恶，不是有罪的人故意地利用这种本性，因为恶就是邪恶地使用一种好的事物。"② 恶在于意志的自由选择，故意志是邪恶的根本原因。奥古斯丁将罪定义为意志背离上帝（the will's turning away from God），是一种对上帝给予的无限恩典的抛弃，这一抛弃本身是应受责备的，因为它是人的意志的自愿选择。而造成人的意志发生偏离上帝的运动，究其原因在于人内心深处的骄傲。奥古斯丁详细分析了发生在伊甸园中人类堕落的事件。始祖亚当、夏娃明明知道上帝曾盼咐他们不可吃园中那一棵分别善恶树上的果子，因为吃的日子必定死。但他们骄傲地幻想自己能够变得像上帝那样可以"分别善恶"，从而自愿屈从于魔鬼的诱惑，"不服从他们存在的最高的和真正的基础，骄傲地以他们自己为基础"，选择背叛上帝的教诲，偷吃了禁果。从此，罪通过骄傲进入了世界，这就是第一罪，也成了以后人类的原罪。亚当、夏娃的这一行为之所以被认定为是有罪的，是出于他们骄傲的动机幻想与上帝同等，从而完全凭自己的意志行事，而不是按照上帝的意志行事，甘愿背弃永恒者而屈从可变者，将原罪带入了世界。"但人若以自己为乐，意欲邪恶地模仿上帝而享有自己的权能，他渴求更伟大时，便变得越来越渺小。这就是'骄傲是众罪的开端'，而骄傲的开端是背叛上帝。"③ 骄傲的意志自行其是，恣意妄为，任凭自己的欲望自由宣泄。人在被造时被赋予了自由意志这种能

---

① 奥古斯丁：《上帝之城》（上卷），王晓朝译，人民出版社 2006 年版，第 500 页。
② William E. Mann, "Augustine on Evil and Original Sin", in *The Cambridge to Augustine*, eds. Eleonore Stump and Norman Kretzmann (Cambridge University Press, 2001), p. 45.
③ 奥古斯丁：《论自由意志》，成官泯译，上海世纪出版集团 2010 年版，第 187 页。

力,即决断愿意服从或者不愿意服从的能力,但因着内心的骄傲而决断不愿意听从上帝的盼咐,因此可以说骄傲就是恶。

(二)尼布尔:焦虑是犯罪的内在前提

奥古斯丁将伊甸园中发生的故事看作是一个真实的存在于时间进程中的历史事件,对始祖堕落前和堕落后的生存状况详加区别。尼布尔则拒绝把亚当视为历史人物,他的堕落也不再是一个历史事件,而成为每个人人生中的某一方面的象征。在他看来,人类起初的生命源头是超越我们切身经验和理性的范围的,是单靠理性无法完全把握的,因此需要用神话来诠释超越的事物,他认为"神话是终极真理的象征"。他批评正统派犯了"不敬的罪","它坚持神话的字句和历史皆为事实,而忘记宗教神话的作用与特性,是要讲永恒和时间的关系,因此不可能是按时间顺序的言论"。[①] 尼布尔把堕落视为神话之一,他认为,这一事件要表明的是罪的普世性是由人的有限和自由的本质属性引起的。与处理堕落而来的原罪一样,尼布尔也不承认在人类堕落前存在于伊甸园中的原义,不会把它解读为是存在于人类历史进程中最初的一个时间段,仍然是一种人的生存状态的象征,当人的精神超越自我试图达到完美时,当人有内心的不安时,这些都从反面表现出原义在人性中的存在。

尼布尔继承克尔凯郭尔生存论阐释的观点,同样他以人的生存为基础,着重从人面临善和恶、有限与自由的矛盾处境出发分析人的堕落。尼布尔认为,自由是人的本性,自由也为走向罪提供了最大的可能性。人的悖论性存在,即人的自由和有限的存在不可避免地带来焦虑。因为人总是想试图超越自我的有限性达到无限,总是不安于受造物的地位而期望像上帝一样。所有这些行动都需要运用自由,自由行动的可能是焦虑的一种更高级的表达,同时罪就在人会妄用自由的可能性下不可避免地产生了。"任何罪论都不能离开人的自由与妄用自由、注定的有限性

---

① 葛伦斯、奥尔森:《二十世纪神学评介》,刘良淑、任孝琦译,上海三联书店2014年版,第126页。

与追求无限的欲望以及被造性与不安于被造地位的矛盾来谈论罪。正是这重重矛盾构成了人的生存困境，罪便是这种生存困境的极端昭示。"①在此意义上，尼布尔的结论是："焦虑乃是人所限于的自由和有限性这一矛盾处境的必然伴随物。焦虑是犯罪的内在前提。"② 焦虑是受到引诱的内在状态的描述。尼布尔认为，引诱也是存在于人的有限性和自由的处境之中的，但这种处境本身并不是一种引诱也并不会必然导致人的犯罪堕落。人的犯罪是先于人堕落的魔鬼——这一曾经是天使，但妄想与上帝同等从而堕落的邪恶存在物利用蛇对人的处境妄加分析，人选择听信蛇推荐给的解释而误解了自己的处境走向犯罪。人受诱惑就是因为人自身中有限与自由一道存在，人的有限主要指生存的有限性与知识的有限性。前者指的是人生活在自然的必然性与偶然性中，后者指的是人的知识受时空限制。这就使得人在意识到自己有限性的同时又有超越有限的强烈意愿，于是或者通过反抗自然的有限性来保护自己，或者通过高估自己的能力，掩饰自己的无知达到自我保护。特别在受到引诱的时候更易产生对自己有限性的质疑，选择听信蛇吃下禁果就可以像神那样分别善恶的引诱，这就是人误以为超越自己有限性的方法。其实，如果没有蛇的诱惑，人是不会故意反叛上帝的。人本身的自由和有限性并不会引人犯罪。尼布尔也谈骄傲，不过他将骄傲视作罪的表现，其本质是妄图超越有限性，使自己的心灵达到普遍、无限。尼布尔把罪的表现具体划分为权力的骄傲、知识的骄傲、德性的骄傲和精神的骄傲四种。

尼布尔对罪的阐释被公认为是他人类学思想中最为杰出的部分，他在立足于基督教传统的同时又对人类处境给予极为细致入微的分析，对罪这一问题做出了极为独到的诠释与分析。利文斯顿指出："尼布尔对于人类的诱惑和罪的现象的分析，可能是他对人类学的最大贡献。即使是他的最严厉的批评者，也不得不承认，尼布尔对于人类的傲慢和肉欲

---

① 刘宗坤：《原罪与正义》，华东师范大学出版社2006年版，第168页。
② 尼布尔：《人的本性与命运》（上卷），成穷、王作虹译，贵州人民出版社2006年版，第165页。

的微妙作用的描述是使人不得不服的。"① 他扭转了美国社会中乐观主义的风气，重新唤起人们对原罪这一基督教教义的重视，提供我们一个全新的角度审视自己和社会。在这一点上与奥古斯丁相比，尼氏着眼于从生存论的角度考察人的本质和人的原罪，即从人堕落后的生存处境中探讨罪；而奥古斯丁更多的是从本体论的角度探讨人的存在和犯罪。造成二人如此区别的主要原因在于对伊甸园叙事的不同理解，奥氏认为是真实的历史事实，尼氏认为是拘泥字义的错误，仅仅把它当作一种神话。

三 原罪问题的争论：遗传与否定遗传

（一）奥古斯丁的原罪遗传性理论

奥古斯丁将亚当运用自由意志犯罪堕落这一人类有史以来的第一个罪称为原罪，并且认为原罪玷污了自亚当而出的全人类。"整个人类都存在于第一个人身上，当他和他妻子受到神的谴责定罪时，这种罪通过女人传给后代"，② 这就是有关原罪遗传的问题。奥古斯丁认为，亚当与众人之间存在一种自然的父子关系，众人是亚当的子孙后代，原罪就通过自然的生育过程遗传给自亚当而出的全人类。其实，原罪的遗传不仅仅是一个生理问题，奥古斯丁更进一步地运用很多法律术语，如继承、债、转移等解释原罪的继承问题。他认为，后人从亚当那里继承的原罪是亚当所欠魔鬼的债，亚当利用自由意志选择背离上帝的结果是把自己卖给魔鬼，从而受制于魔鬼被其奴役束缚，并且被死亡所辖制。在奥氏看来，始祖若不犯罪是不会死的，作为对最初犯罪的惩罚，人成为会死的，并且也把死亡传给后代，在他们的子女身上成为一种天然的后

---

① 利文斯顿：《现代基督教思想：从启蒙运动到第二届梵蒂冈公会议》，何光沪译，赛宁校，四川人民出版社1999年版，第919页。
② 奥古斯丁：《上帝之城》（上卷），王晓朝译，人民出版社2006年版，第539页。

果。所以在亚当之中的每个人就被这种原罪的债牢牢束缚着，它强调的是一种人类生存的现实情况，而不是行动。佩拉纠则否认原罪的遗传而将之仅仅视为亚当一人的行为，从而否认原罪对人类的决定性意义，也缺乏对人类实际存在处境的深刻洞察。

堕落蒙罪后的人在罪恶的渊薮中苦苦挣扎，饱尝着罪的恶果，"亚当的犯罪导致了两个方面的恶果：一是败坏了人的本性（从纯洁无邪到有罪和邪恶的），二是将人抛入到病痛、死亡、灾害等各种现实和苦难中"。① 堕落后的意志已失去了起初意志的完全自由而只有犯罪的自由。奥古斯丁说，此时的人类"有犯罪的自由，但是没有不犯罪的自由，之所以犯罪是因为自己要犯罪，始祖堕落的后果彻底败坏了他们的动机和愿望，所以若不是神的恩典介入，犯罪就是他们要做的一切。因此，他们就自由地犯罪"②。堕落后人的意志成为一种从恶的意志，已无力追求善的事物。简言之，若无恩典的介入从恶的意志只会犯罪。奥古斯丁的米兰花园皈依与他提出的恩典学说密不可分。从他自身的经历中，他认识到自己整个人生的转变并不是自己的意志要去选择行善事，也不是凭着功德感动上帝，而完全是出于上帝的怜悯和恩典。奥氏极度渴望上帝结束他的罪恶史，这一向善的主动寻求上帝的意愿是来自上帝白白给予的恩典。他说："而神恩若非在意志的行动之前使意志得有自由，就根本不会是恩典，因为它就会是根据意志的功德给予的，相反，恩典是无条件赐给的。"③ 恩典在被恶所充满的意志里已经发生了作用，它使得从恶的意志获得了自由，一种不会只是犯罪的自由。据此，奥古斯丁认为，恩典与自由意志是合一的，二者是不相排斥的。

（二）尼布尔：反对原罪遗传说

尼布尔在原罪的认识上继承了克尔凯郭尔的观点，反对从字面意思

---

① 赵林：《罪恶与自由意志——奥古斯丁"原罪"理论辨析》，载陈俊伟、谢文郁、樊美筠主编《自由面面观》，中国社会科学出版社2009年版，第304页。
② 同上书，第305页。
③ 黄济鳌：《从理性到信仰：西方自由观的转向——对奥古斯丁信仰自由的一种解读》，《现代哲学》2010年第3期。

去解释罪的产生和遗传。一方面,他批评奥古斯丁的原罪遗传说是一种拘泥于字义的错误,认为这一说法是对人的精神自由的极大践踏,且削弱了人对罪所应当承担的责任。"罪既不会摧毁人之所以为人的本然结构,也不会取消人的完善所残留下来的责任感。事实上,这种责任感乃是人之本性对于他之目前有罪状态的一种要求。"① 尼布尔区分了人的本性和符合本性的德性。他认为:"什么也无法改变人的本性与构造,正如瞎眼并不能把眼睛从人体的结构上取消掉一样。即便是毁掉了一只眼睛,也不能改变人体构造需有两只眼睛的事实。"② 这就是说,尽管人犯罪堕落了,但人所拥有的上帝的形象并没有消失。另一方面,尼布尔否认原罪的历史延续性。"原罪不是一种遗传的腐败,它是人类存在的一种不可避免的事实,此存在的不可避免是人类精神的本质所决定的。它无时不在、无刻不有,然而却又没有历史。"③ 原罪的遗传性会为人承担罪责创造借口,我们应关注的是人行动的每一个时刻、每一个行动都是从没有罪责到有罪责的堕落,这种对罪的解释使罪与我们的生存经验更加符合。尼布尔提出亚当、夏娃的故事只能当作象征,他所展现的是人类生存的基本特征,即人不满足于自身的生存处境,想以自我为中心冲破有限性成为上帝。罪不在人的本性中,自由才是人的本性,罪则是对他的自由的误用以及由此带来自由的毁灭。人的自由有创造性的一面,也有毁灭性的一面。自由决定了罪的可能性,如果人滥用自由,就必然带来自身的毁灭,使人限于罪之中,另外,自由也能创造性地激发爱的律法。

尼布尔的罪观可以说是乐观主义人性观和悲观主义人性观的调和。尼布尔对罪的分析主要采用的是生存论的方法,立足于人在时空中所处的困境,从而诠释出人的本性。他认为,自由是人的本质属性,它仅仅

---

① 尼布尔:《人的本性与命运》(上卷),成穷、王作虹译,贵州人民出版社2006年版,第244页。
② 同上书,第241页。
③ 尼布尔:《基督教伦理学诠释》,关胜渝、徐文博译,曾庆豹校,台湾桂冠图书股份有限公司1992年版,第62页,转引自朱丽晓《浅谈尼布尔思想中人的自由、罪与爱的关系》,《宗教学研究》2006年第2期。

是人的意志，本身并不具有罪性。只是人对自由的误用，从而使人犯了罪。在恩典观上，尼布尔采纳奥古斯丁的见解，承认恩典是来自上帝作用于有罪的人身上的外部力量，人是不能靠着己力克服罪达到圣洁无瑕的地步，如果没有外部恩典的注入，沉沦罪中的人是不会主动悔改的。但与奥氏不同的是，尼布尔否定了人靠着上帝的恩典全然成圣的可能，因为人的本性始终是自由和有限的结合，有限性是不会因着恩典的介入而得以摆脱，人在悔改后依然会犯罪，人的意志仍然不会全然顺服在上帝的旨意下。另外，当恩典降临到个体时，是需要个体自身的接受和配合的。上帝恩典的帮助和个体自身的努力配合是两个不同层面的真理。鉴于悔改后人仍然会犯罪，尼布尔的恩典观成为了罪观的延续，这是与奥古斯丁截然不同的。

四　小结

对于人性的思想进路研究，著名存在主义神学家蒂利希有一个很好的总结，他说："有两种观察人的方式，一种方式是本质主义的，它是按照人在宇宙整体中的本质属性去提出人的学说。另一种方式是存在主义的，它是从人在时空中所处的困境去观察人，并且看到了人在时空中的生存状况与他本质上所赋予的东西之间的斗争。用宗教的语言来表达，这就是人的本质的善与人的堕落到生存的异化条件之间的斗争。"[①]蒂利希的这一说法可以恰到好处地分别运用在奥古斯丁和尼布尔研究人性理论方法的概括上，二人的方法虽不同，但是在人性的某些洞见上确有相似之处。在人性组成要素的分析中，都从圣经里人有上帝的形象出发理解人，奥古斯丁认为，这是人之为人的特有属性，是人性中一种现成的特性，人被认为是有理性的。尼布尔对此的表述略微不同，他把上帝的形象理解为人的精神的超越性，但实质上与奥氏的解释是一致的，

[①] 蒂利希：《基督教思想史》，尹大贻译，香港汉语基督教文化研究所2000年版，第669页。

精神的超越性实际上也是理性的一种能力。此外，作为新正统神学的代表，为了扭转当时乐观主义的社会风气，他呼吁人们重新重视罪的人性论基础，把罪视为人对上帝的背弃。

两个人思想最大的不同在于对罪的历史性内容的看法上。尼布尔将伊甸园中的叙事仅仅视之为一种神话，一种象征，而不同意奥古斯丁将之视为真实历史事实的观点。因此，他的诠释侧重的是生存论的视角，它是一种由人的实际状况的处境直接切入对罪的本质的揭示。但是，与奥氏相比，生存论下的罪观也凸显出罪的突兀性、非连续性和人生存的历史无根性，正如莱姆所言："生存论阐释自称既保留了历史上各种学说的所有本质内容又避免了它们存在的问题。它包含着巨大的真理成分。……但是，人的沦落存在着一个历史性维度，生存论阐释却无所顾忌。"[①] 总之，尼布尔和奥古斯丁的人性论是对人性解释的两种不同进路，但其中仍不免有思想的交汇之处，尼布尔看到了许多人性中悖论之处，看到了生存处境下人性的复杂，这一点是颇为称道的，所以也可以看作是对奥古斯丁原罪理论的新的视角拓展，但他对伊甸园中始祖未堕落前原义的否认，对从始祖而出的人类原罪的否认也带来了一系列的问题，这一点同样是不容忽视的，也是值得深思的。

A Comparison of the Theory of Human Nature between Augustine and Niebuhr

(Li Yan, Wuhan University, 430072)

Abstract: The theory of human nature is one of the most important research fields in the history of Christian thought. Research that relates to the understanding and analysis of human essential attributes and human existence, studies on the relationships between man and God, between man and man, and between man and the nature, all of these eventually point to

---

① 转引自刘宗坤《原罪与正义》，华东师范大学出版社 2006 年版，第 179—180 页。

one common purpose: that is to deepen the understanding of human. As outstanding thinkers and theologians in the history of Christian thought, Augustine and Niebuhr hold different views on the issue of human nature. Augustine believes human beings are rational existence and that it is the abuse of the God – given free will out of pride that leads them to fall. He believes that this original sin has a decisive genetic significance. Niebuhr, however, examines traditional Christian doctrines under the context of realistic situation of human beings. He states that human beings, with both spiritual transcendence and natural limits, will thus inevitably feel anxious and be led to sin when tempted. Their thoughts on human nature are both similar and vastly different although they lived far apart.

Keywords: freedom; original sin; human nature; pride